영어★그림책
매일 듣기의 기적

영어 그림책 매일 듣기의 기적

초판 1쇄 발행 2021년 7월 14일
초판 3쇄 발행 2021년 9월 10일

지은이 고은영(령돌맘)
발행인 김태웅
편집 안현진
디자인 어나더페이퍼
마케팅 나재승
제작 현대순
발행처 ㈜동양북스
등록 제2014-000055호
주소 서울시 마포구 동교로22길 14(04030)
구입 문의 전화 (02)337-1737 팩스 (02)334-6624
내용 문의 전화 (02)337-1763 **이메일** dybooks2@gmail.com

ISBN 979-11-5768-723-7 03370
ⓒ고은영, 2021

- 본 책은 저작권법에 의해 보호를 받는 저작물이므로 무단 전재와 복제를 금합니다.
- 잘못된 책은 구입처에서 교환해드립니다.
- 도서출판 동양북스에서는 소중한 원고, 새로운 기획을 기다리고 있습니다.
- http://www.dongyangbooks.com

엄마표 영어의 성공과 실패는 '듣기 환경'이 결정한다!

영어 그림책
매일 듣기의 기적

고은영(령돌맘) 지음

동양북스

추천사

'엄마표 영어'라는 말이 영어 교육의 중요 키워드로 등장한 지 20년입니다. 현대 영어 교육이 아무리 거창한 목표를 세워도 영어를 제대로 구사하는 사람들이 아직도 적은 이유는 충분히 듣지 않았기 때문입니다. 그런 의미에서 학교와 학원 교육에서 절대적으로 부족한 '듣기'를 중심으로 하는 엄마표 영어는 매우 중요합니다. 엄마표 영어는 아이가 읽지 못해도 영어를 듣다가 소리를 흉내 내고 부지불식간에 영어를 내뱉게 되므로 모국어 습득과 매우 흡사합니다.

엄마표 영어를 할 때 대부분의 엄마들은 도대체 얼마나 많이 들어야 하며, 무엇을 들어야 질리지 않아 하는지, 또 그렇게 들어도 왜 입도 뻥긋 안 하는지 고민스럽습니다. 그 고민 해결의 길잡이가 이 책입니다. '읽기'를 기반으로 하는 기타의 엄마표 안내서들과 달리 이 책은 '듣기'를 골자로 합니다. 목적을 가지고 듣는 '몰입듣기', 들은 적 있는 노래나 책을 일상 속에서 별 신경 안 쓰고 듣는 '리뷰듣기', 글자를 보면서 음원을 듣는 '청독'까지 여러 가지 방법을 통해 충분히 많이 들려주세요. 핵심은 학습이 아니라 생활 속 습관입니다. 초등 저학년까지 엄마와 아이가 손잡고 엄마표 영어를 진행하면 그 이후는 아이 혼자 선택하고 학습하는 아이표 영어가 됩니다. 이 책 한 권이 여러 의문에 대한 답이 되고, 아이의 영어가 향상되는 발판 역할을 할 거라고 확신합니다.

저자는 자신의 세 자녀를 엄마표 영어로 키워내고, 영어도서관을 운영해 많은 아이들의 영어 습득을 도왔으며, '키즈북토리'라는 카페를 통해 양질의 엄마표 영어 교육자료를 배포하고 있습니다. 저자와 저의 인연은 저자가 제 TESOL 수업을 수강하며 맺어졌지만, 제자라는 소개만으로는 충분하지 않습니다. 저자의 세 자녀가 영어를 단 한 마디도 못할 때부터 함께하며 생애를 나누었어요. 저자가 한 사람의 엄마에서 이 분야의 리더로 성장하는 모습을 아주 가까이에서 13년간 목격한 사람이 저입니다. 그 과정의 산물이 이 책이기에 이 추천사는 독자를 위한 것이지만 저의 언어 가운데 가장 절제된 표현으로 기쁨을 말한 글이기도 합니다. 다른 분들도 저자처럼 발전할 수 있기에 마음을 다해 이 책을, 또 엄마표 영어를 추천합니다.

홍현주 (언어학 박사)

머리말

엄마표 영어를 시작하기 전에 저는 정말 평범한 엄마였습니다. 결혼을 일찍 해서 어린 나이에 두 아이의 엄마가 되었고, 아이들을 키우며 먹이고 씻기고 재우기 바쁜 반복적인 일상을 보내고 있었습니다. 그러던 어느 날 우연히 신문에서 '엄마표 영어'라는 말을 처음 접하고, 그때부터 아이들에게 '영어 동화책 매일매일 읽어주기'를 시작하게 됩니다. 이것이 저의 인생을 완전히 바꾸고, 저를 가장 빛나게 해주는 계기가 되었네요.

저는 큰 목표를 가지고 엄마표 영어를 시작한 것은 아닙니다. 아이들에게 영어 동화책을 읽어주는 게 그저 재미있고, 그 시간만큼은 아이들과 온전히 함께할 수 있어서 매일 잠자리에서 두 아이를 품에 끼고 영어 동화책을 읽어주었습니다. 그런데 어찌 보면 별거 아닌 그런 시간들이 모여 지금 제 아이들에게 정말 큰 자산이 되어 있음을 느낍니다. 그래서 '내가 부모로서 가장 잘한 일은 영어 동화책 읽어주기'였다고 자신 있게 말할 수 있습니다.

제 아이들을 엄마표 영어로 키우다 보니 영어 동화책이 너무 좋았고 그 경험을 다른 아이들과 나누고 싶어서 영어도서관을 운영하였습니다. 그리고 엄마표를 이제 막 시작하는 엄마들은 저보다 시행착오를 덜 겪었으면 해서 엄마표 영어 노하우와 정보를 제공하는 네이버카페 '키즈북토리' 공간을 만들었습니다. 큰애와 10살, 작은애와 8살 터울인 늦둥이 딸을 키우면서 두 아이와 함께했던 엄마표 영어의 여정을 다시 시작하게 되었습니다. 이번에는 좀 더 체계적이고 효율적으로 영어를 노출해주기 위해 과정을 하나씩 정리하기 시작했습니다.

이 책은 제가 아이 셋을 엄마표 영어로 키우고, 키즈북토리 카페와 인스타그램을 통해 엄마표 영어의 다양한 접근법을 부모님들에게 가이드하면서 확신을 가지게 된 엄마표 영어 노하우를 정리한 것입니다. 영어책 읽기는 정말 중요하지만 아이가 영어책을 잘 읽기 위해서, 그리고 영어책 읽기에 푹 빠지기 위해서는 먼저 충분히 들는 것이 더 중요합니다. 제 아이들뿐만 아니라 많은 아이들이 변하고 성장하는 모습을 지켜보면서 듣기의 중요성에 대한 확신과 용기를 가질 수 있었고, 그 내용을 부모님들이 실천하기 쉽게 정리한 이 책을 세상에 내놓게 됐습니다.

이 책은 엄마표 영어를 위한 책이 아닌, 아이들에게 영어 날개를 달아주고 싶은 모든 부모님들을 위한 책입니다. 이 책을 통해서 모든 아이들이 영어 날개를 달고 이 넓은 세상을 훨훨 날아다닐 수 있으면 좋겠습니다. 그리고 부모님들은 이 책을 통해서 아이와의 추억과 이야기가 담긴 시간을 쌓아나가셨으면 합니다. 저는 영어책 읽어주기를 통해 저희 아이들에게는 영어 날개를, 그리고 제 자신은 아이들과의 좋은 관계와 추억을 선물받았습니다.

마지막으로 이 책을 쓰는 데에 가장 큰 역할을 해준 든든하고 멋진 장남 건령, 착하고 성실한 둘째 재령, 다시 영어 동화책 읽기에 발을 들이게 해준 사랑둥이 막내 예령이와 무심한 듯 곁에서 항상 응원해준 남편에게 고맙고 사랑한다고 전하고 싶습니다. 그리고 언제나 저의 모든 선택과 결정을 지지하고 응원해주셨던 부모님께도 감사의 인사를 전하고 싶습니다. 마지막으로 아무것도 모르던 평범한 저를 엄마표 영어라는 새로운 길로 인도해주시고 항상 진심으로 응원해주시는 홍현주 박사님께 존경과 감사의 인사를 이 자리를 빌어서 꼭 전하고 싶습니다.

저자 고은영

차례　추천사 · 4
　　　머리말 · 6

★ Part 1 ★
영어 그림책 매일 듣기의 기적

01. 우리나라 환경에서 '엄마표 영어'는 필수

- '엄마표 영어'가 뭐예요? · 19
- 우리나라 환경에서 엄마표 영어는 필수 · 20
- '양적인 노출'이 아닌 '질적인 노출'에 신경 쓰자 · 22
- 왜 '영어 그림책 읽기'일까요? · 23
- 영어 그림책 읽기만이 정답은 아니에요 · 26

02. 엄마표 영어의 성패는 '듣기'가 결정한다

- 영어도 결국 언어! 시작은 '듣기'부터다 · 28
- 영알못 엄마의 엄마표 영어 13년 · 31
- 노래를 좋아하던 큰애의 엄마표 영어 · 32
- 리딩 레벨의 함정에 빠지다 · 34
- 듣기 환경에 방목된 둘째의 엄마표 영어 · 36
- 엄마표 영어 13년의 깨달음-듣기의 중요성 · 38
- 차고 넘치게, 행복하게 들려주자 · 41

03. 영어 그림책 매일 듣기의 기적

- 키즈북토리 '듣기 프로젝트'를 시작하다 · 44
- 투투텐(2-2-10) 시드 프로젝트의 기적 · 46
- 하루 2시간 영어 노출 프로젝트 · 48
- 틈새시간을 노려라-영어 노출 2시간 채굴 · 49
- 내 아이에게 맞는 노출 방법을 찾아라 · 50
- 노출 방법을 채굴해낸 시간에 활용하기 · 52

★ Part 2 ★
영어 그림책 매일 듣기 실전편

Intro '투투텐 영어 그림책 듣기' 기본 가이드 · 57

Theme 01 음원이 재미있는 그림책 · 67

- ① 유아들의 메가 히트송 『Hurry! Hurry!』 · 69
- ② 가장 사랑받는 마더구스송 『The Wheels on the Bus』 · 71
- ③ 못 말리는 다섯 마리 아기 원숭이들 『Five Little Monkeys Jumping on the Bed』 · 73
- ④ 웃기는 팬티 다 모여라 『Pants』 · 76
- ⑤ 동물들도 아이들도 떼굴떼굴 『Ten in the Den』 · 78
- ⑥ 먹은 음식 알아맞히기 『Lunch』 · 80
- ⑦ 신나는 모험을 떠나자 『Walking Through the Jungle』 · 82
- ⑧ 메이지 작가의 물고기 그림책 『Hooray for Fish!』 · 84
- ⑨ 인기만점 홈런북 『Go Away, Big Green Monster!』 · 86
- ⑩ 초긍정 고양이 피터 『Pete the Cat: I Love My White Shoes』 · 88

Theme 02 어깨가 들썩들썩 라임 그림책 · 91

- ① 이게 바로 라임이구나! 『Jamberry』 · 93
- ② 라임 대표단어 총출동 『A Hunting We Will Go』 · 95
- ③ 라임 가득 숨은그림찾기 『Each Peach Pear Plum』 · 97
- ④ 숫자와 라임이 어우러진 『Big Fat Hen』 · 100
- ⑤ 닉 샤렛의 두더지 라임책 『One Mole Digging a Hole』 · 102
- ⑥ 유머 최강 라임 그림책 『Underwear!』 · 104
- ⑦ 안개 자욱한 숲속 그림자는 누구? 『The Foggy Foggy Forest』 · 106
- ⑧ 비빔밥을 소개합니다 『Bee-bim Bop!』 · 108
- ⑨ 허세 작렬 개구쟁이 곰 『I Am Bear』 · 110
- ⑩ 라임과 스토리를 다 잡은 『Llama Llama Red Pajama』 · 112

Theme 03 쫑알쫑알 말문이 터지는 패턴 그림책 · 115

- **01** 아기 배꼽 찾기 『Where Is Baby's Belly Button?』 · 117
- **02** 패턴북의 바이블 『Brown Bear, Brown Bear, What Do You See?』 · 119
- **03** 한 문장 스토리북 『Have You Seen My Duckling?』 · 122
- **04** 쉿! 비밀이야! 『Can You Keep a Secret?』 · 124
- **05** 상상력을 무한 자극하는 『It Looked Like Spilt Milk』 · 126
- **06** 알아맞히는 재미가 최고! 『Spots, Feathers, and Curly Tails』 · 129
- **07** 결말의 반전이 돋보이는 『Dinnertime!』 · 132
- **08** 형용사를 이렇게 배우다니! 『Quick as a Cricket』 · 134
- **09** 고미 타로의 영어 그림책 『My Friends』 · 136
- **10** 이것이 영어동화책 읽기의 힘 『"Pardon?" Said the Giraffe』 · 138

Theme 04 몸튼튼 마음튼튼 생활습관 그림책 · 141

- **01** 유아 눈높이의 인성 교육책 『I Can Share!』 · 143
- **02** 아이랑 잠잘 준비를 하기 좋은 책 『Time to Sleep, Sheep the Sheep!』 · 146
- **03** 어지르기 대마왕들을 위한 『Little Tiger Picks Up』 · 148
- **04** 배려하는 마음을 배우는 『Pip and Posy: The Super Scooter』 · 150
- **05** 마음을 움직이는 마법의 단어 『Please, Mr. Panda』 · 152
- **06** 편식쟁이들을 위한 『I Will Never NOT EVER Eat a Tomato』 · 154
- **07** 스마트폰과 TV 시청을 줄여주는 『Square Eyes』 · 156
- **08** 나의 소중함을 깨닫게 되는 『The Mixed-Up Chameleon』 · 159
- **09** 긴 목이 부끄러운 기린 이야기 『Giraffe Problems』 · 162
- **10** 나와 다름을 인정하는 『We're All Wonders』 · 164

Theme 05 아이들의 만년 사랑 똥·방귀 그림책 · 167

- **01** 방귀가 뿡뿡뿡 『Toot』 · 169
- **02** 똥 구경 실컷 해요 『Everyone Poops』 · 172
- **03** 온갖 지저분한 것들의 총집합 『That's Disgusting!』 · 174
- **04** 이 구역 방귀대장은 나야, 나! 『POOH! Is That You, Bertie?』 · 176
- **05** 코딱지는 정말 맛있어! 『Dirty Bertie』 · 179
- **06** 흙이 제일 맛있어! 『Dirty Gert』 · 181
- **07** 코 파는 건 멈출 수 없어! 『Don't Do That!』 · 184
- **08** 똥 싼 범인을 찾아라! 『The Story of the Little Mole Who Knew It Was None of His Business』 · 186
- **09** 똥 까꿍 대작전 『Peekaboo Poo!』 · 188
- **10** 프랑스의 뽀로로 '까까똥꼬 시몽' 『A Deal's a Deal』 · 190

Theme 06 짧은데 재미있는 한 단어 & 알파벳 그림책 · 193

- 01 오렌지곰, 사과곰 본 적 있니? 『Orange Pear Apple Bear』 · 195
- 02 다 같은 바나나가 아니에요! 『BANANA!』 · 198
- 03 그림책이 선사하는 마법 같은 감동 『Yo! Yes?』 · 201
- 04 동화 주인공과 숫자 배우기 『Alison Jay's 1 2 3』 · 204
- 05 그네 타고 우주까지! 『Higher! Higher!』 · 206
- 06 알파벳 숨은그림찾기 『Alphabet City』 · 208
- 07 알파벳의 아크로바틱 『Alphabatics』 · 210
- 08 꿈나라 알파벳 『Sleepy ABC』 · 212
- 09 달이 음매 하고 운다고? 『Take Away the A』 · 214
- 10 A는 미래에 무엇이 될까? 『Tomorrow's Alphabet』 · 216

Theme 07 펼치고 뒤집으며 보는 신기한 조작 그림책 · 219

- 01 뚝딱뚝딱 공구놀이 『Bizzy Bear: DIY Day』 · 221
- 02 폴리가 사랑한 팝업북 『Are You Hungry?』 · 223
- 03 상상력이 기발한 반대말 그림책 『Opposites』 · 226
- 04 퍼즐이야, 스토리북이야? 『Let's Pretend: Doctor's Bag』 · 228
- 05 신나는 요리놀이 플랩북 『Tacos!: An Interactive Recipe Book』 · 230
- 06 내 맘대로 스토리를 만드는 『Pirate Pete』 · 232
- 07 영어와 두뇌 개발을 한 번에 『Change the Shape』 · 235
- 08 정원 속 숨은그림찾기 『Spot the Snail in the Garden』 · 237
- 09 물감이 필요 없는 물감놀이 『Mix It UP!』 · 240
- 10 고양이들과 장난치며 놀아요 『There Are Cats in This Book』 · 243

Theme 08 생활회화가 가득한 말풍선 그림책 · 245

- 01 문장이 금세 외워져요 『Up! Tall! And High!』 · 247
- 02 위트 있는 스토리의 매력 『Let's Say Hi to Friends Who Fly!』 · 250
- 03 코끼리와 꿀꿀이의 우정 『I Love My New Toy!』 · 252
- 04 파리의 반전 드라마 『Frog and Fly』 · 255
- 05 코믹하고 엉뚱한 이야기 『My Toothbrush Is Missing』 · 257
- 06 원숭이와 케이크의 절친 케미 『This Is My Fort!』 · 260
- 07 무섭지만 안 무서운 이야기 『I Am (Not) Scared』 · 262
- 08 최고의 스티브를 가려라! 『The Steves』 · 265
- 09 사랑스런 맥스와 마일로 이야기 『Max & Milo Go to Sleep!』 · 267
- 10 오리는 아무도 못 말려! 『All Right Already!: A Snowy Story』 · 270

Theme 09 기발한 내용의 창의력 그림책 · 273

- 01 가위일까, 토끼일까? 『This Is a rabbit.』· 275
- 02 책에 구멍이 뚫려 있는 구멍책 『First the Egg』· 278
- 03 오리일까, 토끼일까? 『Duck! Rabbit!』· 280
- 04 절대로 상자 아님 『Not a Box』· 283
- 05 엉뚱하고 신나는 수수께끼책 『Who Done It?』· 285
- 06 OK가 졸라맨이 된 이야기 『The OK Book』· 288
- 07 환경보호 구멍책 『My Green Day』· 291
- 08 말장난 방정식 『This Plus That』· 294
- 09 괴롭히는 친구에게 대처하는 법 『One』· 297
- 10 사탕 싫어! 시금치 좋아! 『Little Pea』· 300

Theme 10 가족 및 친구에 대한 인성 그림책 · 303

- 01 겉모습만 보고 판단하지 않기 『I Need a Hug』· 305
- 02 애착 인형 이야기 『Where's My Teddy?』· 308
- 03 펭귄과 솔방울의 우정 『Penguin and Pinecone』· 311
- 04 싫으면 싫다고 솔직하게 말하자 『Grumpy Monkey Party Time!』· 313
- 05 배려심을 배우는 인성 동화책 『Pip and Posy: The Little Puddle』· 316
- 06 엄마도 그러면서! 『Daisy: You Do!』· 318
- 07 친구가 질투 난다면? 『Bob Goes Pop』· 320
- 08 샘 어셔의 판타지 동화 『Free』· 323
- 09 동생이 태어나길 기다리며 『Hello in There!』· 325
- 10 아이를 혼냈을 때 보는 책 『Harriet, You'll Drive Me Wild!』· 328

Bonus 기초 튼튼 공통 주제 미션 · 331

공통 주제 미션이란? · 332

- 01 일상 동작 단어 · 335
- 02 동물 동작 단어 · 339
- 03 의성어와 의태어 · 343
- 04 기본 동작 동사 · 348
- 05 색깔 · 352
- 06 숫자 · 356
- 07 모양 · 360
- 08 반대말 · 364
- 09 위치 전치사 · 368
- 10 주제 활동 · 372

★ Part 3 ★

엄마표 영어 6단계 로드맵

Intro 아이표 영어를 향한 엄마표 영어 6단계 로드맵 · 383
1단계 영어 소리와 친해져요 (English Sounds) · 386
2단계 소리로 단어 의미를 알아요 (Oral Vocabulary) · 389
3단계 영어 읽기를 준비해요 (Ready to Read) · 392
4단계 단계별 영어책을 읽어요 (Phonics & Leveled Reading) · 396
5단계 다독과 정독을 해요 (Extensive & Intensive Reading) · 399
6단계 스스로 읽고 써요 (Independent Reading & Writing) · 404

부록

월간 노출 계획서 · 411
Daily Reading Log · 413
Daily Check · 415

Part 1

영어 그림책
매일 듣기의 기적

01 우리나라 환경에서 '엄마표 영어'는 필수

'엄마표 영어'가 뭐예요?

아이가 태어나서 먹이고 재우는 게 가장 중요한 시기가 지나면 엄마는 차츰 아이의 교육에 관심을 갖게 됩니다. 이 시기에 엄마들 귀에 자주 들리는 용어가 '엄마표 영어'입니다. 육아 관련 온라인 카페에 방문해보면 엄마표 영어에 관한 질문들이 자주 올라오고, 엄마표 영어를 진행하고 있다는 사람들도 심심찮게 보게 됩니다.

　엄마표 영어란 뭘까요? 한마디로 정의하기는 어렵지만, 저는 ==엄마표 영어란 아이 영어를 학원이나 학습지 등의 사교육에만 맡기지 않고 내 아이에게 맞는 재미있고 자연스러운 영어 환경을 만들어주는 것이라고 생각합니다.== 우리나라에서 '엄마표 영어'가 시작된 것은 20년 정도 되었는데, 초기에는 극성맞은 엄마들이라는 따가운 눈총과 못마땅해하는 남편의 반대까지 감수해야 했다고 합니다. 하지만 요즘에는 엄마표 영어 1세대 자녀들의 성취에 힘입어 엄마표 영어가 영어 교육 분야에서 대세로 인정받는 것 같습니다.

그렇다면 많은 엄마들은 왜 엄마표 영어를 하려는 걸까요? 엄마표 영어를 진행하고 있는 분들에게 물어보면 대다수가 "아이에게 영어다운 영어를 접하게 하고 싶어서요."라고 대답합니다. 그러면서 덧붙이는 말이 "우리 아이는 저보다 영어를 잘했으면 좋겠어요."입니다. 늘 영어 앞에서 한없이 작아지는 엄마들의 영어에 대한 한을 느낄 수 있는 대목이지요. 이 말에서 알 수 있듯이 ==엄마표 영어의 목표는 아이가 '언어다운 영어'를 하는 것입니다. '과목'이 아닌 '언어'로써 영어를 사용하는 것이지요.==

우리나라 환경에서 엄마표 영어는 필수

영어를 마스터하게 해준다는 방법들은 참 많습니다.

> "단어를 많이 외우면 영어가 된다."
> "패턴만 외우면 영어가 된다."
> "이 교재만 열심히 진행하면 영어가 된다."

제시하는 방법대로만 하면 원어민처럼 영어를 구사할 수 있다는 주장들을 주변에서 쉽게 접할 수 있습니다. 이처럼 언어를 습득하는 방법에 대해서는 의견이 분분하지만, 모두가 공통적으로 중요하다고 여기는 것은 '노출의 양'입니다. 즉, 언어의 습득은 학습자가 해당 언어에 노출된 양에 비례합니다.

이처럼 언어를 습득하는 데 있어서 노출의 양은 절대적으로 중요한데, 안타깝게도 우리나라는 영어에 자연스럽게 노출되기 어려운 환경입니다. 전 세계적으로 영어를 배우는 학습자가 처한 환경은 다음 세 가지로 나눌 수 있습니다.

1) 영어를 모국어로 배우는 환경
2) 영어를 제2모국어로 배우는 환경
3) 영어를 외국어로 배우는 환경

우리나라는 세 번째의 경우에 해당합니다. 따라서 아이가 영어에 노출되게 하려면 여러 가지 방법을 통해 영어에 노출되는 환경을 일부러 만들어줘야 합니다. 게다가 영어를 효율적으로 받아들이도록 하려면 아이가 재미와 즐거움을 느낄 만한 방법을 찾아야 합니다.

그런데 내 아이가 좋아하는 것, 내 아이가 재미있어하는 것은 누가 제일 잘 알까요? 바로 엄마입니다. 아이가 어릴수록 특히 더 그렇습니다. 그러므로 우리나라에서 아이를 키우면서 자연스럽고 효율적인 영어 노출을 확보하는 환경을 만들기 위해서는 엄마표 영어는 선택이 아닌 필수입니다.

엄마가 영어를 못해서 엄마표 영어를 포기하겠다고요? 아뇨, 전혀 그럴 필요가 없습니다. 왜냐하면 엄마가 영어를 못해도 아이를 영어에 노출시킬 방법은 무궁무진하기 때문입니다.

'양적인 노출'이 아닌 '질적인 노출'에 신경 쓰자

언어 습득에 있어 노출의 양이 절대적인 건 맞지만, 노출을 어떻게 해주는지에 따라 그 효과는 천차만별입니다. 같은 1시간을 노출해 줘도 어떤 아이는 1시간을 온전히 자기 것으로 만드는 반면, 어떤 아이는 그중의 반도 제대로 집중을 안 해서 한 귀로 듣고 한 귀로 흘리고 맙니다. 두 아이의 노출을 같은 양이라고 생각할 수는 없을 겁니다. 따라서 우리는 '양적인 노출'이 아닌 '질적인 노출'에 신경을 써야 합니다. 30분을 노출해도 온전히 자기 것이 될 수 있는 노출 말이지요.

그렇다면 온전히 자기 것이 되는 노출, 즉 질적인 노출이 되기 위해서는 무엇이 필요할까요? 바로 '즐거움과 재미'입니다. 특히 어린 아이일수록 즐거움과 재미가 없다면 영어에 노출되는 시간 자체가 고통으로 다가올 것입니다. 그 고통으로 인해 아이는 영어가 재미없는 공부라고 생각하게 되고, 결국 시간만 낭비하는 꼴이 되고 맙니다.

저는 머리끝부터 발끝까지 완전히 다른 세 아이에게 엄마표 영어를 진행하면서 '재미와 즐거움이 있는 노출의 중요성'을 더더욱 뼈에 새기게 되었습니다. 큰애는 모범적인 성향인 데다 인정받고 싶어 하는 욕구가 컸습니다. 큰애가 6살 때 처음 엄마표 영어를 시작했는데 당시 아이는 알파벳도 잘 모르던 상태였어요. 아이가 영어에 조금이라도 흥미를 가지게 하기 위해 아이가 좋아할 만한 주제의 영어 그림책이나 DVD를 골라서 노출해 주었습니다. 그때 영어 노출을 위해 제가 신경 쓴 시간은 하루에 2시간이 채 안 됐지만 아이는 무척 즐거워했어요. 제가 신경 쓰지 않은 시간에도 영어 그림책과 영어 DVD, 영어 게임 등을 스스로 꺼내어 읽거나 보면서 놀았습니다.

그런데 아이의 영어 실력이 점점 오르면서 저도 모르게 아이의 즐거움보다는 레벨에 집착하게 되었습니다. 그러다 보니 아이는 어느새 영어책을 의무감으로 읽고 있었고 영어는 재미없는 것이라고 느끼게 되었습니다. 그 결과 영어를 노출하는 시간을 늘렸는데도 그 시간이 무의미하게 흘러가 버렸습니다.

큰애의 노출 시간이 온전히 자신의 것이 되었던 시기는 영어를 처음 시작하면서 즐겁게 진행했을 때였습니다. ==30분을 노출해도 아이가 정말 집중해서 자발적으로 참여할 수 있는 노출을 하는 것이 중요합니다. 즐거운 노출! 이것이 바로 제가 생각하는 엄마표 영어의 핵심입니다.==

왜 '영어 그림책 읽기'일까요?

엄마표 영어 하면 가장 먼저 '영어 그림책 읽기'가 떠오를 거예요. 실제로도 영어 그림책 읽기는 엄마가 아이들과 집에서 꾸준히 진행하기에 가장 좋은 방법입니다. 그런데 왜 영어 그림책 읽기일까요? 영어 그림책 읽기의 장점은 너무나 많지만, 몇 가지만 꼽아 보자면 다음과 같습니다.

첫째, 영어를 몰라도 재미있게 볼 수 있어요.

영어 그림책은 영어를 읽고 이해할 수 없어도 그림만으로 충분히 스토리를 즐기고 이해할 수 있어서 아이들이 집중하기가 쉽습니다. 또한 문장이 짧고 쉬워서 부담이 없고, 엄마가 읽어주면서 단어를 그림으로 짚어주다 보면 자연스럽게 기본적인 어휘량이 채워지게 됩니다.

둘째, 재미와 감동이 있어요.

당연한 얘기지만, 학습을 위해 고안된 교재들은 문학 작품이 주는 재미와 감동을 따라갈 수 없습니다. 학습 교재를 읽고 또 읽는 아이들은 없지만, 자기가 좋아하는 영어 그림책을 열 번이고 스무 번이고 마르고 닳도록 반복해서 읽는 아이들은 많습니다. 아이들은 재미가 있다면 반복을 정말 좋아합니다. 그래서 좋은 책을 잘 고르기만 한다면 영어 그림책 읽기만큼 좋은 방법이 없다는 것입니다.

그림책은 글에는 나와 있지 않은 이야기들이 그림 안에 숨어 있어서 유아부터 초등학생, 어른이 다 함께 즐기면서 볼 수 있는 장르입니다. 저도 아이들에게 영어 그림책을 읽어주기 시작하면서 그림책의 매력에 푹 빠져서 지금까지도 영어 그림책을 즐겨 보고 있습니다.

셋째, 아이와 행복한 시간을 보낼 수 있어요.

영어 그림책 읽기의 가장 좋은 점은 무엇보다 아이와 좀 더 행복한 시간을 보낼 수 있다는 것입니다. 아이를 키울 때 아이와 뭘 하며 놀아줘야 할지 고민이 될 때가 많지요. 사실 저는 원래 말도 많지 않고 어떻게 놀아줘야 할지도 잘 모르는 엄마였어요. 그런데 아이들에게 영어 그림책을 읽어주면서 책 속의 그림에 대해 대화를 이어가기도 하고, 아이가 그림을 보고 저에게 쫑알쫑알 말하는 것을 듣다 보면 그렇게 행복할 수가 없었어요.

그렇게 보낸 시간이 저뿐만 아니라 아이들에게도 좋은 추억으로 남아 있어요. 첫째와 둘째 아이는 요즘도 가끔씩 책장에서 영어 그림책을 꺼내어 읽는데, 읽고 나서 "이거 엄마가 읽어줬던 건데." 하면서 씨익 웃곤 해요. 영어 그림책이 아이들과 저의 행복한 연결고리가 되어준 것이지요.

이 밖에도 영어 그림책의 장점은 무궁무진합니다. 영어를 익히면서 그림책 속에 등장하는 영미권 문화도 엿볼 수 있고, 대화체 속에 등장하는 생생한 구어체 표현들도 학습만을 위해서 고안된 영어 교재들은 따라갈 수 없는 장점입니다.

물론 영어 그림책이나 영어 원서를 통해 영어를 접하지 않고도 학교 시험이나 수능 영어에서 높은 점수를 받으며 영어를 잘하는 아이들은 많이 있습니다. 다만, 영어 그림책 읽기는 아이들에게 '영어 독서의 재미를 알게 한다'는 점에서 큰 차이가 있다고 생각합니다. 그리고 이렇게 영어 독서의 재미를 알게 된 아이들은 학습 시간이 아닌 자신의 여가 시간에 스스로 영어책을 꺼내 읽으며 '자발적 독서'를 하는 아이로 자라게 됩니다.

영어 그림책 읽기만이 정답은 아니에요

영어 그림책 읽기가 장점이 많고 꾸준히 진행하기에 좋은 방법이지만, 그렇다고 모든 아이들에게 맞는 만병통치약은 아닙니다. 영어 그림책을 부담스러워하는 아이들도 분명히 있어요. 그중에는 영어책을 보면 아예 자리를 피해 버리는 아이들도 있습니다. 특히 한글 독서력이 이미 좋은 아이들이나 완벽주의 성향의 아이들, 틀리는 것을 싫어하는 아이들 중에 그런 경우가 많아요.

그런 아이들에게는 영어 그림책으로 영어를 시작하는 것이 답이 아닐 수 있습니다. 그림책 읽기를 강요하기보다 아이가 좋아하는 소리를 찾아서 들려주면 됩니다. ==영어 동요를 좋아하는 아이에게는 영어 동요를 들려주고, 영어 애니메이션을 좋아하는 아이에게는 영어 애니메이션을 들려주세요.==

영어 노출을 시작하는 연령에 따라서도 방법은 달라지게 마련입니다. 우리말이나 수학, 과학 등의 학과목과 달리 영어는 아이들마다 시작 시기가 천차만별입니다. 아직 돌이 안 된 아기에게 영어를 노출시키는 방법과 초등 1학년에 영어를 시작하는 아이에게 영어를 노출시키는 방법은 당연히 차이가 날 것입니다.

엄마의 성향도 중요합니다. 엄마의 성향상 가능한 것과 어려운 것이 있을 거예요. 아이한테 영어 그림책을 읽어주는 것은 부담스러운데 영어 동요를 같이 부르는 것은 좋아하는 엄마도 있고, 그림책보다는 생활영어를 더 재미있어하는 엄마도 있을 겁니다. 다른 건 다 못하겠고 그냥 영어 애니메이션 보여주기만 할 수 있다는 엄마도 있을 거예요.

저는 엄마표 영어를 처음 시작할 당시 영어를 못했고 영어 자체가 두려운 엄마였어요. 아이에게 영어로 말을 건네기 위해 생활영어 책도 많이 외워봤지만, 맨날 하는 이야기만 하게 되고 진전이 없었습니다. 그래서 저는 그냥 영어 그림책을 열심히 읽어주는 방법을 택했습니다. 저에게는 그게 제일 쉬웠거든요. 그렇게 본인이 할 수 있는 것부터 시작하면 됩니다.

절대적으로 정해진 방법은 없습니다. 아이마다 방법이 다 다릅니다. 그러니 가능한 방법 중에서 ==내 아이가 더 귀를 기울이고 집중할 수 있는 방법이 무엇인지 찾아보세요.==

02 엄마표 영어의 성패는 '듣기'가 결정한다

영어도 결국 언어! 시작은 '듣기'부터다

하나의 언어를 습득하기 위해서는 그 언어를 듣고 이해하는 것부터 시작해야 한다고 생각합니다. 제가 생각하는 엄마표 영어의 목표는 단순히 시험에서 좋은 성적을 받는 것이 아니라 '영어를 모국어처럼 사용하는 것'입니다. 그렇다면 영어에 접근하는 방법도 모국어처럼 해야 하지 않을까요?

그런데 엄마표 영어를 진행하는 모습들을 가만히 살펴보면, 처음 생각했던 목표와 다르게 차츰 엄마들이 영어를 배웠던 방식과 별반 다를 게 없어집니다. 영어를 접하는 시기가 빨라졌고 교재가 좀 다를 뿐입니다. 대개 처음에는 영어 그림책과 영어 동요로 시작했다가 몇 달 지나지 않아서 리딩을 고민합니다. 그때쯤 되면 "파닉스 교재는 뭐가 좋아요?", "리딩은 어떻게 시작하나요?"와 같은 질문들이 쏟아져 나옵니다. 저도 그런 과정을 거쳐 왔기에 그런 모습이 이해가 되지만 한편으로는 정말 안타깝습니다. 우리 부모 세대와 똑같은 영어를 하기 위해서 엄마표 영어를 공들여 하는 건 아닐 텐데 말이지요.

저는 세 아이에게 엄마표 영어를 진행하며, 영어도서관에서 아이들을 가르치며, 그리고 '키즈북토리' 네이버 카페와 영어 강연 및 인스타그램에서 많은 엄마들과 엄마표 영어 노하우를 함께 나누며 확신하게 된 것이 있습니다. '역시나 영어는 언어다. 언어이기에 모국어처럼 자연스럽게 습득할 수 있는 방법이 필요하다.'라는 것입니다. 영어라고 특별할 것이 없습니다. 아이들이 모국어를 습득하듯이 영어도 완전히 똑같지는 않더라도 기본적인 과정을 따르기만 하면 됩니다.

단순하게 생각해 봅시다. 아이가 응애응애 하고 태어났습니다. 그때 우리가 가장 먼저 하는 것은 무엇인가요? 바로 '들려주기'입니다. 아직 우리말을 이해하지 못하는 아이에게 엄마는 끊임없이 말을 걸고, 책을 읽어주고, 동요를 불러주며 계속해서 엄마의 목소리를 들려줍니다. 막 태어난 아이에게는 모국어인 우리말도 처음에는 외계어처럼 들릴 것입니다. 이때 아기에게 얼른 한글을 읽을 수 있도록 'ㄱㄴㄷㄹ'을 가르치지는 않습니다. 아이가 이해를 하든 못하든 엄마는 아이에게 자신의 목소리로 말을 건넵니다. 혹은 아이를 품에 안고 책을 읽어줍니다. 그러면 아이는 엄마의 목소리 톤과 행동을 힌트 삼아 들리는 말을 이해하게 됩니다. 그렇게 수많은 우리말의 소리를 들은 후 아이는 드디어 엄마의 말을 흉내 내기 시작합니다. 아이는 점차 이해하는 소리가 많아지고, 엄마는 아이와 의사소통이 가능하게 되지요.

이 단계에 이르면 아이는 이전과는 다르게 엄마가 책을 읽어줄 때 이야기에 귀를 기울이기 시작합니다. 엄마는 아이가 이해할 수 있는 수준의 그림책을 읽어주고, 아이는 엄마가 책 읽어주는 시간을 좋아하게 됩니다. 엄마는 열심히 읽어줍니다. 그러다 어느 날부터 아이가 스스로 읽기 시작하지요. 그리고 또 어느 날부터 아이는 이해할 수 없는 문자를 그리면서 쓰기 시작합니다.

영어의 시작도 마찬가지라고 생각합니다. 영어도 많이 들어야 합니다. 영어도 우리말처럼 충분히 들을 수 있도록 해줘야 합니다. 우리말은 스스로 노력하지 않아도 어디를 가나 들리지만 안타깝게도 영어는 그렇지 않습니다. 우리 아이가 영어 듣기에 노출될 수 있는 환경은 오로지 엄마가 만들어주는 환경이 전부입니다. 따라서 ==영어도 우리말처럼 아이들이 충분히 들을 수 있도록, 그리고 제대로 지속될 수 있도록 듣기 환경을 꾸준히 만들어주는 것이 가장 중요합니다==. 또한 우리말과 달리 영어 듣기는 제한적일 수밖에 없으므로 효율적인 듣기 방법을 찾아야 합니다. '효율적인 듣기 방법'이란 아무 소리나 들려주는 것이 아니라 아이가 이해할 수 있는 소리를 반복해서 규칙적으로 들려주고 습관이 되도록 만드는 것입니다.

저는 첫째와 둘째 아이를 키우며 얻었던 성과와 시행착오를 바탕으로 영어 그림책 듣기의 기준을 만들게 되었고, 이를 이용해 셋째 아이와 키즈북토리 카페의 아이들에게 영어 노출을 진행하고 있습니다.

영알못 엄마의 엄마표 영어 13년

세 아이에게 엄마표 영어를 진행했는데, 시작한 지 벌써 13년이 훌쩍 넘었습니다. 첫째 아이를 키우면서 엄마표 영어를 시작하고, 그 노하우를 바탕으로 영어도서관을 운영하며 다른 아이들을 가르쳤습니다. 그리고 터울이 많이 나는 셋째 폴리를 키우면서 네이버 카페 키즈북토리와 인스타그램 라이브 방송 등을 통해 엄마표 영어 노하우를 많은 엄마들과 나누고 있습니다.

처음 엄마표 영어를 시작할 때만 해도 저는 영어 앞에만 서면 한없이 작아지는 '영알못(영어를 알지 못하는 사람)' 엄마였습니다. 큰애가 6살, 둘째가 4살 때 어느 날 우연히 신문에서 엄마표 영어에 대한 기사를 읽고 '엄마가 영어를 못해도 아이에게 영어 환경을 만들어 줄 수 있다'는 말에 눈이 번쩍 뜨였어요. 특히 '엄마가 영어를 못해도 된다'는 말이 눈에 쏙 들어왔어요. 두 아이와 함께 엄마표 영어를 시작할 때 아이들이 바이링구얼(bilingual, 2개 국어 사용자)이 되기를 꿈꾸지는 않았습니다. 그저 아이들이 저처럼 영어를 부담스럽게 느끼지는 않았으면 하는 바람으로 조금만 일찍 시작하자는 생각으로 엄마표 영어에 발을 디뎠어요.

노래를 좋아하던 큰애의 엄마표 영어

어린아이들에게 영어가 낯설지 않게 다가가기에 가장 좋은 것은 영어 그림책과 영어 영상물입니다. 그런데 6살 때 영어 노출을 시작한 큰애는 이미 한글 읽기 독립이 되어 한글책을 혼자서 즐기면서 읽었기 때문에 영어책을 읽어주니 바로 거부를 했어요. 그도 그럴 것이 아이 입장에서는 태어나서 몇 년을 까막눈으로 살다가 이제야 한글을 알게 되어 책 읽는 재미를 느끼게 됐는데, 갑자기 엄마가 쏼라쏼라 전혀 알아듣지 못하는 언어를 들이대니 뜬금없게 느껴지고 싫었던 거지요.

어떻게 하면 거부감을 줄이고 영어 듣기에 노출해줄 수 있을까 고민하다 찾은 것이 '영어 동요'였습니다. 생각해 보니 큰애는 노래를 좋아했어요. 그래서 영어 그림책 중에서 음원이 좋은 것을 골라서 노래를 들려주기 시작했습니다. 『Brown Bear, Brown Bear, What Do You See?』나 『The Wheels on the Bus』, 『Today Is Monday』 같은 '노부영(노래로 부르는 영어)' 시리즈 책들의 노래 음원을 틀어주니 아이가 거부감 없이 영어 소리에 익숙해지기 시작했습니다.

당시에 저는 엄마표 영어를 막 시작한 터라 아는 건 많지 않았지만, 엄마표 영어를 처음 시작할 때는 '소리 노출'이 중요하다는 이야기를 어디서 주워듣고 기본적으로 많이 들려줘야겠다는 생각을 가지고 있었습니다. 그래서 어떻게 하면 많이 들려줄까를 고민했고, 집 안에 수시로 영어 소리가 들리도록 세심하게 신경을 썼습니다.

==아이가 노래를 좋아했기 때문에 여러 영어 그림책의 노래 음원들을 하나의 CD에 담아 아이가 밥 먹을 때, 장난감을 가지고 놀 때, 목욕할 때 등 틈틈이 시간이 될 때마다 열심히 들려주었습니다.== (다만 아이가 한글책을 볼 때나 학습지를 할 때 등 집중해야 할 시간에는 틀지 않았습니다.)

그러자 아이는 책의 내용을 이해하지는 못해도 그림을 보면서 소리에 집중해서 흥얼거리기 시작했어요. 그러다 보니 뜻은 모르지만 노래가 좋아서 외우게 된 책이 한두 권씩 늘어났습니다. 아이가 음원을 좋아해서 자주 흥얼대는 책들을 제가 천천히 읽어주면서 그림에 대해 이야기를 해주니 의미가 더해져 기본적인 어휘들이 쌓이기 시작했습니다. 관심 없었던 책들도 노래가 좋으면 어떤 책이냐며 읽어달라고 하고, 자주 들어서 외우게 된 책들을 꺼내 와서 읽는 시늉도 했어요.

아이는 실제로 리딩이 가능한 것은 아니었지만, 자기가 스스로 영어책을 볼 수 있다는 것에 굉장히 신나 하고 자랑스러워했습니다. 그렇게 외워서 불러준 책들이 한두 권씩 늘어나니 듣고 이해하는 어휘들이 많아졌고, 기본적인 어휘량이 채워지고 나니 굳이 노래로 접근하지 않아도 재미있는 책만 잘 골라주면 아이는 집중해서 영어 그림책을 듣게 되었습니다.

영어 그림책을 읽어주면서 『ORT Oxford Reading Tree』도 같이 노출을 해줬어요. 『ORT』의 쉽고 반복적인 문장 덕분에, 그리고 영어 그림책을 들으면서 자연스럽게 쌓인 어휘 덕분에 따로 파닉스를 공부하는 과정 없이 자연스럽게 영어책 리딩이 진행되었습니다.

리딩 레벨의 함정에 빠지다

이 시점에서 큰애에 대한 저의 시행착오가 시작되었습니다. 아이가 리딩을 시작하자 많은 엄마들이 그렇듯 저도 여지없이 '리딩 레벨의 함정'에 빠지는 우를 범하게 됩니다. 영어책에는 AR 지수나 렉사일 지수처럼 리딩 레벨 지수가 수록되어 있습니다. 이는 아이에게 책을 골라줄 때 아이 수준에 맞는 책을 고르도록 참고하는 지수입니다. 그런데 문제는 많은 엄마들이 리딩 레벨에 집착을 한다는 것입니다.

"옆집 아이는 3점대 책을 읽는대."
"영어유치원 ○○반 아이들은 3점대 책을 읽는대."

큰애가 리딩에 들어서자 저도 모르게 욕심이 생겨 리딩 레벨을 올리는 데 급급해졌습니다. 그래서 듣기 환경에 신경 쓰기보다 어떻게든 빨리 더 높은 레벨의 책을 읽을 수 있도록 리딩에 몰입했습니다. 아이 스스로 읽을 수 있으니 자꾸 읽는 것만 시켰습니다. 리딩 레벨을 올리는 데는 음원을 틀어놓고 책 내용을 눈으로 따라 가는 방식인 소위 '집중듣기'가 좋다고 해서 제가 책을 읽어주기보다 오디오 CD를 틀어주고 혼자 듣게 시켰습니다.

그러자 아이는 차츰 영어책에 대한 흥미도가 떨어졌고, 집중듣기를 하는 시간을 너무너무 싫어하게 되었습니다. 그리고 그렇게 듣기 시간이 채워지지 않으니 리딩 레벨은 어느 정도 오르다가 딱 듣기 수준만큼에서 멈추더군요.

지금 아이가 영어를 못하는 건 아니지만 '그때 그렇게 하지 않았더라면, 이렇게 해줬더라면 아이가 영어책 읽기를 지금보다 훨씬 즐거워했을 텐데.' 하는 생각이 들어 늘 미안한 마음입니다. 제가 지금에 와서 후회하는 것은 이런 것들입니다.

'혼자 읽게 시키기보다 읽고 싶게 만들었어야 했는데…'
'읽고 싶게 만들려면 엄마가 계속 재미나게 책을 읽어줬어야 했는데…'
'집중듣기를 강요하지 말고 엄마가 같이 오디오를 들을걸.'
'아이가 스스로 읽을 수 있어도 엄마가 더 많이 읽어줄걸.'

엄마가 재미있게 책을 읽어줬을 때만 해도 아이는 영어책 읽는 시간을 누구보다도 좋아했습니다. 듣고 이해하는 어휘가 더 쌓이도록, 책 읽는 재미에 푹 빠지도록 엄마가 더 많이 읽어줬어야 했는데 지금까지도 너무 아쉬운 부분입니다.

듣기 환경에 방목된 둘째의 엄마표 영어

둘째 아이의 경우 4살 때 처음 영어 노출을 해줬는데, 사실 영어 노출에 대한 큰 목표가 없었습니다. 모든 것이 큰애 중심으로 돌아갔거든요. 아이를 둘 이상 키우는 집은 아마 대부분 공감할 거예요. 아이들을 키우다 보면 교육은 아무래도 첫째 중심이 되니까요. 당시 저의 온 관심은 큰애의 리딩 레벨을 올리는 데 집중되어 있었습니다. 두 살 아래인 둘째는 형을 위해 만들어 놓은 영어 환경에 방목(?) 상태로 노출되고 있었고요.

형이 책 읽는 소리를 듣고, 엄마가 형이랑 영어 리딩을 공부하는 동안 영어 DVD를 보고, 형이 집중듣기하는 영어 음원을 옆에서 자동차 가지고 놀면서 흘려듣는 식으로 말이지요. 형의 리딩 레벨에 신경 쓰느라 여유가 없어서 둘째의 리딩은 한마디로 '나 몰라라' 상태에 머물러 있었습니다. 셋째가 태어나기 전이어서 둘째가 막내를 담당하고 있어 그저 밥 잘 먹고 영어 동요에 엉덩이만 들썩거려도 마냥 예쁨을 받던 시절이었으니까요. 너무 무심했나 싶을 때 간간히 마더구스 영어 동요를 같이 불러준 게 다였습니다.

큰애를 공부시키는 시간에 둘째한테 영어 영상물을 보고 있게 한 경우가 많았는데, 아이는 『까이유Caillou』를 무척 좋아했어요. 워낙 반복해서 보다 보니 아이는 영상을 통해 이해하는 어휘들이 늘어났고, 대사를 외우다시피 해서 다음 대사를 먼저 말하기도 했습니다. 그리고 영상에서 보았던 상황이 일상에서 벌어지면 영어로 적절하게 표현하기 시작했습니다. 그렇게 이해하는 영어가 점점 많아지다 보니 둘째는 책으로 접근한 영어가 아니었는데도 오히려 형보다 스토리북 이해도가 앞서가기 시작했습니다.

영어 노출도 중요하지만 아이가 자칫 영상물에 너무 빠져들까 우려되어 아이가 좋아했던 영상을 화면은 보여주지 않고 소리만 들려주기 시작했습니다. 그런데 정말 신기하게도 영상으로는 한두 번 밖에 보지 않은 것인데도 소리를 듣고 장면들이 떠올랐는지 저에게 상황을 설명하기도 하고 놀면서 대사를 따라 하기도 했습니다.

영알못 엄마인 저로서는 둘째가 영어로 쌀라쌀라 하는 모습이 너무 신기하고 기특해서 리딩에 전혀 욕심이 생기지 않았어요. 둘째는 듣는 것을 너무 좋아해서 어느 순간부터는 엄마인 제가 CD 플레이어를 작동하는 게 아니라 아이 스스로 계속해서 틀기 시작했습니다. 그러다 보니 어느 정도 리딩이 자리 잡혔던 첫째는 시끄럽다고 계속 끄고, 둘째는 다시 켜고 하는 상황이 매일 반복되곤 했지요.

듣고 이해하는 어휘 수준이 높아지다 보니 아이는 엄마가 읽어주는 영어 그림책들도 엄청 좋아하고 깊이 빠져들었습니다. 비록 문자에 전혀 관심이 없고 아직 영어를 한 글자도 읽을 수 없었지만, 책 속의 그림들을 보고 자기 방식대로 이야기를 영어로 풀어내는 모습도 보였지요. 정말이지 아이는 누구보다도 책을 재미나게 즐겼어요. 제가 읽어주는 소리를 듣고 그림을 보면서 이야기 속에 더 푹 빠져들었습니다.

듣기만 좋아하던 둘째가 슬슬 걱정이 됐지만 그것도 잠시, 정말 마법처럼 문자에 관심을 가지더니 어느새 자기가 읽을 수 있는 책을 골라서 읽기 시작했습니다. 아이는 당시를 회상하며 "엄마가 읽어 줬던 책 중에서 재미있었던 책을 꺼내서 혼자 읽을 수 있다는 게 즐거웠어."라고 하더군요. 엄마랑 같이 읽었던 재미있는 책들, 엄마가 시켜서가 아니라 순수하게 아이가 스스로 다시 한 번 읽고 싶어서 꺼내온 책들이 한 권, 두 권 쌓이면서 둘째의 리딩은 순식간에 챕터북 수준까지 올라갔습니다. 챕터북도 엄마가 원해서 읽게 된 게 아니라 스토리가 재미있어서 아이가 자연스럽게 골라서 읽기 시작했습니다. 그림이 하나도 없는 책이지만 아이는 책을 읽으면서 머릿속에 그림이 그려진다고 하더군요. 그래서 이야기에 몰입이 되고 더욱 재미있어서 손에서 책을 놓을 수가 없다고 말이지요.

엄마표 영어 13년의 깨달음 – 듣기의 중요성

그렇게 엄마표 영어를 진행한 지 13년이라는 시간이 훌쩍 흘렀습니다. 큰애는 엄마표 영어를 꽤나 공들여 오랫동안 열심히 진행했지만 리딩 레벨에 집착한 탓에 영어에 대한 재미를 못 느끼고 영어를 그저 학과목으로 여깁니다. 객관적으로 봤을 때 영어를 못하는 것은 아니지만, 영어책을 스스로 꺼내어 읽는 법이 없습니다.

반면 리딩에 신경 쓰지 않고 영어 소리에 자연스럽게 노출되는 환경에 있다가 알아서 리딩을 시작하고, 책의 레벨에 상관없이 쉽건 유치하건 자기가 좋아하는 책을 스스로 골라서 진행해 온 둘째는 영어가 과목이 아니라 언어 그 자체입니다. 둘째는 영어가 우리말처럼 편하고, 자기가 하고 싶은 일을 위해 영어를 수단으로 잘 사용하고 있습니다. 당연히 학교에서 영어 시험 점수도 좋습니다.

큰애 6살, 작은애 4살이라는 빠르지도 늦지도 않은 나이에 엄마표 영어를 시작했고 두 아이 모두 열심히 진행했는데 과연 무엇 때문에 결과가 이렇게 다를까요? ==저는 이것이 '듣기 환경의 차이'라고 확실히 말할 수 있습니다. 영어라고, 영어니까, 영어이므로 뭔가 다를 거라고 생각했지만 아니었습니다. 영어의 접근도 모국어처럼 하면 되는 것이었어요.==

아이들을 잘 관찰해 보면 영어 소리에 많이 노출된 아이는 때가 되면 알아서 읽습니다. 그런데 많은 가정에서 엄마표 영어를 진행하는 모습을 들여다보면 영어 듣기량이 충분치 않은 상태의 아이들, 즉 리딩 준비가 안 되어 있는 아이들을 엄마가 읽기 훈련(?)을 통해서 리딩 레벨을 높여가는 경우가 많습니다. 저도 큰애를 그렇게 진행했었죠. 하지만 그 결과 큰애는 스스로 영어 책을 꺼내 읽거나 영어가 자연스러운 생활이 되지 않았습니다.

반면에 둘째는 제가 그러려고 의도한 건 아니지만, 리딩이 아닌 듣기 환경에 정성을 쏟았습니다. 둘째는 리딩의 시작이 느린 것 같았지만, 리딩 스위치가 켜짐과 동시에 아이의 리딩 수준은 엄마인 제가 따라가지 못할 정도로 빠르게 진행되었습니다. 듣기를 통해 충분히 많은 어휘와 배경지식을 가지고 있었던 터라 영어라는 글자를 읽으면서 동시에 바로 이해가 되니 영어책을 무척 재미있어했습니다. 재미가 있으니 아이는 영어책을 고를 때도 글밥의 양이 아닌 자신의 관심사에 따라 선택해서 읽었고, 고등학생이 된 지금까지도 영어책을 수시로 꺼내어 읽습니다. 둘째에게는 영어책을 읽는 것이 너무나 재미있고, 영어책을 읽는 시간이 휴식입니다.

우리 집에 늦둥이 막내딸 폴리가 태어나면서 저는 폴리와 함께 다시 엄마표 영어를 시작하게 되었습니다. 사실 첫째와 둘째 아이를 키우면서 '다시 하면 이번에는 좀 더 잘할 수 있을 것 같다'는 생각을 하곤 했습니다. 그런데 막상 늦둥이를 키워보니 그게 아니었어요. 노하우는 늘었을지 모르지만 결정적으로 체력이 안 따라줘서 막내에게는 큰애들에게 쏟았던 만큼의 열정이 애당초 불가능했습니다. 그래서 막내에게는 오빠들에게 해줬던 것 중 가장 의미 있었던 부분에만 집중하기로 했습니다. 바로 '듣기 환경'을 충실히 제공하는 것입니다.

폴리가 아기였을 때 저는 영어도서관을 운영하고 있었기 때문에 친정어머니가 폴리를 돌봐주시는 상황이었어요. 어르신이 아이를 돌보는 일도 쉽지 않은데, 영어 교육까지 복잡하게 부탁드리기는 어려웠어요. 그래서 친정어머니에게 딱 한 가지만 부탁을 드렸어요. 아이가 낮에 놀 때 제가 아이에게 읽어줬던 영어 그림책의 오디오 CD와 영어 동요를 틀어달라는 것이었어요. 아이는 제가 곁에 없어도 엄마와 함께 읽었던 영어 그림책의 소리가 들리면 해당하는 영어 그림책을 넘기며 그림을 보았어요. 또 엄마와 함께 불렀던 영어 동요를 들려주면 익숙한 소리에 엉덩이를 들썩였고요.

저녁에 퇴근하고 돌아와서는 영어 그림책을 읽어주고, 영어 동요를 들려주거나 불러주었습니다. 피곤한 날에는 그마저도 못해주기도 했습니다. 하지만 한글, 영어 구분 없이 재미 위주로 책을 골라 꾸준히 읽어주다 보니 어느새 아이는 영어로 조잘거리고 책도 집중해서 보기 시작했고 나아가 스스로 읽게 되었습니다.

첫째, 둘째와 터울이 많이 지는 셋째는 앞선 시행착오를 거울삼아 리딩 레벨을 올리는 데 몰입하기보다 듣기 환경에 더 신경 쓰고 있습니다. 듣기 환경을 잘 만들어 주고, 그 안에서 아이가 스스로 리딩 실력을 성장시킬 수 있도록 말이지요. 폴리는 아직 어리지만 영어를 즐거워하고, 영어책 읽는 것에 거부감이 없으며, 이제는 스스로 영어책을 꺼내어 읽기 시작했습니다.

아이들과의 진행기를 여기에 다 담을 수 없어 극히 일부분의 이야기만 꺼냈지만, 제가 드리고 싶은 이야기는 '읽기는 충분히 들은 후에 천천히 진행해도 괜찮다'는 것입니다.

차고 넘치게, 행복하게 들려주자

그럼 듣기로 시작할 때 영어를 얼마나 들어야 할까요? 당연히 많이 들을 수 있으면 좋습니다. 한 언어를 습득하고 사용할 수 있게 되기까지는 '노출의 임계점'이라는 것이 있습니다. 임계점을 넘어야 실력의 변화를 느낄 수 있는데, 임계점에 빠르게 도달하려면 많이 들려줘야 하고, 느긋하게 가고 싶으면 적당한 양을 꾸준히 들려주면 됩니다. 당연한 얘기지만 여러 아이들을 지켜봐 온 결과, 많이 읽어주고 들려주고 보여준 아이들이 확실히 습득 속도가 빠릅니다. 그러니 아이들에게 영어를 많이 들려주고, 많이 읽어주고, 많이 노출시켜 주면 좋습니다.

노출을 많이 한다고 해서 아이에게 강요하라는 의미는 아닙니다. '아이가 눈치채지 못하게' 노출하는 것이 포인트입니다. 영어는 모국어와는 달라서 엄마가 만들어주는 영어 환경이 아이가 영어에 노출되는 시간의 전부입니다. 우리나라는 문만 열고 나가면 영어가 들리는 나라가 아니니까요. 그렇다면 한정된 시간에 가장 효율적으로 노출할 수 있는 방법을 찾아야 합니다. ==아이에게 가장 효율적인 방법은 바로 '아이가 집중하고 좋아하는 노출'입니다.== 그래서 가장 중요한 건 아이가 좋아하는 노출이어야 합니다. 많이 들려주고 많이 읽어줘도 그 시간이 아이가 좋아하지 않는 시간이었다면 안타깝지만 그건 무의미한 노출일 뿐입니다.

이 책을 읽는 독자들의 기대와는 다를 수도 있겠지만, 저는 엄마표 영어의 성공을 아이들의 영어 실력으로 이야기하지 않습니다. 아이와 엄마표 영어를 하면서 읽어줬던 영어 그림책들로 인해 아이와 살을 맞댈 수 있었던 시간이 많았고, 책을 읽으면서 아이와 깔깔대고 웃었던 그 시간들이 아이의 기억 속에 행복한 추억으로 남았다면 그것이 성공이라고 생각합니다.

저희 집 첫째와 둘째는 이제는 청년의 느낌이 날 정도로 컸지만, 지금도 엄마랑 주저리주저리 수다를 떠는 아들들로 컸습니다. 아이들의 영어 실력은 그냥 덤으로 따라온 결과라고 생각합니다. ==아이와 의 행복한 추억을 만드는 것! 이것이 바로 제가 생각하는 엄마표 영 어의 성공입니다.==

그러니 '어떻게 하면 우리 아이가 영어를 잘할 수 있을까?'라는 생각은 버리고 '우리 아이는 어떤 영어책을, 어떤 영상을, 어떤 노래를 좋아할까?'만 생각하고 실천해보시면 좋겠습니다.

영어 그림책 매일 듣기의 기적

03

키즈북토리 '듣기 프로젝트'를 시작하다

세 아이를 엄마표 영어로 키우면서 저는 듣기가 정말 중요하다는 것을 깨달았습니다. 다른 분들의 엄마표 성공 사례들을 살펴봐도 대부분 듣기에 신경을 많이 썼다는 사실을 알 수 있었습니다. 그런데 강연이나 카페 글을 통해 영어 듣기 환경의 중요성을 아무리 열심히 설명해도 엄마들은 "그래, 듣기가 중요하지." 하고 끄덕이고는 뒤돌아서면 잊어버리기 일쑤였습니다. 듣기를 어떻게 진행해야 할지 막막해한다는 게 좀 더 정확한 표현일 것입니다.

영어 리딩은 AR 지수나 렉사일 지수같이 '레벨'이라는 것이 있어서 나름 체계적으로 진행할 수 있지만, 듣기는 도대체 어떻게 진행해야 하는 건지 딱히 떠오르는 기준이 없어서 막연하게 느껴지는 것이지요.

그래서 2019년 하반기에 엄마표 영어 네이버 카페인 키즈북토리에서 '투투텐(2-2-10) 시드 프로젝트'를 시작했습니다. ==이 프로젝트는 엄마표 영어를 처음 시작하는 3~5세 아이들을 둔 엄마들을 대상으로 아이들에게 맞는 '영어 듣기 환경을 조성하는 것'을 목표로 했습니다.==

키즈북토리는 저와 제 지인들이 엄마표 영어를 진행하며 겪었던 시행착오와 노하우를 이제 막 엄마표 영어를 시작하려는 엄마들과 나누기 위해 마련한 커뮤니티입니다. 이전에 키즈북토리 카페에서 주로 해 왔던 프로젝트들은 대체로 엄마표 영어를 진행하는 엄마들을 위해 영어책을 선정하고 그에 맞는 학습 자료를 제공하는 방식이었습니다.

그런데 회원들의 엄마표 영어 진행기를 살펴보면 정작 바탕이 되어야 하는 듣기는 경시되고, 엄마표 영어의 성과를 얻고자 리딩 레벨 올리기에만 급급해하는 경우가 많았습니다. 읽기, 듣기, 쓰기, 말하기 중에서 읽기는 진행 정도가 가장 쉽게 눈에 보이고 결과가 바로바로 수치화되는 영역이에요. 그러다 보니 성과를 파악하기도 쉽지요. 그래서 읽기에 집중하는 분위기로 자연스럽게 흘러갈 수밖에 없어요. 엄마표 영어를 진행하는 다양한 카페들이 있지만, 읽기에 집중하는 곳이 대부분이었습니다.

하지만 듣기가 바탕이 안 되어 있는 상태에서 리딩을 시작하면 아이가 스스로 이해하면서 즐기는 자발적인 독서로 이어지기가 무척 어렵습니다. 안타까운 엄마표 영어 패턴이 계속해서 반복되는 상황이었습니다. 그래서 더 이상 미뤄서는 안 되겠다고 생각한 끝에 제일 중요하지만 성과가 눈에 잘 보이지 않는, 진행 정도를 파악하기가 가장 어려운 '듣기 환경 만들기'를 키즈북토리에서 프로젝트로 진행해 보기로 마음먹게 되었습니다.

프로젝트 이름인 '시드'는 '씨앗'이라는 뜻의 seed를 따온 것입니다. 이제 막 엄마표 영어를 시작하려는 엄마들과 함께 언어 습득의 기본 바탕이 되는 '듣기 씨앗'을 심는다는 의미로 그렇게 붙인 것입니다.

투투텐(2-2-10) 시드 프로젝트의 기적

'시드 프로젝트'는 키즈북토리 카페에서 3~5세 아이를 둔 엄마들을 대상으로 '영어 듣기 환경 조성 습관'을 기르는 것을 목표로 한 프로젝트입니다. 이 프로젝트의 핵심은 다음 세 가지입니다.

1) 아이가 매일 영어 듣기에 자연스럽게 노출되는 환경을 만들어줄 것
2) 그것이 아이에게 즐거운 노출일 것
3) 아이가 영어를 듣고 글자가 아닌 소리를 이해할 수 있도록 신경 쓸 것

프로젝트는 3~5세 아이를 둔 엄마들과 함께 20~24주간 진행하

는 것이었는데 약 1,000명 가량이 신청을 해주셨습니다. 스스로 듣기 환경을 조성해주는 것이 습관이 되도록 초반에는 '미션을 완수하지 않으면 탈락'이라는 강제성을 두고 진행을 했습니다.

그런데 시작한 지 2~3주 만에 프로젝트에 참여한 엄마들의 놀라운 피드백들이 쏟아지기 시작했습니다. '아이가 영어에 거부감이 심했는데 이제 영어 소리 듣기에 익숙해졌다', '아이가 영어 소리를 듣다가 해당하는 영어 그림책을 꺼내어 읽어 달라고 한다', '아이가 영어 소리를 따라 흥얼거린다' 등 달라진 아이의 반응에 놀라워했습니다. 많은 엄마들이 공통적으로 하는 얘기는 '영어 소리를 듣는 것이 중요하다는 것은 알고 있었지만 그 방법을 몰랐다'는 것과 '흘려듣기가 이렇게 중요한지 몰랐다'는 것이었습니다. 이 프로젝트를 진행하면서 엄마들로부터 감사 인사를 정말 많이 받았습니다.

시드 프로젝트는 투투텐(2-2-10) 루틴을 기본 규칙으로 합니다. ==투투텐(2-2-10)은 '2년 동안 하루 2시간 영어 노출+10분 점검하기'의 약자입니다. 딱 2년만 아무 생각 말고 틈새 시간을 활용해서 하루 2시간씩 듣기 노출을 하고 10분을 투자해서 진행사항을 기록으로 남기자는 것입니다.== 그렇게만 하면 아이는 스스로 리딩을 시작하고 영어책을 한글책처럼 즐기는 아이로 자랍니다. 저는 이 효과를 제 아이들을 통해 경험했고, 키즈북토리 카페의 수많은 엄마들과 아이들을 통해 확인했기 때문에 자신 있게 말할 수 있습니다.

물론 투투텐(2-2-10) 루틴을 시작하는 연령에 따라서 다른 목표와 결과가 나올 수 있습니다. 가령 5~7세 아이들의 경우 '2년 후에는 챕터북 읽기가 자리 잡히게 된다'와 같은 목표를 세울 수 있겠지요. 하지만 일단 저희의 프로젝트는 3~5세 아이들을 대상으로 '영어책 읽기의 재미에 빠지는 것'을 목표로 삼았습니다.

하루 2시간 영어 노출 프로젝트

하나의 언어를 습득하기 위해서 얼마만큼의 시간이 필요할까요? 여러 학자들에 따르면 한 언어를 유창하게 말하고 듣기 위해서는 약 10,000시간 정도의 노출이 필요하고, 어느 정도 귀가 트이고 입을 떼는 데만 해도 최소 2,000시간이 필요하다고 합니다.

그렇다면 우리 아이에게 하루에 몇 시간을 노출해주는 게 가장 적당할까요? 정확한 답은 없습니다. 하지만 기준을 정해 놓아야 실행할 수 있고, 목표치가 있어야 꾸준히 노력할 수 있겠지요. 그래서 저는 그 시간을 하루 2시간으로 잡았습니다. 일단 하루 2시간씩 약 2~3년을 노출하면 전문가들이 말하는 '귀가 트이고 말이 시작되는 최소 2,000시간'이 채워지기 때문입니다. 또 2시간이면 적지도 많지도 않은 시간이어서 누구나 도전할 만한 정도라고 생각했습니다. 그래서 저는 2년 동안 하루 2시간씩 영어를 노출하는 것을 목표로 잡았습니다.

틈새시간을 노려라 – 영어 노출 2시간 채굴

하루 2시간 영어 노출이라고 하니 듣자마자 걱정부터 되는 엄마들도 있을 겁니다. 하지만 미리 겁먹지 마세요. 사실 어렵지 않습니다. 2시간을 한꺼번에 쭈욱 노출해주는 것이 아니라 틈틈이 시간을 확보하면 되거든요. 가령 아이랑 밥 먹을 때, 목욕할 때, 아침에 일어날 때, 아이가 장난감 가지고 놀 때, 차량으로 이동할 때, 산책할 때나 잠자리 동화를 읽어줄 때처럼 활용 가능한 시간은 의외로 많습니다. 그러니 시간을 따로 만들어 노출한다는 생각을 버리고 틈새시간을 활용하면 됩니다.

아이마다 활용 가능한 틈새시간이 다를 겁니다. 저는 주로 아이가 등원하기 전과 잠자리 동화를 읽어주는 시간 전후를 활용합니다. 차량으로 아이를 등원시키는 엄마라면 그 시간도 활용하기 아주 좋습니다.

지금 와서 생각해보면 첫째와 둘째 아이를 키울 때 영어 노출을 정말 열심히 시켜줬어요. 아침에 깨울 때 아이가 좋아하는 영어동화나 DVD 음원을 들려주었고, 아이가 장난감을 가지고 혼자 놀 때도 영어 음원을 배경음악처럼 들려줬습니다. 아이와 차로 이동할 때나 욕조에서 물놀이를 할 때의 틈새시간도 놓치지 않았습니다. 아이가 잠들기 전에도 수시로 영어 소리를 들려줬습니다.

저도 처음에는 '아침 7시부터 8시까지', '저녁 8시부터 9시까지' 처럼 시간을 정해놓고 노출을 해줬습니다. 하지만 그렇게 했더니 갑자기 약속이 생기거나 예기치 못한 일이 발생하면 그날은 그냥 날리게 됐습니다. 미리 시간을 정해 놓고 그 시간이 올 때를 기다리는 것보다 생활 속에서 시간이 날 때마다 틈틈이 아이에게 노출해주는 것이 꾸준히 할 수 있는 방법이라고 생각합니다. 막상 해보면 생각보다 틈새시간이 많다는 것을 금방 깨닫게 될 것입니다. 그렇게 틈틈이 들려주는 것에 익숙해지면 그것이 곧 '습관'이 되고 더 나아가 '생활'이 될 수 있습니다.

이때 노출 시간을 기록하지 않으면 내가 아이에게 얼마나 노출해주고 있는지 정확하게 파악하기가 힘듭니다. 그래서 노출 시간 체크 리스트를 만들어 기록을 해야 합니다. 그러면 어느 정도 노출하고 있는지 확인할 수 있고, 노출량이 부족하면 다른 틈새 시간을 찾아서 노출해줄 수 있습니다.

내 아이에게 맞는 노출 방법을 찾아라

그럼 이제 하루에 2시간을 확보하기로 정했습니다. 그 다음은 바로 '무엇을 어떻게 들려줄까'를 정해야 할 차례입니다.

아이에게 영어를 노출시킬 수 있는 방법들에는 뭐가 있을까요? '영어 그림책 읽기', 'DVD 보기', '영어 동요 듣기' 정도가 떠오를 텐데, 조금 더 생각해 보면 참으로 다양한 방법이 있습니다. 가령 책 읽기에도 여러 방법들이 있습니다. '엄마가 읽어주기', '책과 함께 오디오 음원 듣기', '리딩펜을 이용해서 책 읽기', '소리 내어 읽기', '소리 없이 눈으로만 읽기'처럼 구체적인 방법들을 생각해야 합니다. DVD나 영어 동요도 마찬가지로 'DVD 영상 보기', 'DVD 소리만 듣기', '영어 동요 듣기', '영어 동요 부르기' 등이 가능하며 이 밖에도 '엄마랑 영어로 대화하기', '영어놀이', '영어 그림책 독후활동', '영어 수업', '오디오 들으면서 동시에 따라 하기' 등 다양한 방법이 있습니다.

이 중에서 우리 아이에게 맞는 방법이 무엇일지는 엄마가 직접 찾아야 합니다. 내 아이의 연령과 성향, 영어 레벨, 진행 과정에 따라 효율적인 방법을 찾아내야 합니다. 가령 내 아이가 이제 처음으로 영어를 시작하는 상황이어서 리딩이 안 된다면 아이가 책을 혼자 소리 내어 읽을 수는 없을 것입니다. 또한 돌 전 아가들은 영어 수업을

단계별 듣기 노출 방법

1단계	2단계	3단계	4단계	5단계	6단계
마더구스 & 영어동요					
엄마가 읽어주는 영어동화					
규칙적인 DVD 및 영상 노출					
엄마랑 음원 듣고 책 보기 → 청독(혼자 음원 들으며 책 읽기)					
리뷰듣기(듣기 환경 만들기)* → 몰입듣기(목적에 따른 집중듣기)*					
기타: 엄마가 건네는 영어대화 / 영어유치원 / 화상영어 등					

* **리뷰듣기**: 아이에게 읽어주거나 보여줬던 익숙한 소리를 계속 들려주기
* **몰입듣기**: DVD 보기, 엄마랑 같이 책 보면서 듣기, 청독, 딕테이션, 듣기평가 등

하거나 엄마랑 영어로 대화하기는 힘들어요. 엄마가 책을 읽어주는 것을 좋아하는 아이가 있는 반면, 책은 싫어하고 영상 보는 것만 좋아하는 아이도 있어요. 비슷한 나이의 형제자매가 있는 아이도 있고 외동인 아이도 있어요. 이렇게 취향도 레벨도 상황도 제각각이다 보니 <mark>내 아이에게 맞는 가장 효율적인 방법을 찾아줄 수 있는 최적의 파트너는 바로 '엄마'뿐입니다.</mark>

노출 방법을 채굴해낸 시간에 활용하기

노출 시간을 확보했고 노출 방법을 선택했다면, 이제는 어떤 노출 시간에 어떤 노출 방법을 적용할 것인지를 계획 세워야 해요. 예를 들면 다음과 같습니다.

1) 아침에 일어날 때는 신나는 영어 동요를 들려주며 깨우기
2) 아이들이 욕조에서 목욕할 때 영어책 읽어주기
3) 아침밥 먹으면서 영어책 읽어주기
4) 장난감 가지고 놀 때 영어 DVD 소리만 들려주기

계획을 세울 때는 위와 같이 최대한 구체적인 때와 방법을 선택해야만 틈새시간을 이용해 꾸준히 노출할 수가 있습니다.

지금까지 엄마표 영어에서 듣기의 중요성에 대해 살펴보았습니

다. 이제 저와 함께 엄마표 영어 그림책 듣기를 시작할 마음의 준비가 되었나요? 그럼 Part 2에서는 영어 듣기 노출이 좀 더 효율적으로 이루어지도록 아이에게 맞는 책과 음원을 찾는 방법을 알아보기로 해요.

Part 2

영어 그림책
매일 듣기 실전편

'투투텐 영어 그림책 듣기' 기본 가이드

Intro

'투투텐 프로젝트'는 엄마표 영어를 시작하는 것부터 리딩에 진입하기까지의 과정입니다. 또한 이 프로젝트는 아이를 대상으로 하는 것이 아니라 엄마가 아이에게 영어 듣기 환경을 효과적으로 만들어줄 수 있도록 돕는 '듣기 환경 조성 프로젝트'입니다.

듣기 환경을 충분히 제공해주면 아이는 점차 문자에 관심을 가지게 되고 그러면서 자연스럽게 리딩이 시작됩니다. 리딩을 시작하는 시기는 엄마가 결정하는 것이 아니라 아이가 신호를 보낼 때까지 기다려줘야 합니다. 단, 아이의 신호를 감지할 수 있도록 엄마는 아이를 잘 관찰하고 있어야 해요.

이제 본격적으로 투투텐 프로젝트를 위한 듣기 환경 조성 방법에 대해 알려드리겠습니다. 이 과정은 엄마표 영어를 처음 시작하는 3~5세 아이들을 대상으로 하고 있어요. 만약 자녀의 연령이나 상황이 다르다면 조절하여 활용하기를 바랍니다.

투투텐 미션에는 ①준비하기 미션, ②일일 기록지 미션, ③공통 주제 미션이 있습니다. 기본적으로 한 달을 기준으로 진행하는데, 아이가 습득이 빠르면 한 달이 되기 전에 다음 단계로 넘어가도 됩니다. 반대로 아이가 어리고 시간이 더 필요하다고 생각되면 한 단계를 한 달 이상 진행해도 괜찮습니다. 우리가 지금 시작하려고 하는 것은 엄마표 영어이므로 당연히 아이의 수준과 성향, 취향에 맞게 진행해야 합니다. 매달 진행되는 미션을 간단하게 정리해 보면 다음과 같습니다.

투투텐 프로젝트 미션

1. 준비하기 미션	매달 한 달 동안 진행할 책과 영상 계획 세우기 (월간 노출 계획서 작성) 해당 책과 영상의 음원을 하나의 mp3 파일로 준비하기
2. 일일 기록지 미션	매일 어떻게 영어 노출을 했는지 점검하고 기록하기 (Daily Reading Log와 Daily Check 작성)
3. 공통 주제 미션	영어 동화를 즐기고 말하기+리딩 시작까지의 과정을 이끌기

1. 준비하기 미션

'준비하기 미션'은 말 그대로 한 달 동안 사용할 자료를 미리 계획해서 준비하는 것입니다. 아이에게 한 달 동안 노출할 책과 영상을 선정해 '월간 노출 계획서'를 작성하고, 해당 음원을 집안에서 항상 틀어 놓을 수 있게 준비하면 됩니다. 시작하는 달에는 시작하기 전에, 이후에는 매달 말일에 다음 달 노출 계획을 세웁니다.

'월간 노출 계획서' 작성하기

아이에게 한 달 동안 노출해줄 책과 영상을 12권 이내로 정해서 리스트를 적습니다. 권말에 '월간 노출 계획서' 양식을 수록해 놓았습니다. 책이나 영상을 고를 때는 이 책에 수록되어 있는 책과 영상을 참고하여 시작해 보세요. 저희 아이들이나 키즈북토리 카페 아이들의 경우를 보면 '반복적인 패턴이 있는 책'이나 '신나는 노래 음원이 있는 책'이 가장 효과적입니다.

권수는 무조건 많이 하는 것보다 반복하기 좋은 적당한 권수를 선택하는 것이 좋습니다. 그래서 계획서에 쓰는 책의 권수를 12권 이내로 제한해 놓았습니다. 영어를 시작하는 아이들에게는 반복이 필요한데, 너무 많은 책을 선택하면 흘려듣기가 정말 말 그대로 한 귀로 듣고 한 귀로 흘려보내는 활동이 될 수 있기 때문입니다. 이 시기에는 충분한 반복을 통해서 아이가 듣고 이해할 수 있는 영어 어휘들이 생겨나도록 해야 합니다.

월간 노출 계획서 예시

예찌맘(자녀 5세)

하이유(자녀 6세)

리뷰듣기 음원 만들기

월간 노출 계획서 작성을 마쳤다면 이제 해당 책들의 음원을 모아 하나의 오디오 파일로 만듭니다. 한 달 동안 노출할 책들의 음원을 선택하는 기준도 아이에 따라 달라집니다. 노래를 좋아하는 아이라면 노래 음원만 담을 수도 있고, 노래를 싫어하는 아이라면 리딩 음원만 담을 수도 있어요. 또는 노래와 리딩 음원을 모두 담을 수도 있습니다. 오로지 아이가 무엇을 좋아하는지에 따라 결정하면 됩니다.

Q. 리뷰듣기가 무엇인가요?

'리뷰듣기'란 새로운 소리가 아니라 엄마가 읽어줬던 책의 음원이나 아이가 좋아했던 영상의 음원처럼 들은 경험이 있는 소리를 들려주는 것을 말합니다. 아무 의미 없는 소리를 들려주는 것보다 엄마가 아이에게 읽어줬거나 화면으로 보여줬던 소리를 들려주면 아이는 그 소리를 듣고 해당 책이나 영상의 장면을 떠올리게 되고 순간순간 소리에 몰입하는 모습을 보여줍니다. 무의미한 소리가 아닌 유의미한 소리를 통해 효율적으로 듣기 시간을 채울 수 있게 해주는 방법입니다.

Q. 왜 하나의 오디오 파일에 담나요?

한 달 동안 진행할 책이나 영상의 음원을 하나의 오디오 파일로 만들어야 합니다. 그 이유는 틀어주기 편해야 하기 때문이에요. 귀찮아지고 어려워지면 습관이 될 수 없습니다. 대부분의 엄마들이 듣기의 중요성에 대해 알고 있지만 잘 실천하지 못하는 이유는 자꾸 잊어버리기 때문입니다.

어린이 그림책은 글밥이 많지 않다 보니 음원이 길지 않습니다. 그래서 책 한 권마다 들어 있는 오디오 CD를 일일이 넣었다 뺐다 하면서 들려주려면 번거롭고 귀찮습니다. 세이펜 등의 전자펜도 마찬가지입니다. 아이가 스스로 펜을 찍거나 엄마가 찍어줘야만 음원 노출이 가능합니다. 늘 잡다한 집안일과 육아를 해결해야 하는 엄마들에게 어떤 활동을 수시로 떠올리며 실천하는 것은 현실적으로 매우 어려운 일입니다. 하지만 하나의 오디오 파일에 한 달 동안 반복할 책의 음원을 담아두면 스마트폰이건 노트북이건 기기 종류에 상관없이 한 번만 틀어놓으면 되니 무척 편리하지요.

하나의 음원 파일을 만들었다면 이제 우리가 할 일은 채굴한 틈새 시간에 슬쩍 플레이 버튼을 누르기만 하면 됩니다. 이 음원 파일을 반복 재생하며 흘려듣기만 해도 하루 2시간이라는 노출 시간이 금방 채워집니다. 거기에 엄마가 영어 그림책도 읽어주고 영상도 보여주면 2시간 이상의 노출을 의외로 순조롭게 할 수 있습니다.

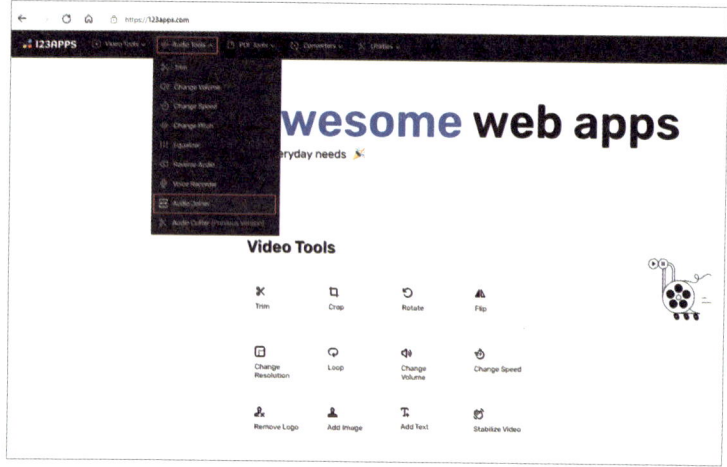

'mp3 파일 합치기'는 123apps(https://123apps.com/ko) 웹페이지를 통해 편리하게 할 수 있습니다. 상단 메뉴바에서 Audio Tools ▶ Audio Joiner를 선택하세요.

2. 일일 진행 기록지 미션

두 번째 미션은 '일일 진행 기록지'를 작성하는 것입니다. 엄마표 영어를 시작할 때는 아이에 대한 관찰이 무척 중요합니다. 매일 어떤 책과 영상을 보여줬으며, 어떤 방식으로 노출해줬는지, 아이의 반응이 어땠는지 일일 진행 기록지에 적어 보세요. 이를 기록하는 데는 10분도 걸리지 않지만, 이렇게 적어놓은 기록들은 다음 달 도서를 선정하고 노출 계획을 짜는 데 많은 참고가 됩니다. 양식은 권말에 수록해 두었습니다.

Daily Reading Log 기입 방법

일일 진행 기록지는 Daily Reading Log와 Daily Check이라는 두 개의 양식으로 이루어져 있습니다. Daily Reading Log는 '일일 독서 기록'이란 뜻으로 Title 칸에 그날 아이에게 노출해준 책 제목을 적고, a~d의 노출 방법 중 해당하는 방법에 체크하면 됩니다.

a. 오디오와 함께 책 읽기
b. 엄마가 읽어주기
c. 소리 내어 읽기
d. 눈으로 읽기

가령 『Go Away! Big Green Monster』라는 책을 한 번은 엄마가 읽어주고 한 번은 오디오 CD 흘려듣기를 했다면 a와 b에 체크하는 식입니다. 매일 한 장씩 기록하되, 마지막 칸의 누적 권수는 해당 달까지 읽은 모든 책의 권수를 적습니다.

일일 진행 기록지 예시

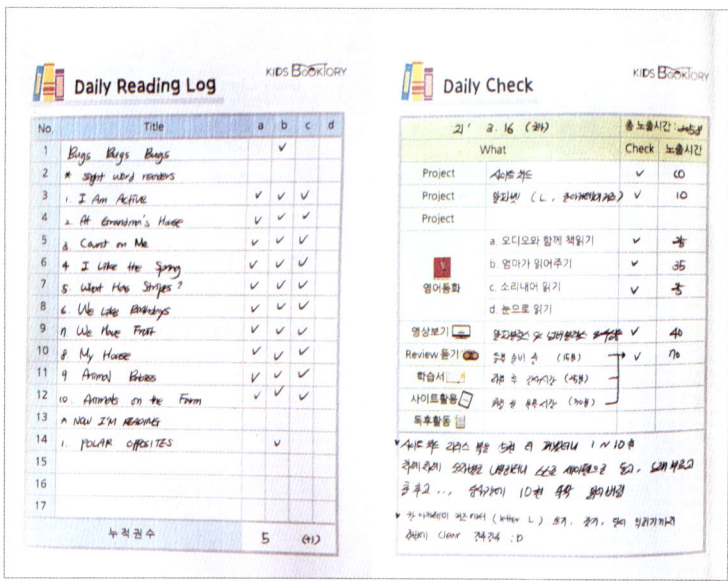

쭈니맘17(자녀 5세)

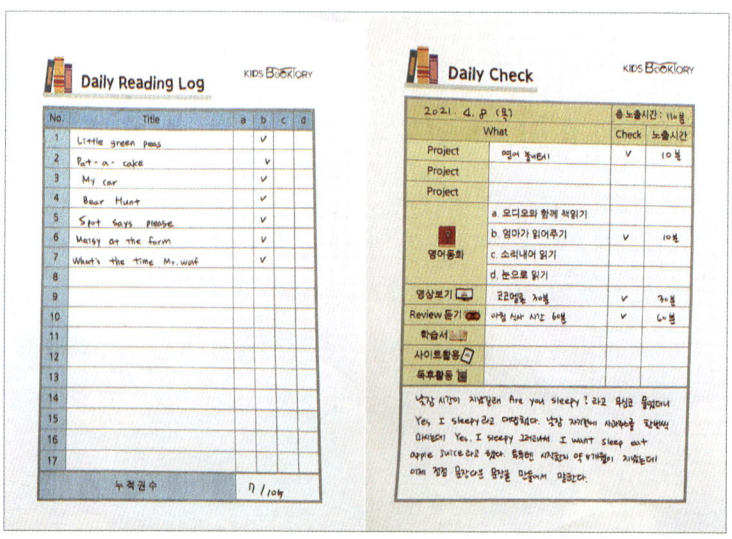

혀니후니(자녀 4세)

Daily Check 기입 방법

Daily Reading Log가 읽은 영어책의 리스트를 정리하는 용도라면, Daily Check은 그날그날의 노출 내용과 노출 시간을 자세히 정리하는 용도입니다. 월간 노출 계획서에서 미리 계획한 책과 영상, 동요 듣기 등을 어느 정도 노출했는지 시간을 기록합니다. Daily Check 하단의 빈칸에는 그날 아이의 반응을 기록합니다. 아이의 반응이 좋았던 음원들, 읽어줬을 때 좋아한 책들, 보면서 재미있어하던 DVD 목록을 적습니다. 아이의 반응이 적었던 음원들도 적습니다. 엄마표는 기본적으로 아이를 잘 관찰하는 것에서 시작합니다. 관찰을 통해서 아이가 좋아하는 책을 찾아내고, 아이의 리딩 시작 적기도 찾아낼 수 있습니다.

일일 진행 기록지를 완벽하게 적으려고 너무 애쓸 필요는 없지만 적는 것을 건너뛰지는 말아야 합니다. 육아는 매일매일이 해결해야 할 크고 작은 과제들의 연속이므로, 아무래도 기억력에 의존하면 낭패를 보기 쉽습니다.

3. 공통 주제 미션

공통 주제 미션은 아이가 영어책을 즐기면서 자연스럽게 말하기와 읽기로 이어지도록 하는 과정에 필요한 미션으로 색깔, 숫자, 일상 동작처럼 기초적인 표현들을 익히는 것이 목표입니다. 물론 이 표현들도 영어 그림책을 통해 자연스럽게 익혀도 되지만, 엄마표 영어의 초기 단계에서 함께 진행하면 큰 효과를 볼 수 있기에 추천하는 활동입니다. 자세한 내용은 Part 2의 끝부분 Bonus 챕터에서 설명해 두었습니다.

자, 그럼 투투텐 영어 듣기를 시작해 볼까요? 투투텐 프로젝트의 시작은 내 아이가 좋아할 만한 영어 그림책과 영상을 고르는 것에서 시작합니다. 지금부터 10개의 주제별로 아이들이 정말 좋아하는 검증된 영어 그림책들을 소개해 드리겠습니다. 유튜브에서 이 그림책들의 제목을 검색하면 해당 책을 읽어주는 영상들이 대부분 올라와 있습니다. 책 소개를 읽고 마음에 드는 책이 있으면 유튜브를 통해 내용을 확인하여 아이가 좋아할 만한 책인지 최종 판단해 보는 것도 실패를 줄이는 효과적인 방법입니다.

Theme 01

음원이 재미있는 그림책

Theme 01

음원이 재미있는 그림책

영어 듣기를 처음 시작하는 단계에서는 우리 아이가 어떤 책을 좋아하는지, 어떤 영상을 좋아하는지 아직 파악이 안 된 상태일 거예요. 그러니 이때는 처음부터 너무 완벽하게 계획하려고 애쓰기보다는 계속 진행하는 것에 목표를 두고 가벼운 마음으로 시작하는 것이 좋습니다.

아이와 영어를 처음 시작할 때는 우선 아이가 영어 소리에 거부감 없이 적응하는 것이 가장 중요합니다. 그래서 이미 익숙한 멜로디나 반복적인 리듬이 있는 음원이 있는 책을 선택하면 좋습니다. 아이들은 익숙한 멜로디가 흘러나오면 관심을 가지고 귀를 기울이게 되고 이를 통해 자연스럽게 영어에 친숙해지게 되거든요.

아이가 영어 그림책에 아직 관심이 없다면 억지로 책을 들이밀지 말고 음원이나 영상으로 시작해도 됩니다. 꼭 책으로 시작해야 한다고 생각하는 분들이 많은데 그렇지 않습니다. 아이가 좋아하는 소리를 찾아서 듣기에 집중할 수 있도록 들려주는 것이 우선입니다.

유아들의 메가 히트송
Hurry! Hurry!

음원이 재미있는 그림책 01

글: Eve Bunting   그림: Jeff Mack   출판사: TWOPONDS

『Hurry! Hurry!』는 태어나서 처음 영어를 접하는 아이의 첫 영어책으로 제가 자신 있게 추천하는 책입니다. 약간 트로트(?) 느낌이 나는 신나는 음원 덕분에 유아에서 유치에 이르기까지 한번 들으면 바로 사랑하게 되는 책이거든요.

평화로운 분위기의 농장에서 갑자기 닭 한 마리가 호들갑을 떨면서 Hurry! Hurry!(서둘러! 서둘러!)를 외칩니다. 닭의 재촉에 염소는 가고 있다며 서두르고, 오리는 새끼오리에게 갈 준비가 되었냐고 물어보고, 어미소도 갓 태어난 송아지를 재촉합니다. 농장의 모든 동물 친구들이 어디론가 향하는데 도대체 무슨 일이 일어난 걸까요?

이 책은 문장이 아니라 짧은 단어들로 구성된 책입니다.

Hurry! Hurry!　서둘러! 서둘러!
Coming! Coming!　가고 있어! 가고 있어!
Quick! Quick!　빨리! 빨리!

이처럼 같은 단어를 두 번씩 사용하여 급박한 상황을 나타내고 있습니다. 아이가 아직 영어 단어를 몰라도 일러스트와 음원의 분위기로 해당 단어의 의미를 자연스럽게 유추할 수 있고 쉽게 따라 말할 수 있습니다.

동물들의 표정도 재미있지만 무엇보다 음원이 무척 신나서 아이들이 정말 좋아합니다. 급하게 달려가는 동물들의 모습이 담긴 부분에서는 빠른 리듬으로, 마지막 경이로운 순간에는 차분한 리듬으로 아이들의 귀를 사로잡습니다. 저희 딸 폴리도 이 책을 너무나 좋아해서 하루 종일 따라 부르곤 했어요. 그리고 어디를 서둘러 갈 때마다 이 책의 음원에 맞춰 Hurry! Hurry!를 외치고 다녔답니다.

가장 사랑받는 마더구스송
The Wheels on the Bus

음원이 재미있는 그림책 02

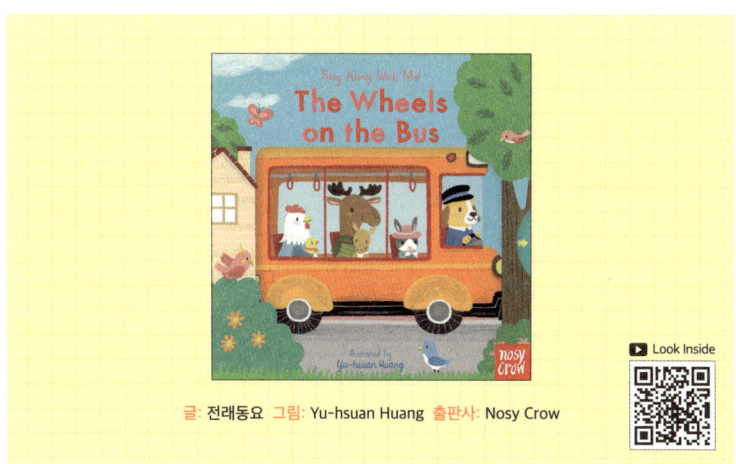

글: 전래동요   그림: Yu-hsuan Huang   출판사: Nosy Crow

Nosy Crow 출판사에서 나온 〈Sing Along With Me〉 시리즈는 마더구스를 담은 조작 보드북 시리즈예요. 저는 아이들의 첫 영어 동화책으로 이 시리즈를 항상 추천하고 있습니다. 엄마표 영어를 하다 보면 '마더구스'라는 용어를 자주 접하게 되는데요. 마더구스Mother Goose란 영미권 아이들이 어릴 때 듣고 자라는 일종의 전래동요를 말합니다. 대부분의 마더구스에는 반복되는 부분이 있어서 아이들에게 듣는 재미를 줍니다.

『The Wheels on the Bus』는 마더구스 중에서도 아이들이 단연 가장 좋아하는 노래로 여러 출판사에서 책으로 출간하였습니다. 책마다 장단점이 있겠지만 저는 그중에서 〈Sing Along With Me〉 시리즈의 『The Wheels on the Bus』를 가장 추천합니다. 가사에 맞게 책을 조작할 수 있게 되어 있어서 아이들이 무척 좋아하기 때문이지요.

The wheels on the bus go round and round,
버스의 바퀴가 빙글빙글 굴러갑니다.
round and round, round and round.
빙글빙글 빙글빙글.

『The Wheels on the Bus』의 첫 소절인데, 책에는 이 부분에서 바퀴를 돌릴 수 있게 되어 있습니다. 이처럼 책의 일부를 접었다 폈다, 올렸다 내렸다 등의 조작을 할 수 있는 책을 '조작북'이라고 부릅니다. 조작북은 책의 내용에 맞게 다양한 조작을 해볼 수 있어서 책의 의미를 쉽게 이해할 수 있습니다. 노래도 신나고, 조작하는 재미도 있고, 조작 활동을 통해서 내용 이해도 도움받는 이런 책은 일석이조를 넘어 일석삼조가 아닐까 합니다.

이 시리즈는 보드북이라서 찢어질 걱정이 없다는 것도 큰 장점입니다. 노래 음원은 오디오 CD가 아니라 책 안쪽에 음원과 영상을 함께 듣고 볼 수 있는 QR코드 형태로 제공됩니다.

못 말리는 다섯 마리 아기 원숭이들
Five Little Monkeys Jumping on the Bed

음원이 재미있는 그림책 03

글·그림: Eileen Christelow 출판사: Houghton Mifflin Harcourt

이 노래는 『The Wheels on the Bus』와 함께 마더구스Mother Goose 중에서 아이들에게 가장 사랑받는 노래 중 하나일 거예요. 잠 잘 시간이 되었지만 여전히 두 눈이 말똥말똥한 상태로 잠들기 싫어하는 아이들에게 공감과 대리만족을 주는 책입니다.

다섯 마리 아기 원숭이들이 잠자리에 들기 위해 목욕을 하고 잠옷을 입고 양치질을 해요. 그리고 침대에 누워서 엄마에게 인사를 하고 잠을 청합니다. 하지만 잠이 오지 않자 아기 원숭이들은 침대에서 폴짝폴짝 뛰기 시작해요. 그러다가 결국 한 마리씩 침대에서 떨어지며 머리를 찧고 아파서 울지요. 엄마는 의사 선생님에게 전화를 걸고, 의사 선생님은 더 이상 침대에서 뛰면 안 된다고 말합니다. 하지만 뛰지 말라고 단호하게 얘기해도 또 뛰다가 한 마리씩 떨어지며 울고불고 하는 모습을 보면 엄마로서 참 공감이 가기도 합니다.

Five little monkeys jumped on the bed.
다섯 마리 아기 원숭이가 침대 위에서 뛰었어요.
One fell off and bumped his bed.
한 마리가 떨어져서 머리를 부딪혔어요.
The mama called the doctor. The doctor said,
엄마가 의사 선생님께 전화를 했더니 의사 선생님이 말씀하시길
"No more monkeys jumping on the bed!"
"더 이상 침대에서 뛰면 안 돼!"

원숭이들이 잠자기 전에 씻고 양치하는 모습을 보며 아이들에게 생활 습관을 자연스럽게 알려줄 수도 있고, 울고 있는 원숭이들의 그림을 통해서 침대에서 뛰지 말라는 교훈(?)을 알려줄 수도 있습니다. 그러나 현실은 이 책 때문에 아이들이 침대만 보면 그렇게 뛰어댄다고 하네요.

신나는 노래가 아이들의 귀를 단번에 사로잡는 데다 원숭이들이 침대에서 폴짝폴짝 뛰다가 한 마리씩 떨어지는 장면들이 아이들의 흥을 자극하는 포인트입니다. 또한 모든 아기 원숭이들이 잠든 것을 확인한 엄마의 반전 장면은 깨알 웃음 포인트이지요. 키즈클럽 사이트에 유용한 활동자료(http://www.kizclub.com/storypatterns/monkeys(C).pdf)도 준비되어 있으니 다운받아 사용해 보세요.

유쾌한 다섯 마리 사고뭉치 원숭이들이 등장하는 『Five Little Monkeys Sitting in a Tree』, 『Five Little Monkeys Bake a Birthday Cake』 등의 시리즈 도서들도 아이들이 정말 좋아하니 꼭 함께 읽어 보세요.

웃기는 팬티 다 모여라
Pants

음원이 재미있는 그림책 04

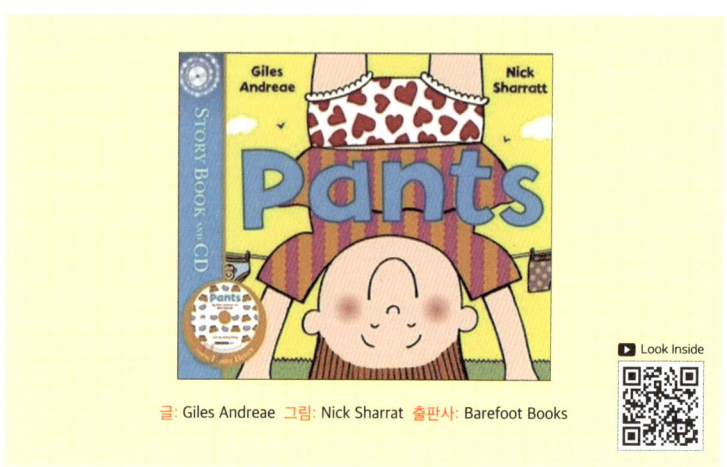

글: Giles Andreae 그림: Nick Sharrat 출판사: Barefoot Books

개성 넘치는 그림체와 라임이 있는 문장으로 유명한 『Pants』는 영국의 일러스트레이터인 닉 샤렛Nick Sharrat이 그린 그림책입니다. 참고로 pants는 미국 영어에서는 '바지'라는 뜻이지만, 영국 영어에서는 '팬티'를 뜻합니다.

이 책은 다양한 팬티에 관한 책이에요. 책의 표지를 보면 아이가 물구나무를 서 있고, 하트 모양이 빼곡히 박힌 팬티가 보입니다. 처음에는 Small pants(작은 팬티), Big pants(큰 팬티)처럼 평범하게 시작하는데, 점점 말도 안 되는 기상천외한 팬티들이 등장합니다. 예를 들어 문에서 흔들리고 있는 Swinging on the door pants가 등장하죠. 여러분은 그림 없이 어떤 팬티인지 상상이 되나요? 책을 펼쳐 보면 문장과 딱 맞아 떨어지는 그림 때문에 깔깔대고 웃을 수밖에 없답니다.

책 속에 등장하는 문장들은 재미있는 말장난이 가득한 라임rhyme을 이루고 있습니다. 라임rhyme이란 간단히 말하자면 '뒷소리가 비슷한 단어들'을 말해요. 예를 들어 fat, cat, mat, hat는 뒷소리가 -at로 같은 라임 단어들이죠. 『Pants』에는 다양한 팬티 이름들과 문장들이 라임에 맞춰 등장해요. 라임 때문에 랩하듯 읽게 되어 아이들의 까르르 웃음소리가 끊이지 않는 책이랍니다. 유튜브 채널 〈니콜TV〉에서 니콜샘이 이 책을 가지고 랩을 하는 영상이 있으니 아이와 한 번 찾아보세요. 둠칫둠칫 반응이 저절로 나올 거예요.

책을 읽고 나서 아이에게 어떤 팬티가 가장 마음에 드는지 물어봐도 재미있어요. 저는 이 책에 등장하는 팬티 중에 Money pants가 가장 좋아 보이던데, 저희 딸 폴리는 밤에 불이 나오는 Lighting up at night pants가 제일 좋다고 하네요.

동물들도 아이들도 떼굴떼굴
Ten in the Den

음원이 재미있는 그림책 05

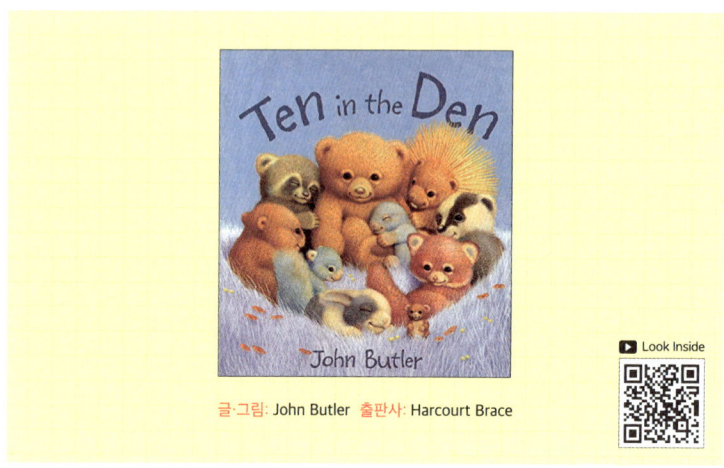

글·그림: John Butler 출판사: Harcourt Brace

『Ten in the Den』은 생생하고 부드러운 세밀화로 유명한 존 버틀러 John Butler 작가의 사랑스러운 동물 그림책이에요. 존 버틀러의 작가 소개를 읽어 보면 '어린이들에게 자연과 환경, 동물의 소중함을 전달하고자 힘쓰고 있다'라는 문구가 나오는데, 정말이지 그림으로 아기 동물들을 너무나 사랑스럽게 표현해서 항상 감탄하게 되는 그림책 작가랍니다.

굴den 안에 생쥐, 곰, 다람쥐, 여우, 너구리, 고슴도치, 오소리, 비버, 두더지, 토끼 등 열 마리의 동물들이 있어요. 열 마리의 동물들이 한 굴에 같이 있으니 비좁았나 봐요. 제일 안쪽에 있던 생쥐가 Roll over! Roll over!(굴러! 굴러!) 하면서 친구들을 밀어냅니다. 그러자 가장 바깥쪽에 있던 토끼가 떼굴떼굴 굴 밖으로 굴러 떨어져요. 그 다음은 두더지가 굴러 떨어지고, 그 다음은 비버가 굴러 떨어집니다.

이렇게 동굴 속 동물 친구들이 한 마리씩 줄어들게 되어 마지막에는 생쥐가 혼자 남게 됩니다. 그런데 혼자 남은 생쥐는 갑자기 외로워져서 결국 동굴 밖의 친구들을 만나기 위해 떼굴떼굴 굴러갑니다. 어느새 날은 저물고, 다시 옹기종기 모이게 된 열 마리의 아기 동물들은 함께 잠이 들어요.

이 책은 『Ten in the Bed』라는 마더구스를 살짝 각색한 책이에요. 배경을 침대 대신 굴den로 바꾼 것이지요. 동물들이 굴 밖으로 데굴데굴 굴러갈 때 각 동물들의 특징이 담긴 의성어·의태어들을 사용해서 생동감을 주고 있어요. 토끼가 굴러갈 땐 Floppetty hoppetty bump!(깡충깡충 쿵!), 고슴도치가 굴러갈 땐 Prickly tickly bump!(삐쭉빼쭉 쿵!), 다람쥐가 굴러갈 땐 Squiggly wiggly bump!(꾸불꼬불 쿵!) 하는 식으로 동물들이 굴러갈 때의 모습을 표현한 의성어·의태어들이 참 재미있습니다.

『Ten in the Den』 노래가 나올 때마다 아이들도 방 안을 굴러다니기 때문에 집 청소라는 부수적인 효과도 누릴 수 있어요. 엄마가 미리 닦든 아이가 굴러다니며 닦든 누군가 바닥을 닦게 되더군요. 저도 노래를 들으며 거실 바닥을 뒹굴뒹굴 굴러다니던 막둥이 폴리 덕분에 한동안 열심히 집 청소를 해야 했답니다.

먹은 음식 알아맞히기
Lunch

음원이 재미있는 그림책 06

글·그림: Denise Fleming 출판사: Red Fox

Look Inside

아이와 영어 그림책을 읽다 보면 '추천 도서 리스트에서 보고 샀는데 우리 아이는 반응이 별로네' 하는 책들이 있지요? 이번에 소개해 드리는 『Lunch』도 가끔 이런 오해를 받는 책이에요. 저는 이 책은 꼭 음원을 들려주면서 활용하기를 강력히 추천합니다. 음원 없이도 이 책을 엄청 좋아하는 아이들도 많지만, 책만 읽어서는 이 책이 가진 매력을 충분히 느끼지 못할 수도 있어요.

점심시간이 되자 배고픈 생쥐가 먹을 것을 찾기 위해 쥐구멍에서 나옵니다. 어디선가 나는 맛있는 냄새를 따라 생쥐는 살금살금 식탁 위로 올라가 야금야금 먹어대기 시작해요. 아삭아삭한 흰색

무, 맛 좋은 주황색 당근, 달달한 노란색 옥수수, 부드러운 초록색 콩, 시큼한 파란색 블루베리에다 새콤한 보라색 포도, 빛나는 빨간색 사과, 과즙 가득 분홍색 수박과 바삭한 검정 씨까지 알차게 배를 채운 생쥐! 그런데 너무 배가 고파 허겁지겁 먹어서일까요? 생쥐는 온몸이 얼룩덜룩해지고 말았어요. 생쥐의 몸에 묻은 색깔들을 통해 무엇을 먹었는지 누구나 눈치챌 수 있도록 말이지요.

『Lunch』에는 crisp white turnip(아삭아삭한 흰색 무), tasty orange carrots(맛 좋은 주황색 당근)처럼 채소와 과일 이름, 색깔 형용사, 음식의 맛과 식감을 나타내는 형용사가 다양하게 등장합니다. 또한 다음 장에 나올 음식들에 대한 힌트 그림을 이전 장에서 살짝 보여주고 있어서 아이들과 다음에 어떤 음식이 나올지 알아맞히며 읽는 재미가 있습니다. 마지막에 생쥐 몸에 묻어 있는 색깔들을 통해 어떤 과일과 채소를 먹었는지 아이랑 이야기를 나누어볼 수도 있습니다.

과일을 좋아하는 저희 딸 폴리는 이 책을 다 읽자마자 냉장고를 열어서 책 속에 등장하는 과일을 찾아 모두 꺼내더니 생쥐가 된 것처럼 이것저것 맛보는 시늉을 했어요. 개인적으로 좋았던 점은 이 책에는 생쥐의 천적인 고양이가 등장하지 않아서 마음을 졸이며 보지 않아도 된다는 것이었어요. 키즈클럽 사이트에서 활동자료(http://www.kizclub.com/storypatterns/lunch(C).pdf)도 다운로드해서 사용해 보세요.

신나는 모험을 떠나자
Walking Through the Jungle

음원이 재미있는 그림책 07

글: Stella Blackstone 그림: Debbie Harter 출판사: Barefoot Books

아이들의 눈을 사로잡는 컬러풀한 색감과 리듬감 넘치는 음원이 매력적인 『Walking Through the Jungle』은 많은 꼬마 친구들에게 무한한 애정을 받는 대표적인 베스트셀러 그림책 중 하나입니다. 엄마표 영어 추천도서 리스트에도 거의 빠짐없이 등장하는 단골 그림책이기도 합니다.

정글 속을 걷고 있는 여자아이! 무엇을 보게 될까요? 사자를 봤어요. "으르렁 으르렁!" 아이를 쫓아가나 봐요. 어서 정글 밖으로 탈출해야 해요.

Walking through the jungle, Walking through the jungle,
정글을 거닐며 정글을 거닐며

What do you see? What do you see?
뭐가 보이니? 뭐가 보이니?

I think I see a lion, Roar! Roar! Roar!
사자가 보이는 것 같아요, 어흥! 어흥! 어흥!

Chasing after me, Chasing after me.
나를 쫓아와요, 나를 쫓아와요.

이번에는 바다 위를 둥둥 떠다니며 헤엄을 치고 있네요. 무엇을 보게 될까요? 물 밖으로 공기를 뿜어내는 고래가 아이를 쫓아가나 봐요. 고래를 피해서 간 곳은 산이에요. 산에서는 늑대를 만나고, 늑대를 피해 강으로 가서는 악어를 만나고, 다시 사막으로, 그리고 또 북극으로 이어져요. 이렇게 무서운 동물들을 피해 가다가 아이가 마지막으로 향한 곳은 과연 어디일까요?

이 책을 통해 동물들이 사는 다양한 서식지와 그곳에 사는 동물들을 살펴볼 수 있고, 각 동물의 울음소리를 반복적인 패턴 문장을 통해 쉽게 익힐 수 있습니다. 동작을 표현한 단어들을 이용해 율동도 함께 하면 아이가 더 좋아합니다. 무엇보다 신나는 음원 덕분에 아이들이 스스로 반복해서 듣고 또 듣고 싶어 하는 책이어서 엄마들을 흐뭇하게 만들어주지요. 키즈클럽 사이트에서 활동자료(http://www.kizclub.com/storypatterns/jungle/jungle(C).pdf)를 다운로드해서 사용해 보세요.

메이지 작가의 물고기 그림책
Hooray for Fish!

음원이 재미있는 그림책 08

글·그림: Lucy Cousins 출판사: Candlewick Press

『Hooray for Fish!』는 아무 정보 없이 표지 그림만 봐도 이미 재미있어 보이는 그림책이지요. 실제로도 너무 재미있습니다. 이 책의 작가인 루시 커진스Lucy Cousins는 세상에서 가장 유명한 생쥐 중 하나인 메이지Maisy를 그린 작가입니다. 이 책 역시 원색의 그림에 검정색 테두리를 넣은 선명한 물고기 그림들이 아이들의 눈을 사로잡습니다.

아기 물고기가 바닷속을 헤엄치고 있어요. 물고기 친구들을 소개해준다고 하네요. 처음 만나게 된 물고기 친구는 빨강, 파랑, 노랑 물고기예요.

Hello! I am Little Fish, swimming in the sea.
안녕! 나는 아기 물고기야, 바다를 헤엄치고 있어.

I have lots of fishy friends.
나는 물고기 친구들이 많아.

Come along with me.
나를 따라 와.

Hello, hello, hello, fish,
안녕, 안녕, 안녕, 물고기야,

red, blue and yellow fish.
빨강, 파랑, 노랑 물고기야.

그리고 계속해서 점박이 물고기, 줄무늬 물고기, 행복한 물고기, 불만 가득한 물고기, 숫자가 무늬가 된 물고기, 코끼리코 물고기, 눈 모양 물고기, 하늘 물고기 등 색깔부터 모양까지 특이한 물고기 친구들을 소개해줘요. 하지만 가장 사랑하는 물고기는 바로 엄마 물고기래요. 만나자마자 사랑을 담은 뽀뽀를 하네요.

이 책에서는 물고기의 생김새를 표현하는 다양한 형용사들을 접할 수 있어요. 이렇게 많은 형용사들을 하나의 스토리 속에서 만날 수 있다니 정말 횡재가 따로 없어요. 이 책을 읽고 나면 꼭 하게 되는 것이 있는데 바로 '낚시 놀이'예요. 물고기의 생김새를 말하고 그에 해당하는 물고기를 잡도록 하면 더 재미있어요. 실제로 저희 집은 이 책 덕분에 막둥이 폴리와 몇 날 며칠을 낚시를 하며 신나게 보냈답니다.

인기만점 홈런북
Go Away, Big Green Monster!

음원이 재미있는 그림책 09

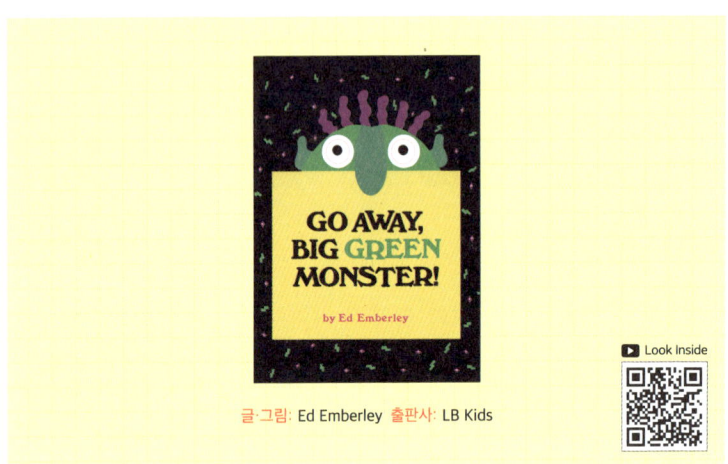

글·그림: Ed Emberley 출판사: LB Kids

아이들도 취향이 있다 보니 정말 좋은 책인데도 불구하고 내 아이는 별로 좋아하지 않는 경우가 있습니다. 하지만 이 책은 거의 대부분의 아이들이 좋아해서 어느 집에서나 대박 나는 '홈런북'이에요. 초록색 얼굴을 빼꼼히 내비치는 괴물의 모습이 무섭기보다는 우스꽝스러워서 아이들의 사랑을 오랫동안 받아 온 것 같아요.

이 책은 책장을 넘길 때마다 괴물의 모습이 완성되어 갑니다. 처음 책을 펼치면 노란색 동그란 두 눈이 보여요. 그 다음에는 청록색의 길쭉한 코가 생기고, 뾰족한 이빨을 가진 커다란 입, 꼬깃한 모양의 작은 귀, 꼬불꼬불 보라색 머리카락, 마지막으로 초록색 무서운 얼굴이 만나 드디어 괴물이 짠 하고 완성됩니다. 괴물에게 겁먹을 우리가 아니지요. 괴물이 사라지게 마법의 주문을 외쳐 보세요!

Go away, Big Green Monster!
사라져라, 초록색 괴물아!

이번에는 반대로 마법의 주문을 외칠 때마다 괴물의 모습이 하나씩 사라집니다. 처음에는 머리카락, 그 다음에는 귀, 코, 얼굴, 입, 이빨, 눈이 점점 사라져요. 페이지의 구멍들이 겹치면서 괴물이 나타나고 사라지는 과정이 아이들 입장에서는 마법처럼 느껴지는 것 같아요. 한 장 한 장 넘길 때마다 드러나고 사라지는 괴물의 모습을 통해서 신체 부위 및 색깔 표현도 배울 수 있습니다.

괴물을 향해 Go Away!(사라져라!) 하고 주문을 외치면 괴물의 모습이 하나씩 하나씩 사라지는 구성이 책을 읽어 나가는 데 몰입감을 줍니다. 이 책을 읽고 나서 저를 볼 때마다 시도 때도 없이 Go Away!를 외치면서 도망 다니는 막둥이 때문에 한동안 생각지도 못한 술래잡기를 여러 번 했어요. 괴물이 등장하는 책이지만 사랑스럽기만 한 책이랍니다.

초긍정 고양이 피터
Pete the Cat: I Love My White Shoes

음원이 재미있는 그림책 10

글: Eric Litwin 그림: James Dean 출판사: HarperCollins

저희 아이들이 정말 사랑했던 그림책인 『Pete the Cat』은 초긍정 고양이 피터를 주인공으로 한 베스트셀러 시리즈입니다. 시리즈 중에서도 『I Love My White Shoes』가 가장 인기가 있지요. Pete는 영어 이름 Peter(피터)의 애칭으로, 우리나라에는 〈고양이 피터〉 시리즈로 번역된 한글책이 나와 있습니다.

게슴츠레한 눈과 파란색 털이 매력적인 고양이 피터는 하얀색 새 신발을 신고 거리를 걷고 있어요. 피터는 신발이 너무나 마음에 들어서 절로 노래가 나왔어요. 그런데 노래를 부르며 걷다가 그만 딸기 더미를 밟아 하얀색 신발이 붉게 물들어 버렸어요.

고양이 피터는 속상해서 울었을까요? 천만에요! 초긍정 마인드를 가진 고양이 피터는 붉게 물든 신발도 멋지다고 생각했어요. 피터는 블루베리 더미를 밟아 파란색으로 변한 신발도, 진흙을 밟아 갈색으로 물든 신발도 맘에 든다고 해요. 정말 멋진 고양이지요?

이 책의 가장 큰 매력 포인트는 피터가 신나서 부르는 〈I Love My Shoes!〉란 노래예요. I love my white shoes! I love my white shoes!(난 내 흰색 신발이 너무 좋아! 난 내 흰색 신발이 너무 좋아!)로 시작했다가 운동화의 색깔이 바뀔 때마다 색깔color 부분이 바뀌며 반복되는 노래인데 아이들에게 인기 대폭발이랍니다. 한번 들으면 귀에 쏙쏙 꽂히는 신나는 노래여서 그런지 아이들이 계속 흥얼대거든요. 누구든지 이 책을 만나면 한 번만 읽는 아이는 없을 거예요.

묻고 대답하는 장면에서 Did Pete cry?(피터는 울었을까요?) Goodness, no!(아니요, 울기는요!)라는 표현이 반복적으로 등장해요. 이 부분은 재미난 표현 덕분에 아이들이 적극적으로 책을 따라 읽게 하는 킬링 파트예요.

마지막에는 제가 가장 좋아하는 대사로 이어져요. 초긍정 마인드를 가진 피터를 하늘이 도왔을까요? 물이 가득 든 양동이에 발을 집어넣게 되고 알록달록 물들었던 신발은 다시 원래의 하얀 모습으로 되돌아와요. 집에 도착한 피터가 이렇게 말해요.

No matter what you step in, keep walking along and singing your song...
당신이 발을 들인 곳이 어떤 곳이든 계속 걸어 나가며 노래를 불러요.

because it's all good.
왜냐하면 다 괜찮거든요.

읽고 듣는 재미와 함께 마음 따뜻한 교훈까지 전해줘서 모두의 마음에 쏘옥 들 수밖에 없는 책이에요.

Theme 02

어깨가 들썩들썩 라임 그림책

Theme 02

어깨가 들썩들썩 라임 그림책

이번에도 영어 소리에 거부감 없이 적응하는 것이 목표인 아이들에게 알맞은 책을 추천합니다. 음원이 재미있는 영어 그림책에 이어 라임이 재미있는 영어 그림책을 소개해 드릴게요.

'라임rhyme'은 영한사전에 '운, 운문, 압운'이라고 나오는데, '라임'도 '압운'도 말이 어렵죠? 라임은 쉽게 말하자면 bat, cat, fat, hat, rat처럼 뒷소리가 비슷한 것을 가리킵니다. 이렇게 라임이 맞는 단어들을 라이밍 워즈rhyming words라고 해요. 라임이 맞으면 리듬감이 생겨서 듣는 재미가 있습니다. 그래서 힙합에서 랩을 쓸 때 라임을 맞춰서 가사를 쓰는 경우가 많지요.

라임이 풍부한 책은 읽으면 귀에 착착 감기는 재미가 있어서 아이들이 좋아합니다. 뿐만 아니라 라임은 영어의 음가를 익히는 데 효과적이어서 영어를 읽는 데 도움이 줍니다. 따라서 유아동 시기에 라임이 풍부한 책을 많이 접해주는 것을 추천합니다.

이게 바로 라임이구나!
Jamberry

어깨가 들썩들썩 라임 그림책 01

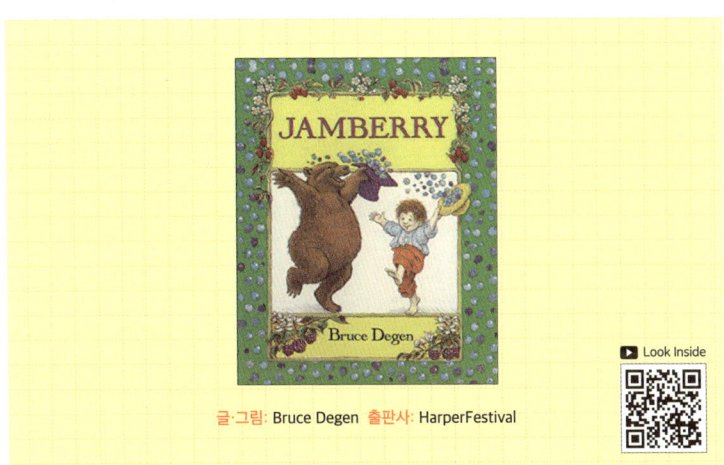

글·그림: Bruce Degen 출판사: HarperFestival

'라임'이라는 단어가 아직 낯설게 느껴지는 분들을 위해 첫 번째 라임 그림책으로 『Jamberry』를 골라 봤습니다. 『Jamberry』는 페이지마다 라임이 가득해서 이 책을 읽으면 '아, 이런 게 라임이구나!' 하는 감을 확 잡을 수 있을 거예요. 라임 그림책은 일종의 말놀이 책이므로 스토리의 기승전결보다 라임이 주는 리듬감 자체를 즐기면서 읽으면 됩니다.

하나, 둘 블루베리를 따서 모자에 담는 곰과 그런 곰을 지켜보는 아이가 등장하고, 둘만의 베리 가득한 여행이 시작됩니다. 모자에 가득 담긴 베리, 신발에 가득 담긴 베리, 카누배에 가득 담긴 베리!

하지만 곰과 소년은 가득해진 베리에 만족하지 않고, 베리잼을 만들기 위해서 다리 아래를 지나 댐을 건너 또 다른 베리를 찾아 떠나는데요. 이번에 찾은 베리는 양손 가득 스트로베리네요.

이 책의 가장 큰 매력은 뭐니 뭐니 해도 라임입니다. 아래 문장에서 라임을 찾아볼까요?

One berry Two berry 베리 하나 베리 둘
Pick me a blueberry 나한테 블루베리를 따 주렴

two berry와 blueberry가 라임을 이루고 있어요. two[tu:]와 blue[blu:]가 같은 '우-[u:]' 소리가 나거든요. 라임은 이렇게 철자가 똑같지 않아도 소리(발음)가 같거나 비슷하면 됩니다. 책을 읽어줄 때 라임을 강조해서 읽으면 리듬이 더해져 아이들의 귀를 더욱 집중시킵니다. 그리고 무엇보다 이런 라임들을 접해두면 나중에 영어 리딩을 할 때 엄청나게 도움이 됩니다. 라임이 같은 단어들을 읽어낼 수 있기 때문이지요.

저는 이 책을 읽기 전까지는 이렇게나 다양한 베리가 있는지 몰랐어요. 우리에게 익숙한 블루베리, 스트로베리 외에도 블랙베리, 라즈베리 등 다양한 베리들을 만날 수 있습니다. 과일을 엄청 사랑하는 우리 집 폴리는 이 책을 보고 베리에 빠져서 냉동실 가득 베리를 채워 놓고 먹었답니다. 블랙베리는 검은색이 아니라며 이름에 대해서 불만을 갖기도 했지요.

라임 대표단어 총출동
A Hunting We Will Go

어깨가 들썩들썩 라임 그림책 02

글: Rozanne Lanczak Williams 그림: Seoyoung Chung
출판사: TWOPONDS

『A Hunting We Will Go』는 아이들이 사냥을 떠나는 내용의 그림책이에요. 처음 사냥할 동물은 여우! 여우를 잡아서 상자에 넣을 거래요. 그런데 넣었다가 바로 놓아줄 거래요. 그 다음은 벌레를 잡아서 안아준대요. 바다 위를 항해하면서 염소를 잡아 보트에 태울 거고, 수영을 하다 물고기를 잡아 접시 위에 올려놓을 거고, 자전거를 타고 가다가 뱀을 잡아서 케이크를 줄 거래요. 폴짝폴짝 뛰다가 개구리를 잡아 통나무 위에 올려놓을 거고, 하늘을 날다가 벌을 잡아서 나무 안에 넣어 둔대요. 그렇게 아이들은 잡은 동물과 곤충을 다시 놓아줄 거라고 하네요.

책의 내용을 우리말로 해석한 것을 보니 어떠세요? 스토리가 별 재미가 없고 이상하다고요? 맞아요! 하지만 라임이 담긴 영어 원문으로 읽으면 그렇게 신나고 재미있을 수가 없답니다.

A-hunting we will go. 사냥을 떠나요.
A-hunting we will go. 사냥을 떠나요.
We'll catch a fox 우린 여우를 잡아서
and put him in a box, 박스에 넣을 거예요.
And then we'll let him go! 그런 다음 놓아줄 거예요!

이 책에는 라임 하면 떠오르는 대표적인 단어들이 많이 담겨 있어서 이 책을 읽고 나서 라임 관련 활동을 하면 아주 좋아요. 책 속에는 이런 라임 단어들이 등장해요.

fox-box   bug-hug   goat-boat
fish-dish   snake-cake   frog-log

라임이 많은 책들을 읽어주다 보면 저절로 리듬을 타면서 읽게 되고, 아이들도 더욱 귀를 기울이며 책에 집중합니다. 그러니 이렇게 라임이 가득한 책을 번역본으로만 읽고 재미없다고 지나쳐 버리는 것은 너무 안타까운 일이에요. 아이들이 어렸을 때 라임 그림책을 차고 넘치게 읽어주고 들려주세요.

라임 가득 숨은그림찾기
Each Peach Pear Plum

어깨가 들썩들썩 라임 그림책 03

글·그림: Janet Ahlberg, Allan Ahlberg   출판사: Puffin Books

『Each Peach Pear Plum』은 일종의 숨은그림찾기 장치가 들어 있는 책이에요. 게다가 라임도 대박이고 그림 속 볼거리도 풍부하답니다. 매 페이지마다 마더구스나 전래동화의 주인공들이 등장하기 때문에 어떤 마더구스 또는 전래동화인지 맞히는 재미도 있습니다.

책을 읽기 전 아이와 함께 표지부터 잘 살펴보세요. 얼기설기 엮인 덩굴 사이로 여러 가지 그림들이 숨어 있어요. 토끼, 강아지, 고양이, 생쥐, 우물 등이 보이고, 제목에 등장하는 복숭아peach, 배pear, 자두plum도 보여요. 이 그림들을 통해서 어떤 이야기가 펼쳐질지 아이와 함께 미리 이야기를 나눠 보세요.

책을 펼치면 제일 먼저 찾아야 할 주인공은 엄지손가락 톰Tom Thumb입니다. 과수원 나무 사이로 빼꼼히 보이는 엄지만한 크기의 남자아이가 바로 '엄지손가락 톰'이에요.(thumb은 '엄지손가락'이란 뜻으로 Tom Thumb은 유명한 마더구스의 주인공이에요.) 다음 장에서는 엄지손가락 톰이 어떤 집 찬장에 쏙 들어가서 무언가를 먹고 있는데, 그 집 한쪽 구석에 허버드 부인Mother Hubbard의 엉덩이가 살짝 보이네요.

Each Peach Pear Plum 이취 피취 페어 플럼
I spy Tom Thumb 엄지손가락 톰이 보여요
Tom Thumb in the cupboard 찬장 속에 있는 엄지손가락 톰
I spy Mother Hubbard 허버드 부인이 보여요

다음 장을 넘기면 허버드 부인이 지하실에 내려가는데, 지하실 한쪽에 먼지털이를 들고 청소하고 있는 신데렐라Cinderella의 손이 보여요. 이처럼 이 책은 한 주인공이 등장할 때 다음 장의 주인공이 그림 속에 살짝 숨어 있다가 다음 장에서는 완벽하게 등장합니다. 숨은그림찾기같은 느낌이 들어서 아이들은 다음 장을 빨리 확인하고 싶어 안달을 합니다.

문장 구조가 반복되어 이해하기 쉽고, 단어들끼리 라임을 이루고 있어서 읽는 재미가 최고입니다. 등장인물이나 그림에 대해 아이와 함께 이야기 나눌 것들이 많고, 여러 번 읽어도 볼 때마다 전에 못 봤던 것들이 보이니 항상 새로운 느낌을 줍니다. 엄마는 책을 읽

어주느라 미처 보지 못했던 그림 속 부분들을 아이가 찾아내어 알려주는 경우도 많답니다.

위에서 언급한 캐릭터들 외에도 골디락스 동화에 등장하는 곰 세 마리Three Bears, 토이 스토리에도 나왔던 양을 잃어버린 양치기 소녀 보핍Bo-Peep, 물을 뜨러 갔다가 언덕에서 넘어지는 잭 앤 질Jack and Jill 등 다양한 인물들이 나옵니다. 모두 유명한 캐릭터들이니 시간 날 때마다 유튜브에서 하나씩 찾아보는 연계 활동도 추천합니다.

숫자와 라임이 어우러진
Big Fat Hen

어깨가 들썩들썩 라임 그림책 04

글·그림: Keith Baker 출판사: Harcourt

엄마표 영어를 시작할 때는 아이가 영어 단어나 문장의 의미를 이해하기에 앞서 '영어라는 소리가 참 재미있네'라고 느끼는 것이 중요합니다. 그래야 아이가 귀를 기울이고, 그렇게 귀 기울여 듣다 보면 어느새 그 소리에 대한 의미를 그림을 통해서 유추하고 싶어지니까요. 그렇게 하나, 둘 그림을 통해서 이해되는 어휘들이 늘어나면 자연스럽게 리딩을 시작할 수 있게 됩니다. 이것이 엄마표 영어의 시작 단계에서 라임이 있는 책을 적극 추천하는 이유입니다.

『Big Fat Hen』은 전래 동요 nursery rhyme로 유명한 노래인데, 키스 베이커 Keith Baker의 아름다운 일러스트를 만나 멋진 그림책으로 탄생

했어요. 1~10까지의 숫자들과 라임을 이루는 단어들이 함께 사용되어 재미있게 읽히는 책입니다.

암탉이 알을 품지 않고 날아가는 잠자리를 쫓아가요. 그 사이 암탉의 알 두 개가 부화를 하고, 알에서 나온 병아리들이 옆에 있던 신발의 버클을 잠가요. 갑자기 신발의 버클을 잠그다니 뜬금없다고요? 사실 이건 라임 놀이예요. two와 shoe가 같은 뒷소리를 가지고 있거든요.

One Two buckle my shoe. 하나 둘 신발 버클을 잠가요.

다른 암탉도 알을 품지 않고 기어가는 벌레에 심취해 있어요. 그 사이에 알에서 부화한 병아리 네 마리가 문을 닫습니다.

Three Four shut the door 셋 넷 문을 닫아요.

이런 식으로 닭장의 암탉들이 딴 데 신경 쓰고 있는 사이에 병아리들이 부화하여 하는 행동이 숫자와 라임을 이루며 스토리가 전개됩니다. 라임이 가득한 책은 해석하기보다는 그냥 소리를 즐겨야 해요. 각각의 라임을 강조해서 읽다 보면 어깨가 들썩들썩 신이 나고 아이도 소리에 집중하게 된답니다.

닉 샤렛의 두더지 라임책
One Mole Digging a Hole

어깨가 들썩들썩 라임 그림책 05

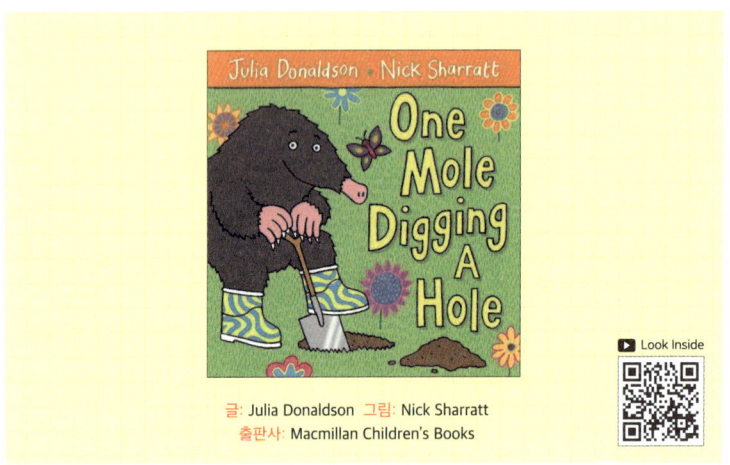

글: Julia Donaldson 그림: Nick Sharratt
출판사: Macmillan Children's Books

라임 하면 가장 먼저 떠오르는 작가 중 한 명이 닉 샤렛Nick Sharratt입니다. 닉 샤렛은 선명한 색채와 굵은 선, 유머러스한 스타일의 그림으로 유명한 그림 작가로, 여러 글 작가들과 콜라보하여 멋진 그림책들을 많이 출간했습니다. 이 책은 『Gruffalo』 시리즈의 저자인 줄리아 도널드슨Julia Donaldson과 함께 만들었는데, 두 작가 모두 라임을 무척 사랑하기 때문에 그야말로 라임이 살아 있는 신나는 책입니다.

책을 펼치면 왼쪽에는 커다란 숫자와 글이, 오른쪽에는 글의 내용과 딱 떨어지는 그림이 나옵니다. 두더지 한 마리가 땅을 파고 있어요. 뱀 두 마리가 정원 밭을 일구고 있고, 곰 세 마리가 배를 타고 있네요. 여우 네 마리가 상자에 토마토를 가득 담고 있고, 학 다섯 마리가 커다란 포크로 정원 일을 하고, 앵무새 여섯 마리는 당근을 뽑아 수레에 담고 있어요. 이렇게 한 마리씩 늘어나는 다양한 동물들이 정원에서 각기 다른 일들을 하고 있습니다.

처음에는 숫자가 큼지막하게 나와 있어서 숫자 표현과 라임을 이루는 단어들이 등장하는 책인가 싶었는데, 알고 보니 One mole digging a hole처럼 동물의 이름과 라임을 이루는 단어들로 스토리가 진행되는 책이었습니다.

One mole digging a hole 구멍을 파는 두더지 한 마리
Two snakes with garden rakes 땅을 가는 뱀 두 마리
Three bears picking pears 배를 따는 곰 세 마리
Four foxes filling boxes 상자를 채우는 여우 네 마리

동물의 이름과 라임 단어들이 그림으로 잘 표현되어 있어서 아이들이 쉽게 이해하며 재미있게 볼 수 있습니다. 라임 학습과 함께 늘어나는 동물들을 통해서 1~10까지 숫자 표현도 배울 수 있습니다. 또 매 페이지마다 등장하는 나비가 어디에 있는지 찾아보는 것도 재미있어요.

마지막에 책에 등장하는 모든 캐릭터들이 정원 일을 마무리한 후 색안경을 끼고 따뜻한 햇살을 즐기는 장면이 나와요. 여기서 각 동물에 해당하는 라임을 말해보는 게임을 하면 무척 재미있답니다.

유머 최강 라임 그림책
Underwear!

어깨가 들썩들썩 라임 그림책 06

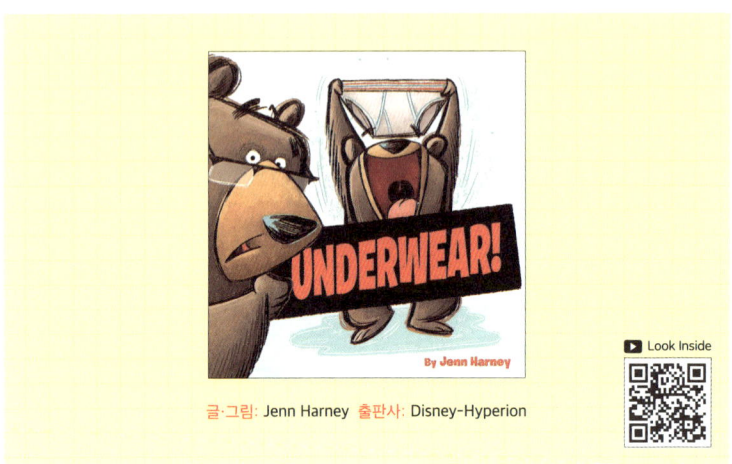

글·그림: Jenn Harney   출판사: Disney-Hyperion

곰은 그림책 세상에서 캐스팅 1순위의 주인공이죠. 어떤 책에서는 무시무시한 존재로, 또 어떤 책에서는 한없이 순하고 자상한 캐릭터로 등장해서 질리지가 않는 것 같아요. 『Underwear!』도 곰이 주인공으로 등장하는 책인데 그야말로 유머 최강 그림책입니다. 표지만 봐도 벌써 재미있지 않나요? 팬티를 손으로 번쩍 들고 있는 아기곰과 아기곰의 중요 부위를 급하게 가리는 듯한 아빠곰의 표정이 대비되어 웃음을 줍니다. 그리고 가린 곳에는 제목인 Underwear!를 절묘하게 배치해 놓았습니다.

아기곰이 목욕을 마치고 벌거벗은 채로 욕실 밖으로 나가려고 하자 아빠곰은 당장 팬티를 입으라고 합니다. 그런데 아빠곰이 underwear라고 하자 아기곰은 Under Where? 하면서 욕조 아래를 쳐다보네요. 그러면서 아빠곰과 아기곰의 말놀이가 시작됩니다.

> **Underwear, over there!** 속옷 말이야, 저기 있다고!
> **Over where?** 저기 어디요?
> **On the chair!** 의자 위에!
> **Up the stairs?** 위층에요?

아빠의 눈치를 살피다가 아기곰이 드디어 팬티를 입나 싶었는데, 이번에는 팬티를 제대로 입는 게 아니라 몸에 휘두르기 시작합니다. 아빠가 겨우겨우 팬티를 입히고 잠자리 동화를 읽어주자 천사 같은 아기곰으로 되돌아와요.

이 책은 '-에어'라는 뒷소리가 계속 반복해서 등장하는데, 소리는 비슷하지만 철자는 -ear, -ere, -air 등으로 조금씩 다른 단어들이 사용됩니다. bear와 underwear의 라임 단어들만으로 이렇게 재미있는 이야기가 만들어지다니 감탄을 하게 되네요.

아기곰의 모습이 우리 아이들의 모습과 참 닮았죠? 저희 폴리도 얼마 전까지 씻고 나서 발가벗고 여기저기 돌아다니면 제가 팬티를 들고 쫓아다니곤 했거든요. 이런 귀여운 모습도 잠시이니 그냥 이때를 즐기세요. 우리가 부모이기에 이런 책들을 더욱 공감하며 재미있게 볼 수 있는 것 같아요.

안개 자욱한 숲속 그림자는 누구?
The Foggy Foggy Forest

어깨가 들썩들썩 라임 그림책 07

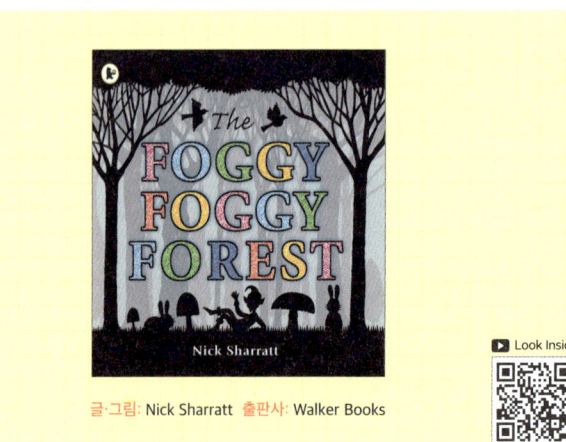

글·그림: Nick Sharratt 출판사: Walker Books

안개가 낀 듯한 배경에 검은 실루엣들이 매력적인 이 책도 앞서 소개한 닉 샤렛Nick Sharratt 작가의 책입니다. 닉 샤렛은 워낙 많은 라임 책을 출간했고 그중에는 내용도 좋은 책이 많아서 고르고 골라도 라임에 한해서는 이 작가의 책을 피할 수가 없더군요.

이 책은 라임뿐만 아니라 책 자체가 주는 매력도 큽니다. 『The Foggy Foggy Forest』를 번역하자면 '안개 자욱한 숲' 정도일 텐데요. 책의 내지 사이사이에 흔히 기름종이라고 부르는 미농지(트레이싱지)가 있어서 그림들이 뿌옇게 보이는데 이로 인해 안개 속의 장면처럼 연출됩니다. 그리고 책장을 넘기면 누구의 그림자였는지 확인할 수 있지요.

안개가 자욱한 숲에 보이는 저 그림자는 무엇일까요? 홀로 앉아 있는 요정이었네요. 안개가 자욱한 숲에 보이는 저 그림자는 또 무엇일까요? 피크닉 의자에 앉아 있는 세 마리의 곰 가족이었어요. 그럼 이번에 보이는 그림자는 또 무엇일까요? 트램폴린에서 폴짝 폴짝 뛰고 있는 요정 여왕이네요. 마더구스나 전래동화의 주인공들이 등장해서 더욱 재미를 주고 있습니다.

What can this be in the foggy, foggy forest?
안개 자욱한 숲속에 이것은 무엇일까요?
A little elf all by himself.
혼자 있는 작은 요정이네요.
What can this be in the foggy, foggy forest?
안개 자욱한 숲속에 이것은 무엇일까요?
Three brown bears in picnic chairs.
피크닉 의자에 앉은 갈색 곰 세 마리네요.

이 책을 읽을 때는 책장을 휙휙 넘기지 말고, 그림자를 보면서 누가 무엇을 하고 있는지 아이와 추측해본 후에 다음 장에서 그것이 맞는지 확인하면서 읽으면 훨씬 재미있습니다. 저희 집의 경우 이 책이 너무 신기하고 재미있어서 미농지와 검은색 색지를 사다가 비슷한 미니북을 만들어서 놀기도 했어요. 미농지 뒤로 비치는 그림자를 통해 어떤 그림이 숨어 있는지 맞혀보도록 했는데, 아이가 즐거워하면서 책 속의 문장을 활용해 읽는 시늉을 해서 무척이나 놀랐던 기억이 납니다.

비빔밥을 소개합니다
Bee-bim Bop!

어깨가 들썩들썩 라임 그림책 08

글: Linda Sue Park 그림: Ho Baek Lee
출판사: Houghton Mifflin Harcourt

외국 서적이나 영화를 볼 때 우리나라와 관련된 것이 살짝만 언급돼도 엄청 반갑지 않나요? 그런데 이 책은 영어로 큼지막하게 적혀 있는 제목이 대놓고 『Bee-bim Bop(비빔밥)』이어서 정말 신기했어요. 저자인 린다 수 박은 한국계 미국 작가여서 한국과 관련된 작품들을 많이 썼습니다. 표지에 보이는 고슬고슬 지은 밥을 커다란 대접에 담는 엄마의 손도, 엄마 옆에서 수저를 놓는 아이의 모습도, 식탁 위로 보이는 김치와 참기름병도 너무나 정감이 가는 그림책입니다.

저녁 시간이 되었어요. 엄마와 아이는 동네 마트에 장을 보러 갑니다. 배가 고파 서둘러 장을 보고 집으로 돌아와 주방에서 분주하게 비빔밥을 준비합니다. 먼저 계란으로 지단을 부치고, 고슬고슬 지은 밥을 잘 저어주고, 채소들을 채 썰어 준비합니다. 아이와 강아지가 엄마 옆에서 하나씩 집어먹는 모습이 진짜 친숙하지요? 그렇게 식사 준비가 끝나고 가족이 모여 기도를 한 후 맛있게 비빔밥을 먹는 모습으로 이야기는 마무리가 됩니다.

이 책은 비빔밥을 준비하는 과정을 라임을 이용해서 풀어 놓았는데, 반복적인 의성어·의태어들이 만들어 내는 리듬감이 무척이나 인상적입니다. 작가는 Bee-bim Bop의 Bop과 라임을 이루는 단어를 의성어·의태어와 연결해서 재미있게 표현하고 있습니다. 이 책을 읽고 나면 '비빔밥'이라는 단어의 소리가 굉장히 예쁘게 느껴지더군요.

비빔밥은 실제로 외국인들이 참 좋아하는 한식 요리이지요. 작가는 책의 권말에 비빔밥 만드는 방법을 친절하게 설명해 놓기도 했답니다. 그리고 제일 마지막에는 비빔밥에 대한 이야기, 작가가 자신의 아이들과 비빔밥을 만들고 있는 사진도 수록해 놓았습니다. 한국에 대한 작가의 사랑이 고스란히 느껴지는 책입니다.

허세 작렬 개구쟁이 곰
I Am Bear

어깨가 들썩들썩 라임 그림책 09

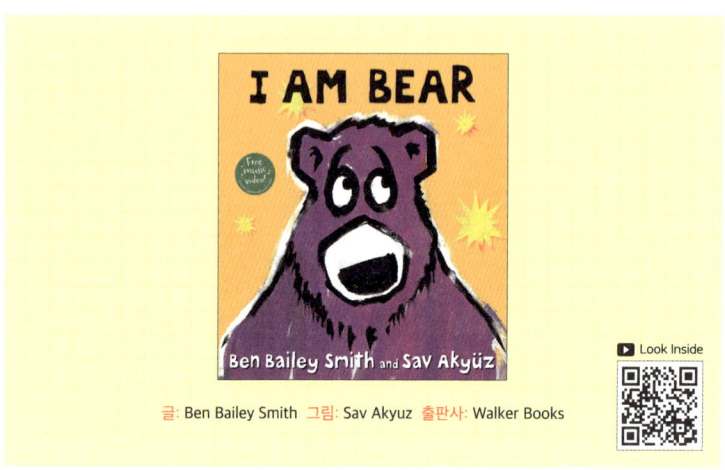

글: Ben Bailey Smith 그림: Sav Akyuz 출판사: Walker Books

『I Am Bear』는 처진 눈썹과 보라색 털을 가진 장난꾸러기 곰 이야기예요. 이 책은 책 자체의 라임도 재미있지만, 출판사가 라임이 주는 리듬감을 이용해 만든 힙합 버전의 유튜브 영상(https://www.youtube.com/watch?v=F_K178ojtoQ)이 아주 꿀잼이기 때문에 꼭 함께 활용해야 합니다.

I am bear. And I am bare.
나는 곰. 나는 헐벗은 곰.

표지에는 보라색 털을 가진 곰이 있는데, 첫 장은 살이 훤히 드러나는 곰의 모습으로 시작합니다. '곰'이라는 뜻의 bear와 '헐벗은'이라는 뜻의 bare를 사용해 라임과 재미를 모두 살리고 있습니다. 그리고 비트를 타며 스웩 넘치는 곰의 노래가 시작됩니다.

보라색 털로 된 옷을 입고 멋지게 폼을 잡으려다 팔꿈치가 찢어져 속이 드러나고, 벌들이 노려보고 있는 와중에 벌집을 먹고 있는 곰의 배 속엔 벌꿀이 가득하네요. 무료한 일상에서 재미있는 것을 찾으러 다니던 곰은 다람쥐를 발견하고는 Munch. Munch. My Lunch.(우적우적. 내 점심.) 하면서 입을 오물오물해요. 다람쥐를 먹어버린 걸까요? 이 부분에서 저희 집 꼬맹이는 나쁜 곰이라고 말했지만, 뒷부분에 다람쥐가 나오자 다시 좋아하더군요.

그런데 주인공 곰은 정말로 장난꾸러기인가 봐요. 마법을 부리기도 하고, 친구들을 놀려먹기도 하고, 친구 엉덩이에 과녁을 그리기도 하다가 결국 화가 난 숲속 친구들이 곰을 쫓아가는 모습으로 마무리가 됩니다. 다양한 춤의 장르들이 등장하는 후속편 『Bear Moves』도 책과 유튜브 영상으로 만나보세요.

라임과 스토리를 다 잡은
Llama Llama Red Pajama

어깨가 들썩들썩 라임 그림책 10

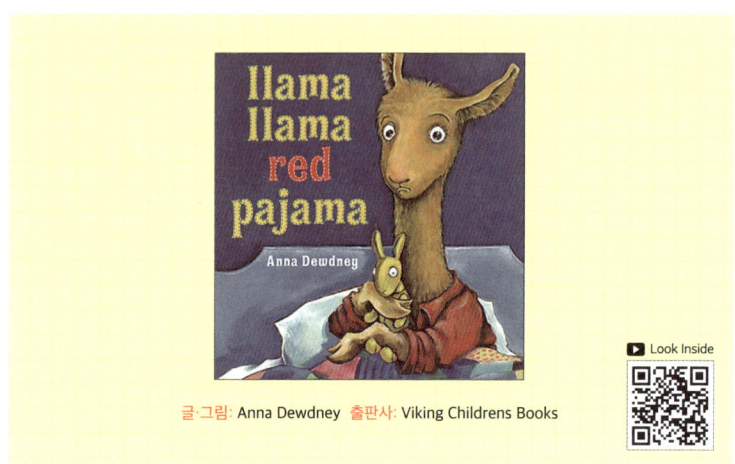

글·그림: Anna Dewdney 출판사: Viking Childrens Books

라임이 재미있는 책은 많지만, 라임이 잘 살아 있으면서 스토리도 탄탄한 그림책은 흔하지 않아요. 그런데 이 책은 라임과 스토리를 모두 잘 담고 있어서 영미권 국가에서 오랫동안 사랑받아 온 시리즈입니다.

빨간 잠옷을 입은 아기 라마가 엄마 라마와 잠자리 동화를 읽고 있어요. 엄마는 아기 라마에게 뽀뽀를 하고 아래층으로 내려갑니다. 어두운 방에 홀로 남겨진 아기 라마는 외롭기도 하고 물도 마시고 싶어서 아래층의 엄마를 불러요. 주방에서 설거지를 하던 엄마는 곧 올라가겠다고 대답하죠.

Llama llama red pajama
빨간 잠옷의 라마 라마가

reads a story with his mama.
엄마와 함께 책을 읽어요.

Mama kisses baby's hair.
엄마는 아기의 머리에 뽀뽀를 해요.

Mama Llama goes downstairs.
엄마 라마는 아래층으로 내려가요.

Baby Llama wants a drink.
아기 라마는 물이 마시고 싶어요.

Mama's at the kitchen sink.
엄마는 주방 싱크대 앞에 있어요.

하지만 아무리 기다려도 엄마는 오지 않고, 초조해지기 시작한 아기 라마는 다시 엄마를 불러요. 하지만 엄마는 아직도 설거지가 남아 있고 전화까지 울리네요. 아기 라마는 계속 엄마를 기다리면서 더욱 불안해지고 급기야 크게 울면서 엄마를 불러 대죠. 그러자 허둥지둥 아기 라마에게 달려가는 엄마의 모습이 너무 재미있기도 하고 애잔하기도 합니다.

이 책의 내용은 아이를 키울 때 흔히 겪게 되는 일이어서 엄마로서 많이 공감이 됩니다. 잠자리 동화를 읽어주면서 아이를 재우고 나와 산더미처럼 쌓인 집안일을 하려고 하는데 아이가 깨서 운다거나, 아이가 뭔가 해달라고 보채는데 집안일을 하던 중이어서 잠깐만 기다리라고 했다가 결국 심통이 난 아이를 혼내고 달래는 상황은 엄마들의 일상이지요. 그런데 아이들은 아이들 나름대로 엄마를 기다리는 아기 라마에게 엄청 공감을 하더군요. 그래서 결국 엄마들도 아이들도 모두 몰입해서 읽게 되는 책이랍니다.

라마llama는 낙타과의 송아지만한 동물로, 남미에서 털을 얻고 짐을 운반하는 용도로 기르는 가축이라고 해요. 책을 읽기 전에는 동물원에 가도 라마는 그냥 지나쳤는데, 이 책을 읽고 나서는 한동안 라마를 보러 일부러 동물원에 갈 정도로 사랑하게 되었답니다. 이 책 외에도 〈Llama Llama〉 시리즈가 더 있는데, 모두 아이들이 공감할 수 있는 생활 속 이야기들이 담겨 있어서 아이들이 무척 좋아하는 책들이에요.

Theme 03

쫑알쫑알
말문이 터지는
패턴 그림책

Theme 03

쫑알쫑알
말문이 터지는
패턴 그림책

"어떻게 영어 말하기를 잘할 수 있을까요?"라는 질문을 많이 받습니다. 엄마가 영어가 유창하다면 문제가 되지 않겠지만 대부분의 엄마들은 그렇지 못하지요. 저 또한 엄마표를 시작할 때는 영어 한마디 뻥긋 못하는 엄마였고요.

사실 아이들이 영어의 아웃풋을 내게 하는 방법은 간단해요. 아이가 따라 말하고 싶은 재미있는 표현이나 소리가 있으면 됩니다. 아이들의 말하기 과정은 소리 흉내 내기부터 시작됩니다. CF나 드라마 대사, 노래 가사를 흉내 내거나 따라 하는 것처럼요. 이 점이 제가 의성어·의태어가 담긴 그림책들을 유아 시기에 많이 보여줘야 한다고 강조하는 이유입니다.

앞에서 소개한 책들로 노래 따라 부르기와 라임 단어 따라 말하기를 하고 이를 통해 소리 흉내 내기의 환경을 충분히 제공해 주었다면, 이번에 소개하는 책들을 이용해 본격적으로 말하기를 자극해 주세요. 이번 Theme에서는 같은 문장 유형이 반복적으로 등장하는 패턴 그림책들을 소개합니다. 책 속에 등장하는 짤막한 대화체 문장들을 그림을 매개로 상황에 맞게 배우고 나면 아이들은 같은 상황에 마주쳤을 때 자연스럽게 그 표현들을 활용하게 됩니다.

아기 배꼽 찾기
Where Is Baby's Belly Button?

쫑알쫑알 말문이 터지는 패턴 그림책 01

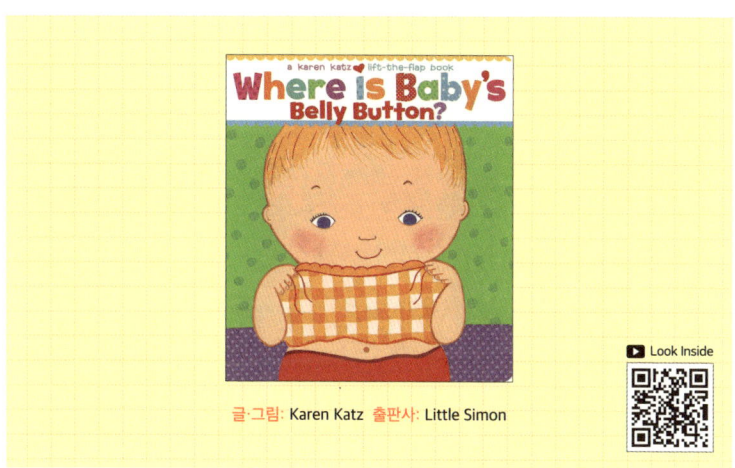

글·그림: Karen Katz   출판사: Little Simon

『Where Is Baby's Belly Button?』은 아이들의 밝고 순수한 모습을 귀엽고 화사한 모습으로 그려내는 동화작가 캐런 카즈Karen Katz의 대표작 중 하나입니다. 귀여운 아기가 주인공으로 등장하는 플랩북입니다. '플랩북'은 영어로 flip flap book이나 lift the flap book이라고 하는데, 책의 일부분을 들춰볼 수 있는 형태의 책을 말합니다.

책장을 넘기면 모자를 푹 눌러쓴 아기의 모습이 보이는데, 아기의 눈은 어디에 있을까요? 모자 플랩을 들추면 그 안에 있는 아기의 눈을 찾을 수 있어요. 이번에는 아기가 두 손으로 컵을 잡고 물을 마시고 있는데 아기의 입은 어디에 있을까요? 컵 그림이 있는 플랩을 들추면 아기의 입을 찾을 수 있어요.

Where are baby's eyes? 아기의 눈은 어디에 있나요?
Under her hat! 모자 밑에요!
Where is baby's mouth? 아기의 입은 어디에 있나요?
Behind the cup! 컵 뒤에요!

그럼 아기의 배꼽은 어디에 있을까요? 옷 그림 플랩을 들추면 아기의 배꼽이 나타납니다. 고양이와 놀고 있는 아기의 발은 고양이 플랩 뒤에, 목욕하고 있는 아기 손은 거품 플랩 뒤에 있어요. 그러고는 아기가 사라졌어요! 어디에 있을까요? 이불 위로 빼꼼히 아기의 손등과 머리가 보여요. 짜잔! 이불 안에 아기가 숨어 있네요.

Where is ~?(~은 어디에 있나요?)라는 패턴의 질문이 반복되고, 플랩을 들추면서 숨어 있는 그림을 찾는 재미에 아이들이 자꾸만 또 읽어달라고 조르는 책입니다. 그렇게 반복해서 읽다 보면 Where is ~?라는 표현을 정확하게 이해하고 사용할 수 있게 됩니다.

이 책은 엄마 혼자서 일방적으로 읽어주기보다 엄마가 묻고 아이가 플랩을 들추면서 대답하도록 유도하거나 역할을 바꿔서 아이가 묻고 엄마가 대답하는 방법으로 읽어주면 좋습니다. 엄마표 생활영어를 아이에게 시도하는 것이 어색한 엄마라면 이런 그림책을 통해서 간단한 일상회화를 도전해볼 수 있습니다.

패턴북의 바이블
Brown Bear, Brown Bear, What Do You See?

쫑알쫑알 말문이 터지는 패턴 그림책 02

글: Bill Martin Jr. 그림: Eric Carle 출판사: Henry Holt and Co.

『Brown Bear, Brown Bear, What Do You See?』는 '패턴 그림책' 하면 가장 먼저 떠오르는 책입니다. 워낙 유명한 책이어서 소개할까 말까 고민이 될 정도였지만, 명실상부 '패턴북의 바이블'에 해당하는 책이라서 넣었습니다.

이 책의 작가인 에릭 칼Eric Carle은 앤서니 브라운Anthony Browne과 함께 우리나라에서 가장 유명한 영어 그림책 작가일 겁니다. 에릭 칼의 그림책은 콜라주 기법을 사용하기 때문에 그림만 봐도 이 작가의 책이라는 것을 금세 알아차릴 수 있어요. '콜라주'란 여러 가지 종이, 그림, 사진 등을 잘라서 풀로 붙여 작품을 만드는 기법을 말해요.

패턴북은 같은 패턴에서 단어와 그림이 달라지기 때문에 아이가 그림을 보고 단어의 의미를 자연스레 익힐 수 있습니다. 또 반복되는 문장을 통해 금세 패턴을 외워서 읽는 시늉을 하기 때문에 패턴책은 어떤 책보다도 빠르게 아이들의 아웃풋으로 연결됩니다.

갈색 곰이 무언가를 쳐다보고 있어요. 곰은 무엇을 쳐다보고 있을까요? 빨간 새를 쳐다보고 있네요. 그럼 빨간 새는 무엇을 바라보고 있을까요? 빨간 새는 노란 오리를, 노란 오리는 파란 말을 바라보고 있어요.

Brown bear, Brown bear, What do you see?
갈색 곰아, 갈색 곰아, 뭘 보고 있니?

I see a red bird looking at me.
나를 보고 있는 빨간 새를 보고 있지.

Red bird, Red bird, What do you see?
빨간 새야, 빨간 새야, 뭘 보고 있니?

I see a yellow duck looking at me.
나를 보고 있는 노란 오리를 보고 있지.

Yellow duck, Yellow duck, What do you see?
노란 오리야, 노란 오리야, 뭘 보고 있니?

I see a blue horse looking at me.
나를 보고 있는 파란 말을 보고 있지.

이렇게 파란 말은 초록 개구리를, 초록 개구리는 보라색 고양이를, 보라색 고양이는 하얀색 강아지를, 하얀색 강아지는 검정 양을, 검정 양은 금붕어를, 금붕어는 선생님을, 그리고 선생님은 아이들을 바라보고 있네요. 꼬리에 꼬리를 무는 듯한 연결이 재미있는 책으로, 다양한 색깔과 동물의 이름을 함께 익힐 수 있습니다. 무엇보다 반복적인 패턴 덕분에 아웃풋이 팡팡 터지는 책이랍니다.

저희 집 막내가 우리말도 제대로 못할 때 혀 짧은 소리로 '브라운 베어, 브라운 베어' 하며 계속 읽어달라고 했을 정도로 좋아했던 책이에요. 독후활동으로 집 안에서나 산책할 때 보이는 것들로 말하기 게임을 해도 재미있습니다. 엄마가 "Little (아이 이름), little (아이 이름), what do you see?" 하고 묻고, 아이는 "I see ( ) looking at me." 하고 대답하면 됩니다.

한 문장 스토리북
Have You Seen My Duckling?

쫑알쫑알 말문이 터지는 패턴 그림책 03

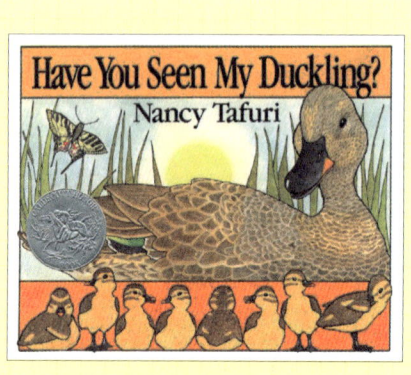

글·그림: Nancy Tafuri 출판사: Greenwillow Books

반복되는 문장 패턴에 단어만 바뀌면서 진행되는 패턴북도 있지만, 아예 같은 문장으로만 이야기가 진행되는 패턴북도 있습니다. 어떻게 이게 가능할까요? 그림책은 그림만으로도 충분히 스토리가 전달되기 때문이죠. 『Have You Seen My Duckling?』은 책이 본격적으로 시작되기 전부터 그림으로 이야기가 진행되기 때문에 처음부터 그림을 주의해서 살펴봐야 합니다.

이른 아침이에요. 둥지에 여덟 마리의 아기 오리들만 있고 엄마 오리는 보이지 않네요. 아마도 아기 오리들에게 줄 먹이를 찾으러 간 듯합니다. 그런데 여덟 마리 아기 오리 중 한 마리가 날아가는 나비를 쫓아 둥지 밖으로 나가네요. 다른 아기 오리들이 말리는 표정을 짓지만 뒤도 돌아보지 않고 가버리는 아기 오리!

그때 엄마 오리가 나타났어요. 둥지에 남아 있던 아기 오리들이 엄마에게 얘기를 하는 듯 모여들고, 엄마 오리와 일곱 마리 아기 오리는 둥지를 나간 아기 오리를 찾으러 갑니다. 엄마 오리는 여기저기 헤엄치며 다른 동물들에게 묻습니다.

Have you seen my duckling?
내 아기 오리를 봤니?

하지만 다른 동물들은 다들 자기 할 일이 바빠서 아기 오리를 보지 못한 듯해요. 물 밖에도 물속에도 보이지 않는 아기 오리는 도대체 어디에 있는 걸까요? 그런데 저 멀리서 아기 오리의 울음소리가 들리더니 조금 전에 만났던 거북이와 함께 헤엄쳐 오고 있네요. 엄마 오리와 여덟 마리 아기 오리들은 둥지로 헤엄쳐 돌아가는데, 걱정이 되었는지 거북이가 맨 뒤에서 쫓아가네요. 마지막에 따라가는 문제의 아기 오리가 이제 다른 데로 가지 않을 거라는 듯 고개를 치켜드는 모습 또한 너무 재미있어요.

그런데 사실 책의 그림을 잘 살펴보면 엄마 오리가 아이 오리를 찾고 있을 때 매 페이지마다 아기 오리가 엄마 오리 주변에 계속 숨어 있었어요. 숨은 오리 찾기도 꿀잼인 책입니다.

쉿! 비밀이야!
Can You Keep a Secret?

쫑알쫑알 말문이 터지는 패턴 그림책 04

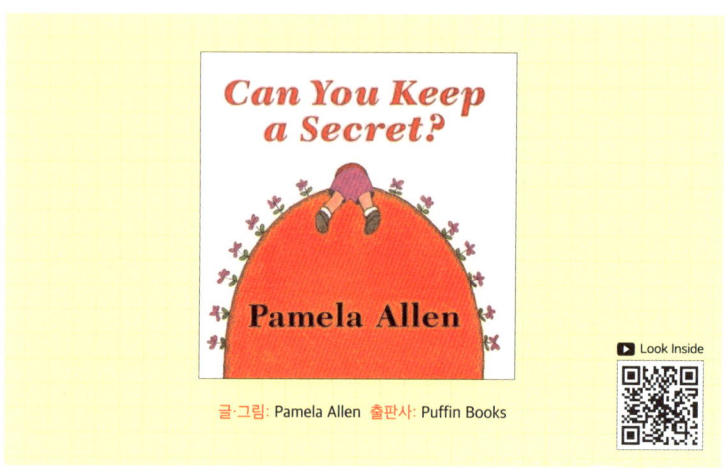

글·그림: Pamela Allen   출판사: Puffin Books

비밀 이야기는 언제 들어도 흥미진진하고 재미있지요. 이건 아이들도 마찬가지랍니다. 『Can You Keep a Secret?』은 '너 비밀 지킬 수 있어?'라는 뜻이에요. 과연 무슨 비밀일지 벌써부터 내용이 너무 궁금해지네요.

왕이 왕관을 잃어버렸어요. 초록색 코끼리 아래에 있을까 찾아봅니다. 다음 장으로 넘기니 코끼리 밑에는 왕관이 없는데… 이런! 왕이 왕관을 쓰고 있네요. 왕관을 잃어버린 게 아니라 쓰고 있는 것을 잊어버린 것 같아요. 하지만 쉿! 절대 말하지 말라고 하네요.

Can you keep a secret? 너 비밀 지킬 수 있어?
The King has lost his crown. 왕이 왕관을 잃어버렸어.
Is it under the green elephant? 초록색 코끼리 밑에 있나?
Shhhh.... you mustn't tell. 쉿, 말하면 안 돼.

하지 말라고 하면 더 하고 싶은 게 사람 마음이죠. 책을 보던 아이들은 왕관을 쓰고 있다고 말하고 싶어서 입이 자꾸 근질근질해져요. 왕은 노란 사자의 뒤도 찾아보고, 파란 하마 입 안도 찾아보지만 도대체 왕관을 찾을 수 없었어요. 누가 훔쳐간 건 아닌지 곰곰이 생각하던 왕은 드디어 생각이 났어요. 바로 자신의 머리에 왕관이 있다는 사실이요! 책을 읽다 보면 우리도 왕관을 함께 찾고 있는 듯한 느낌을 갖게 됩니다.

『Can You Keep a Secret?』은 위치를 나타내는 다양한 전치사를 활용한 패턴이 돋보이는 책입니다. 위치 전치사와 함께 색깔과 동물 어휘를 배울 수 있습니다. 저는 가장 기본적인 전치사를 접해주고 싶을 때 이 책을 꼭 추천합니다. 전치사를 나타내는 그림들이 직접적이고 개념을 이해하기 쉽게 그려져 있거든요.

책에는 왕관을 쓰고 있는 왕을 약 올리기라도 하듯이 Shhhhh... you mustn't tell.(쉿, 말하면 안 돼.)이라는 문장이 반복적으로 등장하는데, 이 부분을 읽어줄 때 손가락을 입에 대고 "쉿!" 하는 동작을 해보세요. 어떤 아이들은 지시대로 조용히 하면서 키득거리기도 하고, 어떤 아이들은 알려주고 싶어서 오히려 큰 소리로 "왕관 여기 있는데!"라고 외치기도 한답니다.

상상력을 무한 자극하는
It Looked Like Spilt Milk

쫑알쫑알 말문이 터지는 패턴 그림책 05

글·그림: Charles G. Shaw 출판사: Harper Collins

『It Looked Like Spilt Milk』는 제목이 참 재미있어요. '그것은 쏟아진 우유처럼 보였어요'라는 제목이 상상력을 마구 자극하지요. 표지를 보면 파란 배경 위에 여러 가지 하얀색 실루엣이 보이는데, 바로 알아맞힐 수 있는 그림도 있고 헷갈리는 그림도 있어요.

책장을 넘기니 파란 바탕 위에 우유가 쏟아진 듯한 모양이 보여요. 하지만 쏟아진 우유가 아니라고 하네요. 그것은 때때로 토끼처럼 보이지만 토끼는 아니라고 해요.

Sometimes it looked like Spilt Milk.
그건 때로는 쏟아진 우유처럼 보였어요.

But it wasn't Spilt Milk.
하지만 그건 쏟아진 우유가 아니었어요.

Sometimes it looked like a Rabbit.
그건 때로는 토끼처럼 보였어요.

But it wasn't a Rabbit.
하지만 그건 토끼가 아니었어요.

그것은 새, 나무, 아이스크림콘처럼 혹은 꽃, 돼지, 생일 케이크, 양, 장갑, 천사처럼 보였지만 그것들이 아니었어요. 그럼 뭘까요? 눈치채셨나요? 바로 파란 하늘에 떠 있는 구름이었어요.

패턴책이 좋은 이유는 다양한 문장 형태들을 어려움 없이 편하게 받아들인다는 거예요. 제목에 쓰인 It looked like ~(~처럼 보였어요) 표현이 우리 엄마들에게는 학창 시절에 달달 외워서 시험을 봤던 표현일 뿐이죠. 'look like의 like는 전치사니까 뒤에 명사나 동명사를 써야 한다' 이런 게 자동으로 떠올라요. 하지만 어렸을 때부터 이런 그림책을 많이 보면서 자란 아이들은 단어의 쓰임이나 용법 같은 것을 외우지 않아도 자연스럽게 표현을 받아들이고 바로바로 아웃풋으로 연결합니다.

그래서 저는 이제 막 엄마표 영어를 시작하는 분들에게 리딩을 빨리 시작하기보다 이런 쉬운 패턴북들을 많이 읽어주라고 항상 강조해서 말씀드려요. 그림책을 통해 표현을 익히고 말할 수 있도록 하는 게 훨씬 중요해요. 저희 딸 폴리도 이런 표현들을 생활에서 상황에 맞게 잘 사용하는데, 표현만 따로 외운 게 아니라 그림책을 통해서 자연스럽게 접해서 그런 것 같아요.

참고로 이 책은 별다른 준비 없이도 다양한 독후활동을 연계해서 놀아주기 좋아요. 가령 우유를 테이블이나 접시에 부은 다음 손가락으로 그림을 그리거나 입으로 불어서 다양하게 표현해볼 수 있어요. 또 아이와 하늘에 떠 있는 구름을 보면서 어떤 모양으로 보이는지 얘기해봐도 재미있어요.

알아맞히는 재미가 최고!
Spots, Feathers, and Curly Tails

쫑알쫑알 말문이 터지는 패턴 그림책 06

글·그림: Nancy Tafuri　**출판사**: Greenwillow Books

『Spots, Feathers, and Curly Tails』는 우리말로 번역하면 '점, 깃털, 돌돌 말린 꼬리'란 뜻이에요. 암호인 듯 힌트인 듯한 제목이 호기심을 자극합니다. 이 책의 작가는 앞서 살펴본 『Have You Seen My Duckling?』을 쓴 낸시 태퍼리Nancy Tafuri입니다.

　영어 그림책 중에 농장 동물들을 소개하는 책은 많지만, 이 책은 다른 책들과 달리 퀴즈 형식으로 흥미롭게 동물들을 소개하고 있어 아이들의 시선을 사로잡습니다. 책을 펼치면 동물을 바로 보여주는 것이 아니라 동물의 특징이 되는 부분만 살짝 보여줍니다. 어떤 동물인지 먼저 생각해 보게 한 다음에 동물을 보여주는 방식이에요.

얼룩덜룩 점무늬를 가진 뒷모습이 보여요. 이건 어떤 동물일까요? 다음 장으로 넘기면 아하! 여물을 먹고 있는 얼룩소였어요. 이번에는 깃털이 달린 엉덩이가 보여요. 이런 깃털을 가지고 있는 건 어떤 동물이죠? 병아리들을 돌보는 닭이었네요. 동그랗게 말린 꼬리는요? 바로 돼지의 꼬리였어요.

What has spots? 누구한테 점무늬가 있을까?
A cow has spots. 소한테 점무늬가 있어요.
What has feathers? 누구한테 깃털이 있을까?
A chicken has feathers. 닭한테 깃털이 있어요.
What has a curly tail? 누구한테 돌돌 말린 꼬리가 있을까?
A pig has a curly tail. 돼지한테 돌돌 말린 꼬리가 있어요.

이런 식으로 아이들은 머리카락처럼 휘날리는 갈기, 노랗고 넓적한 부리, 뿔 등을 보고 누구의 것인지 알아맞히면서 책을 읽게 됩니다. 동물 그림을 그냥 보여주는 것보다 이렇게 부분부터 보여주니 그 동물의 특징을 더 잘 기억할 수 있더군요. 동물의 전체 모습이 소개되는 페이지의 그림들은 평소 동물들이 하는 행동이나 먹이, 특징 등을 잘 묘사하고 있어서 독자가 각 동물들을 구경하고 있는 듯한 느낌이 들게 합니다.

일방적으로 듣기만 하는 책이 아니라 스스로 책 속 내용에 참여하면서 함께 읽어 나가니 아이들이 무척 좋아합니다. 동물의 특징을 묻는 문장인 What has ~?(누구한테 ~이 있을까?)가 반복적으로 등장해서 아이들이 이 표현을 자연스럽게 습득합니다. 이 표현을 이용해 독후활동을 해볼 수 있어요. 집에 있는 다른 동물 그림이나 사물 그림을 활용해서 부분만 보여주고 나머지는 가린 후 What has ~?라고 질문하며 아이들과 알아맞히기 놀이 guessing game 를 하는 식이지요.

쫑알쫑알 말문이 터지는 패턴 그림책 07

결말의 반전이 돋보이는
Dinnertime!

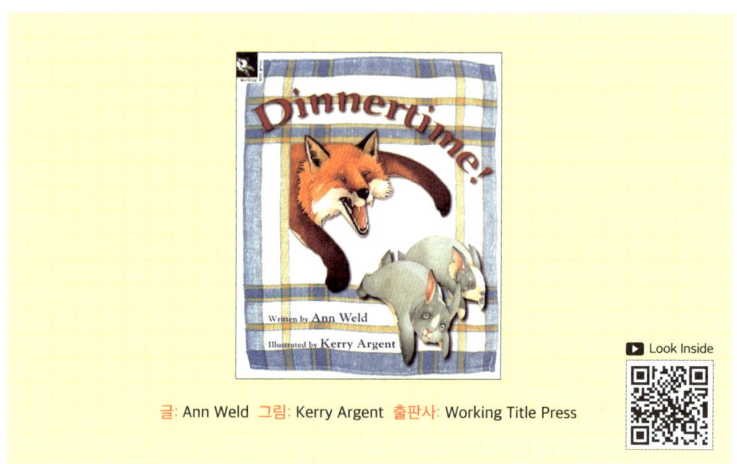

글: Ann Weld 그림: Kerry Argent 출판사: Working Title Press

여우가 토끼들을 잡아먹으려는 표지 그림과 『Dinnertime!』이라는 제목을 보고 어떤 내용이 상상되나요? 살짝 스포를 하자면 이 책은 나름의 반전이 있는 책입니다.

늦은 오후 포근한 햇살을 즐기며 여섯 마리 토끼들이 옹기종기 모여 앉아 있어요. 그런데 저 멀리서 살금살금 다가오는 여우의 모습이 보이네요. 그 모습을 지켜보고 있던 오리들이 도망치라고 외치고 있어요. 도망치지 않으면 여우가 한 마리씩 잡아먹을 거라고요. Dinnertime! 하는 소리가 들리고 정말 한 마리가 사라졌어요.

Run, fat rabbits! Run, run, run!
뛰어, 통통한 토끼들아! 뛰어, 뛰어, 뛰어!

Or that fox will eat you, one by one!
그렇지 않으면 저 여우가 너희를 한 마리씩 잡아먹을 거야!

(Dinnertime!)
(저녁 먹을 시간이야!)

　남아 있는 다섯 마리의 토끼들이 짚더미 위에 올라가 놀고 있는데 그 사이에 여우가 숨어 있어요. 농장의 동물 친구들은 다시 토끼들에게 여우한테 잡아먹힐지도 모르니 어서 도망치라고 알려줘요. 그때 다시 Dinnertime!이 들리고 또 한 마리가 사라집니다.

　그렇게 토끼들이 한 마리씩 계속 사라져 마지막에는 한 마리만 남게 됩니다. 밖은 이미 해가 져서 어두워졌습니다. 여우는 덤불 사이에 숨어서 남은 한 마리를 잡아먹기 위해 안간힘을 쓰지만, 마지막 남은 아기 토끼는 무사히 토끼굴로 돌아갑니다. 그런데 그곳에 사라졌던 아기 토끼들이 모두 모여 있어요. Dinnertime!을 외친 건 엄마 토끼였고, 아기 토끼들은 여우에게 잡아먹힌 것이 아니라 엄마가 부르는 소리에 집으로 달려갔던 거였어요.

　라임도 재미있고 숨어 있는 여우를 찾는 재미도 쏠쏠합니다. 글밥이 적지 않지만 반복되는 문장이 많고 내용이 재미있어서 의외로 아이들이 어려워하지 않고 좋아하는 책입니다.

형용사를 이렇게 배우다니!
Quick as a Cricket

쫑알쫑알 말문이 터지는 패턴 그림책 08

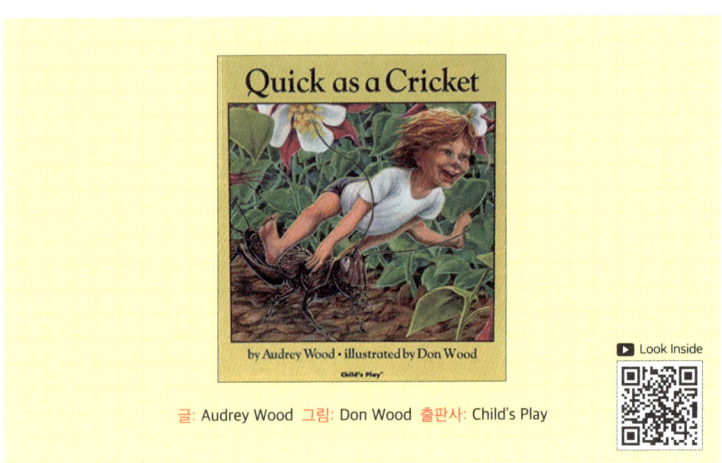

글: Audrey Wood 그림: Don Wood 출판사: Child's Play

『Quick as a Cricket』은 부부 그림책 작가로 유명한 우드 부부의 그림책이에요. 부부 작가인 오드리 우드Audrey Wood와 돈 우드Don Wood는 『The Big Hungry Bear』, 『Piggies』, 『The Napping House』 등 수많은 베스트셀러를 함께 출간해 왔습니다. 우드 부부의 동화책을 한 권씩 접하다 보면 그 매력에 풍덩 빠져서 헤어나지 못할 정도예요.

한 꼬마 아이가 귀뚜라미 등에 올라탄 채 신이 나 있어요. 아이는 자기가 귀뚜라미만큼 빠르다고 하네요. 다음 페이지에서 아이는 달팽이를 관찰하고 있는데, 이번에는 자기가 달팽이처럼 느리다고 해요. 아이는 자신이 개미만큼 작고, 고래만큼 크고, 바셋 개처럼 슬프다고 해요.

> I'm as quick as a cricket, 나는 귀뚜라미만큼 빠르고,
> I'm as slow as a snail, 달팽이만큼 느리고,
> I'm as small as an ant, 개미만큼 작고,
> I'm as large as a whale, 고래만큼 크고,
> I'm as sad as a basset. 바셋 개만큼 슬퍼.

아이는 이 외에도 여러 가지 동물에 비유하며 자신을 설명하는데, 이 모든 것들을 합치면 그게 바로 '나'랍니다. 아이가 그 동물들을 직접 만난 것처럼 그려졌지만, 마지막 장면에서 방 한쪽에 붙어 있는 다양한 동물 사진을 지켜보는 아이의 모습을 볼 수 있어요.

이 책에 나오는 동물들의 특징을 통해서 다양한 형용사를 이해할 수 있고, 반대말도 함께 배울 수 있어요. 그리고 처음부터 끝까지 as~as 표현이 반복적으로 등장합니다. 저는 as~as 하면 학창시절에 열심히 외웠던 'as~as 원급 비교'라는 문법이 떠올라 문제를 풀거나 답을 맞춰야 할 것 같은 긴장감부터 들어요. 하지만 이 책으로 as~as를 접한 아이들은 'as~as 원급 비교'라는 딱딱한 문법으로 이 표현을 기억하지는 않을 거예요. 아주 자연스럽게 표현을 익히고 회화에서 활용할 줄 아는 아이로 자라게 되겠죠. 영어 동화책을 통해서 다양한 문장들을 어렵지 않게 이해해 나갈 수 있다는 건 엄마표 영어가 아이들에게 해줄 수 있는 최고의 선물이 아닐까 합니다.

고미 타로의 영어 그림책
My Friends

쫑알쫑알 말문이 터지는 패턴 그림책 09

글·그림: Taro Gomi 출판사: Chronicle Books

『My Friends』는 우리나라에서도 『악어도 깜짝, 치과 의사도 깜짝!』, 『누구나 눈다』 등의 작품으로 사랑받는 일본의 그림책 작가 고미 타로의 작품입니다. 그림만 봐도 작가를 알 수 있을 정도로 유명한 그림책 작가 중 한 명이에요.

고양이를 따라 담벼락을 조심조심 걷고 있는 여자아이! 아이는 고양이에게 걷는 법을 배웠대요. 이번에는 울타리를 폴짝 뛰어넘는 개를 따라 하며 개에게 점프하는 법을 배웠다고 해요. 또 원숭이처럼 나무에 매달리면서 나무에 올라가는 건 원숭이에게 배웠다고 하네요.

I learned to walk from my friend the cat.
난 내 친구 고양이에게 걷는 법을 배웠어요.

I learned to jump from my friend the dog.
난 내 친구 개에게 점프하는 법을 배웠어요.

I learned to climb from my friend the monkey.
난 내 친구 원숭이에게 오르는 법을 배웠어요.

　아이는 말처럼 신나게 달리고, 수탉처럼 행진을 하고, 토끼처럼 숨기도 하고, 개미처럼 땅 속 탐험도 해봅니다. 또한 친구들에게 노는 것도 배우고 사랑도 배울 수 있대요. 아이의 이야기를 들어보니 동물 친구들이나 주변 사람들로부터 배우는 것들이 참 많네요.

　이 책은 walk, jump, climb, run과 같은 다양한 동작 단어들이 동물들의 특징에 맞게 연결되어 있어 아이들이 쉽게 이해할 수 있어요. 독후활동으로 책 속에 등장하는 동물 이름을 외치고 그 동물에 해당하는 동작을 따라 하는 게임을 하면 좋습니다. 몸을 움직이면서 익힌 단어들은 머릿속에 더 오랫동안 남는다고 해요. 이런 교수법을 TPR(Total Physical Response, 전신 반응 교수법)이라고 하는데, 어린아이들을 대상하는 하는 수업에서는 TPR을 활용하면 효과적입니다.

　이 책에 반복적으로 등장하는 I learned to ~ from ~(난 ~에게 ~을 배웠어)이라는 패턴에 단어만 바꾸어 문장을 만드는 놀이를 해봐도 좋아요. 책 속에 등장하지 않았던 다른 동물과 그 동물의 특징이 담긴 동작 단어를 넣어 표현해보면 재미있어요.

이것이 영어동화책 읽기의 힘
"Pardon?" Said the Giraffe

쫑알쫑알 말문이 터지는 패턴 그림책 10

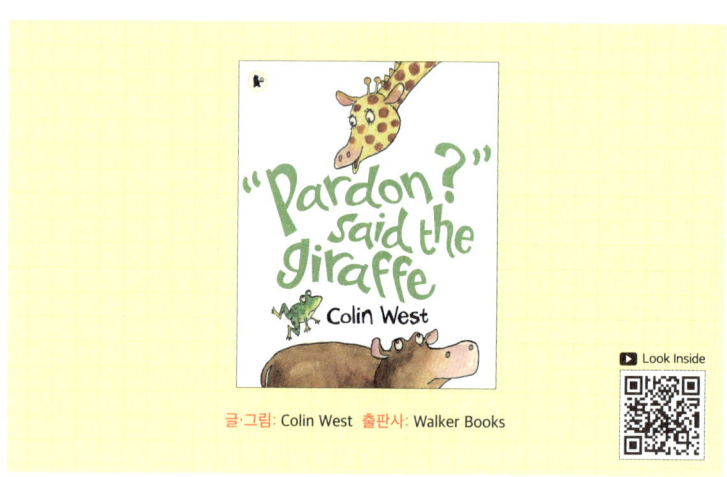

글·그림: Colin West 출판사: Walker Books

그림책을 만들 때 반복적인 문장을 사용하면서 흥미로운 스토리까지 담기란 쉽지 않을 거예요. 그래서인지 문장이 단순하고 반복적인 패턴을 사용하는 책들은 문장 이해를 돕기 위한 설명적인 삽화로 되어 있는 책들이 많아요. 그런데 이 책 『"Pardon?" Said the Giraffe』은 두 개의 반복적인 문장을 사용하면서 스토리까지 재미있게 만들어 내고 있어요.

개구리가 폴짝폴짝 길을 가다가 기린을 만났어요. 개구리는 자기보다 몇 배는 큰 기린에게 What's it like up there?(그 위는 어때?) 하고 물어요. 하지만 기린은 너무 키가 큰 나머지 개구리가 말하는 소리가 잘 들리지 않는지 Pardon?(뭐라고?) 하고 되물어요. 그러자 개구리는 이번에는 사자의 머리 위로 폴짝 뛰어올라 다시 한 번 기린에게 What's it like up there?(그 위는 어때?) 하고 질문합니다. 하지만 여전히 잘 들리지 않는 기린은 또 다시 Pardon?(뭐라고?) 하고 묻습니다.

"What's it like up there?" asked the frog as he hopped on the ground.
"그 위는 어때?" 땅 위를 뛰면서 개구리가 물었어요.

"Pardon?" said the giraffe.
"뭐라고?" 기린이 말했어요.

"What's it like up there?" asked the frog as he hopped on the lion.
"그 위는 어때?" 사자 위로 뛰어오르며 개구리가 물었어요.

"Pardon?" said the giraffe.
"뭐라고?" 기린이 말했어요.

그러자 개구리는 하마의 등 위로 폴짝, 코끼리의 등 위로 폴짝 뛰어올랐다가 결국 기린의 얼굴 위로 폴짝 뛰어올라 물어봐요. 드디어 개구리의 질문을 이해한 기린은 It's nice up here.(이 위는 좋아.) 하고 대답해요. 그런데 개구리가 지금 자기의 코를 간질이고 있다고 하네요. 코가 간질간질해진 기린은 A-A-A-CHOOOOOOOOO!(에, 에, 에취!) 하고 재채기를 하고 말아요. 다음 장면은 여러분들의 상상에 맡길게요.

영어회화책의 단골 표현인 Pardon?은 상대방의 말을 못 알아들었을 때 다시 말해달라는 뜻에서 "뭐라고요?" 하고 묻는 말인데, 아이들의 입장에서는 이해하기가 쉽지만은 않은 표현입니다. 하지만 그림책의 상황을 통해서 이 문장을 익히면 의미를 따로 설명해주지 않아도 자연스럽게 이해가 가능하지요. 아이들이 이런 표현들을 이해하는 데서 그치지 않고 적절한 상황에서 실제로 활용하는 것을 자주 경험한 저로서는 영어 동화책 읽어주기의 힘을 믿을 수밖에 없답니다.

Theme 04

몸튼튼
마음튼튼
생활습관
그림책

Theme 04
몸튼튼 마음튼튼 생활습관 그림책

아이를 키우다 보면 생활 습관의 중요성을 깨닫게 됩니다. 건강한 생활 습관을 만드는 일은 오랜 노력이 필요하지만, 한번 습관을 잘 들여 놓으면 아이의 훌륭한 자산이 되어줄 거예요. 그런데 아이에게 좋은 생활 습관을 만들어 주려고 하다 보면 자칫 잔소리만 늘어나고 아이는 아이대로 스트레스를 받게 될 수도 있습니다. 엄마가 자꾸 '이거 하지 마라, 저거 해라' 간섭하면 아이와 사이만 나빠지게 되고 엄마는 습관 잡기를 포기하는 경우도 생깁니다.

이럴 때는 그림책을 적극적으로 활용해보는 것도 좋은 방법입니다. 엄마가 잔소리를 하는 대신, 좋은 생활 습관이 담긴 그림책을 읽어주어 아이 스스로 느끼고 실천하도록 유도하는 거죠.

저는 영어 그림책은 영어 교재가 아니라고 생각해요. 영어 그림책도 한글 그림책처럼 재미있고 감동적인 이야기를 들려주는 매개입니다. 아이들의 영어는 덤으로 따라오는 거죠. 거기에다 아이에게 좋은 습관까지 붙여줄 수 있다니 어찌 영어 그림책 읽어주기를 포기할 수가 있겠어요?

유아 눈높이의 인성 교육책
I Can Share!

몸튼튼 마음튼튼 생활습관 그림책 01

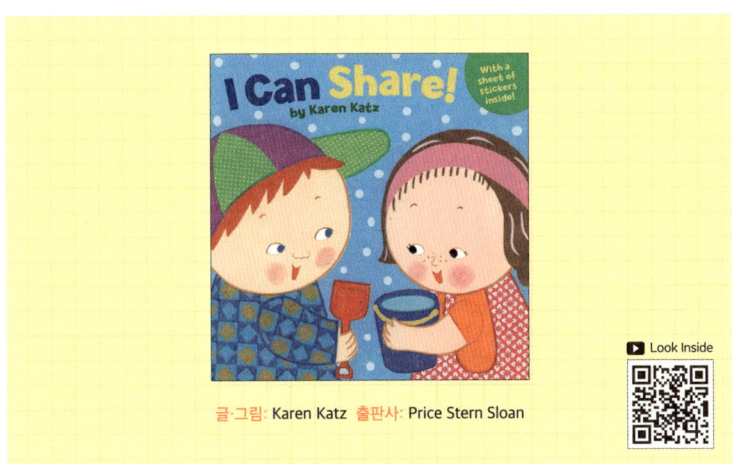

글·그림: Karen Katz 출판사: Price Stern Sloan

유아에게 인성을 가르치기 위해 말로 설명하면 아이들은 아직 제대로 이해하기 어렵습니다. 하지만 나이가 어려도 그림책을 통해서라면 스스로 느끼면서 자연스럽게 이해할 수 있습니다. 『I Can Share!』는 『Where Is Baby's Belly Button?』을 그린 캐런 카츠Karen Katz 작가의 작품으로, 생활예절과 인성을 주제로 한 〈Karen Katz's Good Manners Collection〉 시리즈 중 한 권입니다.

아이가 가진 새 인형을 친구가 만지고 싶어 해요. 하지만 아이는 새 인형이어서 친구한테 양보하고 싶지 않아요. 어떻게 해야 할까요? 친구에게 다른 인형을 주고 같이 놀면 돼요. 자전거를 타려고 하는데 친구도 타고 싶어 할 때는 어떻게 할까요? 친구를 뒤에 태워 주면 되죠.

MY NEW DOLL! You can't have her. But maybe...
내 새 인형! 너는 그거 가지고 놀면 안 돼. 하지만 어쩌면…

you can play with this doll.
이 인형은 갖고 놀아도 돼.

MY BIKE! You can't ride it. But maybe...
내 자전거! 너는 타면 안 돼. 하지만 어쩌면…

I'll take you for a ride.
내가 너를 태워줄게.

모래밭에서 모래를 파며 노는데 삽이 하나밖에 없다면? 친구와 멋진 모래성을 만들면 되죠. 내가 먹고 있는 간식을 친구가 먹고 싶어 한다면? 친구에게 간식을 하나 주면 돼요. 내 인형이라고 갖고 놀지 말라고 하기보다 모두 함께 노는 것이 더 즐겁답니다.

『I Can Share!』는 아이들이 흔히 겪을 만한 다양한 상황들을 제시하고, 그 상황에서 어떻게 대처하면 좋은지를 구체적으로 알려주고 있습니다. 특히나 이 책이 좋은 이유는 아이에게 내 것을 친구에게 무조건 양보하라고 강요하기보다 친구랑 함께 행복할 수 있는 방법을 찾는다는 점이에요. 아이와 아이 친구가 놀다가 다툼이 발생했을 때 내 아이에게만 양보를 강요했다가 나중에 후회하는 일도 있잖아요. 아이뿐만 아니라 엄마들도 이 책을 통해 어떻게 갈등 상황을 현명하게 대처할 수 있는지 배울 수 있어서 정말 유익한 것 같아요.

〈Karen Katz's Good Manners Collection〉 시리즈는 총 4권이에요. 지금 소개한 『I Can Share!』 외에 『No Hitting!』, 『No Biting!』, 『Excuse Me!』가 있습니다. 유아들에게 생활예절과 좋은 인성을 심어줄 수 있는 내용들이므로 함께 읽어보는 것을 추천합니다.

아이랑 잠잘 준비를 하기 좋은 책
Time to Sleep, Sheep the Sheep!

몸튼튼 마음튼튼 생활습관 그림책 02

글·그림: Mo Willems 출판사: Balzer & Bray

『Time to Sleep, Sheep the Sheep!』은 국내에도 많은 어린이 팬을 가진 모 윌렘스Mo Willems 작가의 그림책입니다. 모 윌렘스는 『내 토끼 어딨어?』, 『비둘기에게 버스 운전은 맡기지 마세요』, 〈코끼리와 꿀꿀이〉 시리즈 등을 그린 세계적인 그림책 작가예요.

밤에 아이들을 재우려면 엄마는 바쁘지요. 저녁을 먹이고, 세수와 양치를 시키고, 잠옷으로 갈아입힌 다음 잠자리 동화를 읽어주고 잠잘 준비를 할 거예요. 책의 주인공 고양이도 베개와 이불을 들고 잠잘 준비를 하네요. 그리고 친구들에게 잘 시간이라고 알려주러 가요.

Time to sleep, Sheep the Sheep!
양아, 잠잘 시간이야!

Time to sleep, Pig the Pig!
돼지야, 잠잘 시간이야!

Time to sleep, Giraffe the Giraffe!
기린아, 잠잘 시간이야!

　이 책에는 Time to sleep.이라는 문장이 반복해서 나오고, 뒤에 동물 친구들의 이름만 바뀌어요. 그런데 고양이가 친구들에게 잘 시간이라고 말하러 갈 때, 친구들이 잠잘 준비를 하는 모습이 각기 달라서 재미있어요. 양은 책을 보고 있고, 돼지는 목욕을 하고 있고, 기린은 양치질을 하고 있고, 꽃게는 물을 마시고 있어요. 말은 화장실에서 소변을 미리 보고 있고, 상어는 잠옷을 입고 애착 인형을 안고 있네요. 그리고 마지막으로 만난 친구는 부엉이! 하지만 부엉이는 야행성이어서 잠잘 시간이 아닌가 봐요.

　아이들과 잠잘 준비를 할 때 이 책을 이용해 보세요. "잘 시간이니까 양치해야지!"라고 잔소리하는 대신, 함께 책을 읽으면서 자연스럽게 "너도 기린처럼 양치했어?"라고 물으며 아이가 스스로 준비할 수 있게 하는 거죠. 이 책을 다 읽을 때쯤 아이는 잠잘 준비가 다 되어 있을 테니 엄마는 잠자리에서 책을 읽어주고 재우기만 하면 된답니다. 동화책을 가끔 이런 꼼수로도 사용해 보세요.

어지르기 대마왕들을 위한
Little Tiger Picks Up

몸튼튼 마음튼튼 생활습관 그림책 03

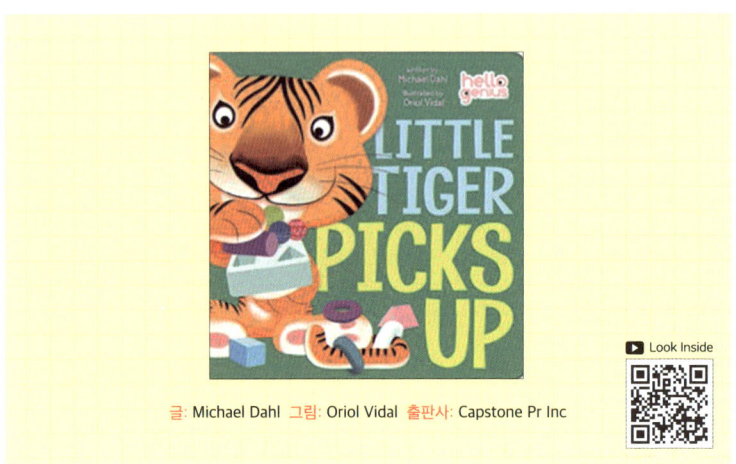

글: Michael Dahl 그림: Oriol Vidal 출판사: Capstone Pr Inc

『Little Tiger Picks Up』은 식습관, 생활습관, 예절의 내용을 담고 있는 〈hello genius〉 시리즈 중에 물건 정리에 관련된 책이에요. 집집마다 치워놓기가 바쁘게 뒤돌아서면 또 어질러 놓는 녀석들이 있지요. 저희 집에도 있어요. 하지만 아이들에게 말로 치우라고 잔소리를 해도 좀처럼 와닿지 않는 느낌이에요. 이럴 때는 백 번의 잔소리보다 그림책을 함께 보면서 이야기를 나누는 것이 효과적입니다.

어머나, 호랑이의 방 좀 보세요. 한마디로 난장판이에요. 하지만 엄마 호랑이가 이제 그만 놀고 치울 시간이라고 말하자, 주인공 아기 호랑이는 떼쓰지 않고 엄마와 함께 정리하기 시작하네요.

What a mess, Little Tiger! 아기 호랑이야, 완전 난장판이네!
Playtime is over. 노는 시간은 끝났어.
It's time to pick up. 치울 시간이야.
Pick up your toys, Little Tiger. 아기 호랑이야, 인형을 치우렴.
Pick up your books, Little Tiger. 아기 호랑이야, 책을 치우렴.

    장난감을 장난감 상자에 넣고, 가지고 놀았던 게임들도 한곳에 정리하고, 꺼내어 읽고 아무데나 던져 놓았던 책들도 책장에 잘 꽂습니다. 그리고 아기 호랑이는 자랑스러운 표정으로 엄마 호랑이에게 다 정리했다고 보고합니다. 엄마 호랑이도 아가 호랑이가 무척 기특하겠죠? 아이랑 그림책을 함께 보면서 아기 호랑이 칭찬을 많이 하면 아이들은 엄마에게 예쁨받고 싶어서 자기도 정리를 하고 싶어 합니다. 그때 아이와 함께 물건을 정리하면서 pick up(치우다, 정리하다)이라는 표현을 자연스럽게 사용해 보세요.

    청소할 때는 분류하는 것이 굉장히 중요하지요. 어떻게 분류하면 좋을지 아이의 생각에 대해 이야기를 나눠본 뒤 상자나 서랍에 비슷한 물건끼리 분류해서 정리해보도록 해요. 재미없는 청소가 아닌 재미있는 활동으로 느낄 수 있답니다. 또 아이와 함께 상자나 서랍에 어떤 물건들을 넣을지 적어 두거나 그려 놓으면 조금 더 쉽게 정리할 수 있습니다. 구글에서 toy organizer label로 검색해보면 관련 자료를 무료로 다운받아 활용할 수 있어요.

배려하는 마음을 배우는
Pip and Posy: The Super Scooter

몸튼튼 마음튼튼 생활습관 그림책 04

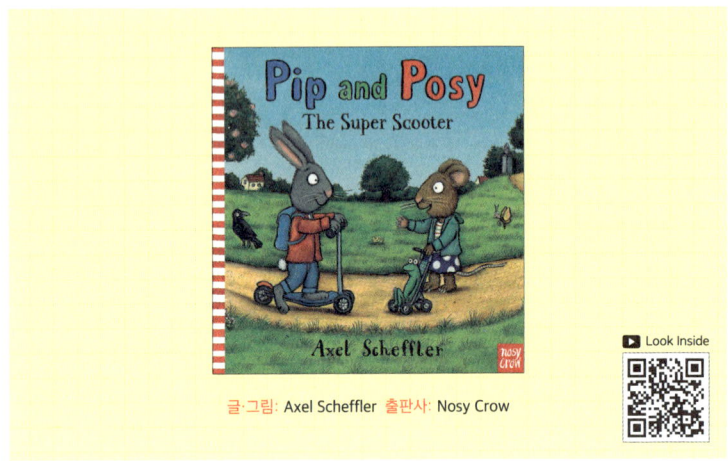

글·그림: Axel Scheffler 출판사: Nosy Crow

이 세상은 나 혼자 살아갈 수 없어요. 아이들도 가정이 아닌 유치원, 학교 등에서 친구들과 함께 생활해야 하기에 친구를 배려하는 법을 배워야 해요. 하지만 어린아이들에게 배려를 말로 가르치는 것은 쉽지 않지요. 이런 부분을 아이들의 눈높이에서 이해시키기에는 그림책만큼 좋은 것이 없는 것 같아요.

악셀 셰플러Axel Scheffler 작가의 〈Pip and Posy〉 시리즈는 책 속 주인공들의 이야기를 통해 인성에 관한 교훈들을 따뜻하게 담고 있는 생활 동화책이에요. 그중에서도 『Pip and Posy: The Super Scooter』 편은 참 공감이 많이 가는 내용을 담고 있습니다.

토끼 핍Pip과 생쥐 포지Posy는 친한 친구 사이예요. 어느 날 핍이 스쿠터를 타고 공원에 와요. 핍은 위로 아래로 멋진 묘기를 부리며 타고 있네요. 그 모습을 보던 포지도 핍의 스쿠터를 너무 타고 싶었어요. 그래서 포지는 핍의 허락을 구하지도 않고 스쿠터를 낚아채서 타고 가 버렸고, 핍은 너무 화가 났지요.

Posy snatched the scooter and scooted away as fast as she could!
포지는 스쿠터를 낚아채서 최대한 빨리 타고 가 버렸어요!

Pip felt very cross.
핍은 매우 화가 났어요.

포지는 핍처럼 멋지게 타고 싶어서 언덕에서 슝 하고 내려오다가 그만 돌부리에 걸려 스쿠터와 함께 고꾸라지고 맙니다. 친구가 다친 모습을 보고 핍이 놀라서 달려오고, 아파서 우는 포지에게 자상하게 밴드까지 붙여주네요. 이에 포지도 핍에게 스쿠터를 뺏어서 미안하다고 말하고, 둘은 다시 화해하고 모래밭에서 멋진 성을 만들며 함께 놉니다.

어린아이들일수록 자기중심적인 성향이 있지요. 그래서 남의 물건을 가지고 싶으면 빼앗기도 해요. 아직 그런 행동이 나쁜지 잘 모르기 때문에 무조건 혼내기보다는 이런 인성 동화책을 통해서 상대방의 기분이 어떨지 생각해보면서 스스로 깨닫도록 하는 것이 좋습니다. 핍도 되고 포지도 되어보면서 말이지요. 이런 상황이 되면 어떻게 행동할 것인지 아이와 대화도 나눠보세요.

마음을 움직이는 마법의 단어
Please, Mr. Panda

몸튼튼 마음튼튼 생활습관 그림책 05

글·그림: Steve Antony   출판사: Scholastic

이번 책의 주인공은 판다예요. 표지에 화가 난 건지, 뭔가 생각하는 건지 알 수 없는 표정을 한 채 도넛을 들고 있는 판다의 모습이 궁금증을 자아내요. 펭귄을 만난 판다는 펭귄에게 도넛을 좋아하냐고 묻지요. 펭귄이 핑크색 도넛을 하나 달라고 하는데, 판다는 마음이 바뀌었다고 하면서 펭귄에게 도넛을 주지 않아요.

Would you like a doughnut? 도넛 먹을래?
No, you can not have a doughnut. 아니, 너한테 도넛 안 줄 거야.
I have changed my mind. 마음이 바뀌었어.

이번에는 스컹크에게 도넛을 좋아하냐고 물어보니 파란색 도넛 하나와 노란색 도넛 하나를 달라고 하네요. 그런데 이번에도 마음이 바뀌었다면서 도넛을 주지 않고 그냥 가 버려요. 그 다음에 만난 건 타조인데, 타조는 도넛이 싫다고 도도하게 말하네요. 고래에게도 도넛을 좋아하냐고 물어봤다가 이번에도 마음이 바뀌었다면서 주지 않아요. 도대체 왜 도넛을 주지 않는 걸까요?

이번에는 여우원숭이가 도넛 하나 먹을 수 없냐고 말하면서 Please.라고 부탁하네요. 그러자 판다는 여우원숭이에게 가지고 있는 도넛을 다 준다고 해요. 여우원숭이는 Thank you very much! 하며 고마워하고, 판다는 마지막에 이 한마디를 던지고 갑니다.

You're welcome. I do not like doughnuts.
천만에. 나는 도넛을 좋아하지 않아.

그런데 판다는 왜 다른 친구들에게는 도넛을 주지 않았을까요? 여우원숭이에게는 뭔가 특별한 점이 있었어요. 바로 Please.와 Thank you!라는 마법의 주문 말이에요. 아이에게 공손하게 말해야 한다고 아무리 말해도 아이는 잔소리로 들을 뿐이지만, 이런 스토리를 통해서 Please.와 Thank you!가 마법의 단어라는 걸 알게 된다면 어떨까요? 엄마에게 혹은 친구에게 이 단어를 사용하면 어떤 일이 일어날지 직접 경험해보고 싶을 거예요.

편식쟁이들을 위한
I Will Never NOT EVER Eat a Tomato

몸튼튼 마음튼튼 생활습관 그림책 06

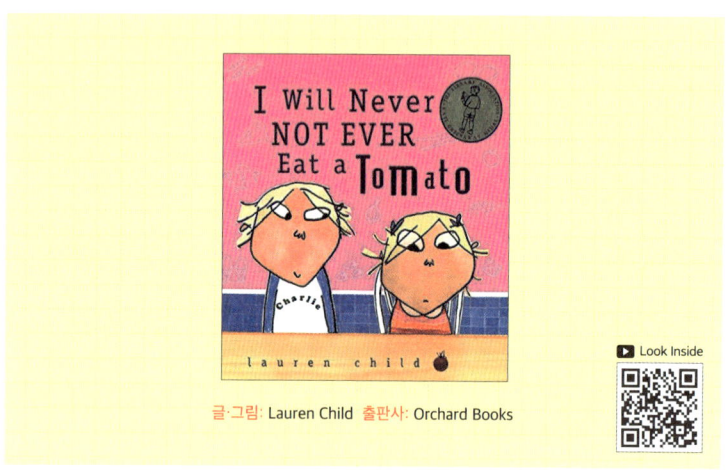

글·그림: Lauren Child 출판사: Orchard Books

    요즘은 먹을 것이 풍족한 세상이다 보니 입이 짧은 아이들이 많아요. 입이 짧더라도 그나마 먹으면 다행인데, 너무너무 안 먹는 아이들도 있지요. 먹기 싫어하는 아이들은 밥을 주면 씹지 않고 그냥 입에 물고 있더군요. 그런 아이들은 억지로 먹어라 먹어라 하면 더 먹기 싫어하니 먹기를 강요할 수도 없어요.

    이런 친구들에게 딱 맞는 책이 바로 로렌 차일드Lauren Child의 『I Will Never NOT EVER Eat a Tomato』입니다. 이 책은 워낙 유명한 〈찰리와 롤라Charlie and Lola〉 시리즈의 대표작이지요. 찰리는 자상하고 잘 놀아주는 멋진 오빠입니다. 찰리의 부모님은 가끔 찰리에게 여동생 롤라의 저녁을 부탁하는데, 찰리는 그 일이 가장 힘들다고 하네요. 왜냐하면 롤라는 편식쟁이거든요.

롤라는 당근을 먹지 않아요. 토끼 같다나요? 콩은 너무 작고 초록색이어서 싫다고 해요. 롤라는 저녁을 기다리며 이것도 싫다 저것도 싫다면서 특히 토마토는 제일 싫다고 하네요. 오빠 찰리는 롤라가 싫어하는 음식을 먹지 않을 거래요. 그런데 식탁 위에 왜 당근이 놓여 있을까요? 찰리는 그건 당근이 아니라 목성에서 자라는 거래요. 그렇다면 먹어보겠다며 한 입 베어 문 롤라! 먹을 만한가 봐요.

찰리는 눈앞에 보이는 완두콩은 콩이 아니라 하늘에서 떨어지는 초록색이고, 으깬 감자는 후지산 꼭대기에 걸쳐 있던 구름 조각이고, 생선튀김은 바닷속 슈퍼마켓에서 사 온 것으로 인어가 먹는 것이라고 해요. 그러자 롤라는 토마토는 자기가 가장 좋아하는 moonsquirter(달치익쏴아)라고 말하며 당황한 찰리를 향해 이렇게 응수하죠.

You didn't think they were tomatoes, did you, Charlie?
설마 오빠는 저걸 토마토라고 생각한 건 아니지?

오빠보다 한 수 위인 롤라! 결국에는 오빠를 봐준 것처럼 되어 버렸네요. 그래도 오빠가 편식쟁이 동생을 위해서 재미있는 방법을 생각해 냈으니 먹기 싫었던 것도 먹게 될 것 같아요.

스마트폰과 TV 시청을 줄여주는
Square Eyes

몸튼튼 마음튼튼 생활습관 그림책 07

글: Craig Smith 그림: Scott Tulloch 출판사: Scholastic

요즘 아이들은 스마트폰, 태블릿PC, 노트북, TV 등 스마트 기기에 둘러싸여 하루하루를 보냅니다. 스마트 기기가 없는 하루를 상상할 수가 없을 정도입니다. 그러다 보니 장시간 노출로 인한 중독도 심각한 상황입니다. 따라서 스마트 기기는 재미있지만 오래 보면 좋지 않다는 것을 알려줘야 아이 스스로 기기를 끌 수 있는 통제력을 기를 수 있습니다. 그런 의미에서 우리집 막내에게 너무나 효과가 좋았던 책을 소개해 드릴게요.

　이 책의 주인공은 네모난 눈square eyes을 가진 판다입니다.(square eyes는 'TV를 너무 많이 보는 사람'을 가리키는 영어 표현이에요.) 판다는 소파에 앉아 넋을 놓고 TV를 보고 있는데, TV를 너무 많이 봐서 네모난 눈을 가지고 있어요. 그런데 소파에 판다만 있는 것이 아니에요. 기니피그, 여우원숭이, 부엉이, 거북이 친구들도 모두 네모난 눈으로 TV를 보고 있어요. 꿀벌은 그런 판다가 걱정이 되나 봐요. TV 말고도 너무나 재미난 일들이 많은데 말이에요. 그래서 꿀벌은 TV 좀 끄라며 판다의 머리를 콕콕 찔러도 보고 눈앞에서 다리도 휘저어 보지만 소용이 없어요.

SQUARE eyes, don't get SQUARE eyes.
네모 눈아, TV 좀 그만 보렴.

Come on, let's exercise, don't get SQUARE eyes.
어서, 운동하자, TV 좀 그만 보렴.

다행히 여우원숭이, 부엉이, 거북이는 스마트 기기에서 벗어나 서로 재미있는 대화도 나누고, 운동도 하고, 책도 읽다 보니 어느새 눈이 동그랗게 예뻐졌어요. 그리고 기니피그도 친구들의 도움으로 스마트 기기에서 멀어지고 다시 예쁜 눈을 가지게 되었네요.

밖에 이렇게 재미있는 일들이 기다리고 있는데 판다는 여전히 TV 앞에 앉아 있어요. 이번에는 친구들이 힘을 모아 판다를 TV 밖으로 끌어냅니다. 친구들과 파도도 타고, 책도 읽고, 게임도 하고, 악기도 배우면서 판다도 눈이 예뻐졌어요.

스마트 기기를 아예 없애지는 못 해도 시간을 정해서 보도록 하고, 시간이 되면 스스로 끄도록 하는 게 중요한 것 같아요. 이 책을 읽은 후에 폴리는 제가 "눈이 네모가 되었네." 혹은 "눈이 짝짝이가 되었네." 하면 후다닥 기기를 끕니다. 사실 모든 눈은 어느 정도 짝짝이인데, 아이들은 그걸 모르다 보니 거울을 보고 걱정을 하더군요. 동심이 살아 있을 때 이 책을 활용해 보세요.

나의 소중함을 깨닫게 되는
The Mixed-Up Chameleon

몸튼튼 마음튼튼 생활습관 그림책 08

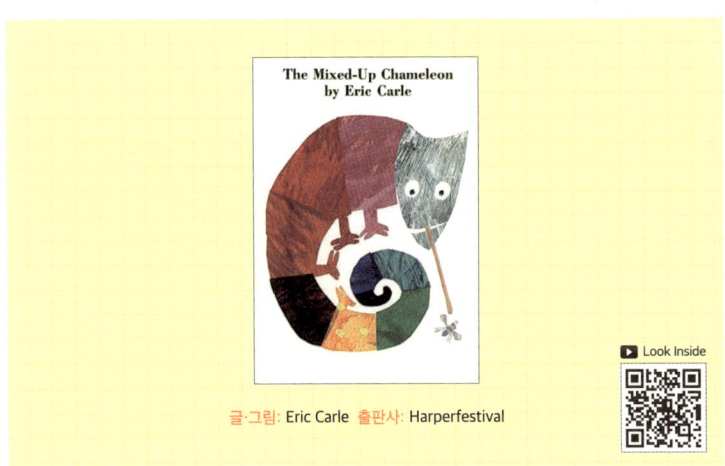

글·그림: Eric Carle 출판사: Harperfestival

아이가 커 갈수록 육아에서 점점 신경 쓰이는 부분이 자존감이더군요. 자존감은 '내가 나를 존중하는 마음'이지요. 나를 소중히 여기면서 나의 가치를 인정하는 마음은 복잡한 세상을 살아가기 위해서 꼭 필요합니다.

어린아이에게 자존감을 말로 설명하기가 쉽지 않지만 어리다고 자존감 교육을 마냥 미뤄둘 필요는 없습니다. 아이들이 자존감의 개념을 모두 이해하지는 못하겠지만, 그래도 '나를 소중히 여기며 사랑해야 한다'는 것은 이해할 수 있으니까요. 『The Mixed-Up Chameleon』은 나 자신의 소중함을 쉽고도 심오하게 설명해주는 그림책입니다.

어느 화창한 날이었어요. 작은 초록색 카멜레온이 빛나는 초록색 잎사귀에 앉아 있었습니다. 그런데 카멜레온은 갈색 나무로 이동하면 갈색으로 변하고, 빨간 꽃에 앉으면 빨간색으로, 다시 모래로 이동하면 모래색으로 변해서 눈에 잘 띄지 않아요. 카멜레온은 따뜻하고 기분이 좋으면 초록색으로 빛이 나고, 춥고 배가 고프면 회색으로 어두워집니다. 그리고 자신의 끈적끈적한 기다란 혀로 파리를 잡아먹어요. 그다지 신나지 않는 삶이지요.

그러던 어느 날 동물원에 가게 된 카멜레온은 그곳에서 멋진 동물들을 만나게 됩니다. 북극곰을 본 카멜레온은 자기도 북극곰처럼 크고 하얗게 변신하길 바라는데 그 소원이 이루어져요. 그래서 카멜레온은 행복해졌을까요? 아니에요! 그러더니 이번에는 홍학처럼 멋진 모습을 원해요.

I wish I could be big and white like a polar bear.
나도 북극곰처럼 크고 하얬으면.

And the chameleon's wish came true.
그러자 카멜레온의 소원이 이루어졌어요.

But was it happy?
하지만 카멜레온이 행복했냐고요?

No!
아니요!

I wish I could be handsome like a flamingo.
나도 홍학처럼 멋졌으면.

카멜레온은 여우처럼 똑똑해지고도 싶고, 물고기처럼 수영도 하고 싶고, 사슴처럼 달리고도 싶었어요. 이렇게 동물원의 모든 동물처럼 되고 싶었던 카멜레온의 소원은 다 이루어졌어요. 그런데 카멜레온은 과연 행복해졌을까요? 아니에요! 카멜레온은 배가 고팠지만 온몸이 뒤죽박죽으로 섞여서 눈앞을 지나가는 파리조차 잡아먹을 수 없게 되었어요. 카멜레온은 결국 원래의 자기 모습으로 돌아가고 싶어 했어요. 우리 아이들도 남들과 똑같아지려고 하기보다는 자신을 사랑하고 아끼는 사람으로 자랐으면 좋겠습니다.

긴 목이 부끄러운 기린 이야기
Giraffe Problems

몸튼튼 마음튼튼 생활습관 그림책 09

글: Jory John 그림: Lane Smith
출판사: Random House Books for Young Readers

   남과 비교하지 않으며 살면 참 좋겠지만 그게 생각만큼 쉽지 않지요. 남이 가진 것은 다 좋아 보이고, 내가 가진 것은 시시해 보일 때도 있고요. 하지만 내가 가진 단점이라고 생각했던 부분이 다른 사람에게는 엄청 부러운 부분인 경우도 있어요. 그러니 나의 단점을 너무 숨기려 하지 말고 긍정적으로 바라보는 것도 중요합니다.

   긴 목이 너무나 부끄러운 기린이 있었어요. 기린은 자신의 목이 너무 길고, 가늘고, 무늬가 빼곡하고, 흔들흔들 힘없어 보여서 부끄러웠어요. 기린은 기다란 목을 감추기 위해 스카프도 감아보고 넥타이도 감아보았지만 소용이 없었어요. 구덩이에 들어가도, 나무 뒤에 숨어도, 물속에 들어가 있어도 기린의 기다란 목은 감출 수가 없네요. 속상한 기린이 한숨을 쉬며 바위에 목을 늘어뜨리는데, 그건 바위가 아니라 거북이였답니다.

그런데 거북이는 기린의 목을 무척 부러워했어요. 거북이는 바나나를 먹고 싶었지만 목이 짧아서 닿을 수가 없었거든요. 그래서 거북이는 지금껏 일주일 내내 바나나 나무 아래에서 바나나가 떨어지길 기다리고 있었다고 해요. 기린은 그런 거북이에게 자신의 긴 목을 이용해서 바나나를 따 줍니다. 그 모습에 뿅 반한 거북이가 자신의 목을 부끄러워했던 기린에게 이렇게 말합니다.

> **Edward, face it—your neck is impressive. It allows you to do amazing things. For instance, you just solved my weeklong banana dilemma in ten seconds.**
> 에드워드, 봐봐! 너의 목은 정말 멋져. 목 덕분에 정말 대단한 일들을 할 수 있잖아. 예를 들어 너는 내가 일주일 내내 기다렸던 바나나 문제를 10초 만에 해결했어.

그 말을 듣고 있던 기린도 거북이에게 이렇게 말합니다. 둘은 서로의 모습을 있는 그대로 인정해 주는 멋진 친구가 되었답니다.

> **I think you have a swell neck, too. It's elegant and dignified, and it works well with your shell.**
> 네 목도 정말 멋진 것 같아. 우아하고 기품있고 네 등껍질에 정말 알맞잖아.

나와 다름을 인정하는
We're All Wonders

몸튼튼 마음튼튼 생활습관 그림책 10

글·그림: R. J. Palacio 출판사: Random House

『We're All Wonders』는 뉴욕타임스 선정 118주 베스트셀러인 소설 『Wonder』의 그림책 버전이에요. 소설 『Wonder』는 국내에는 『아름다운 아이』(책과콩나무)라는 제목으로 번역되어 출간되었고, 〈원더〉라는 영화로도 나와 있습니다. 저는 이 작품을 소설로도 읽고, 영화로도 보고, 그림책으로도 봤어요. 모두 좋았지만 그림책 버전은 그림책만의 묘한 감동이 있었어요. 글만이 아닌 그림으로 전달되는 감동 말이에요.

이 책의 주인공은 눈이 하나인 아이예요. 모습이 다른 사람과 무척 다르지요. 하지만 다른 것들은 남들과 똑같아요. 자전거도 타고,

아이스크림도 먹고, 공놀이도 하고요. 다른 아이들과 다른 모습을 아이의 엄마는 개성 있고 멋지다고 말해요. 하지만 다른 사람들은 아이의 멋진 모습을 보지 못해요. 모두들 남들과 다른 아이의 겉모습만 보고 손가락질하거나 뒤에서 수군대요. 세상 사람들로부터 상처를 받은 아이는 자신의 모습을 헬멧  속에 감추기 시작합니다. 헬멧 안에서 아이는 자유로웠어요.

그러던 어느 날 주인공 아이 앞에 자신을 편견 없이 바라봐주는 진정한 친구가 나타납니다. 아이는 더 이상 헬멧 속에 숨지 않고 자신을 있는 그대로 바라봐주는 친구와 함께 행복해해요.

I know I'm not an ordinary kid.
제가 평범한 아이가 아니라는 걸 알아요.

Sure, I do ordinary things.
하지만 저는 평범한 것들을 하죠.

I know I can't change the way I look.
제 겉모습을 바꿀 수 없다는 걸 알아요.

But maybe, just maybe people can change the way they see.
하지만 어쩌면, 정말 어쩌면 사람들이 보는 시선을 바꿀 수 있을 거예요.

그림책 버전에는 소설의 세세한 내용이 다 나오지는 않아요. 그림책을 보기 전이나 후에 영화로도 보면 좋을 것 같아요. 영화는 남과 다른 모습으로 태어났지만 누구보다도 긍정적인 주인공이 일반 학교에 입학하면서 벌어지는 이야기인데, 주인공 아이의 입장만이 아닌 주변 가족과 친구들의 입장에서 느끼는 이야기도 담겨져 있어서 무척이나 감동적입니다.

Theme 05

아이들의 만년 사랑 똥·방귀 그림책

> Theme 05

아이들의
만년 사랑
똥·방귀 그림책

"우리 아이는 영어책을 싫어해요. 어떻게 하면 영어책을 좋아하게 될까요?" 이런 고민을 하는 분들이 많을 거예요. 영어책을 보여주려고 가져가면 펼치기도 전에 치우라고 하는 아이들도 있어요.

이럴 때 내용이 좋은 책이 해답일까요? 아니에요. 영어책 읽기를 좋아하게 된 후라면 내용이 좋은 책들을 열심히 읽어주는 게 맞아요. 하지만 아직 영어책 읽기를 거부하는 아이라면 일단 꼬셔야죠! 무조건 아이가 깔깔대고 웃으며 좋아할 수 있는 책부터 시작해 보세요.

모든 아이들이 호불호 없이 가장 좋아하는 책은 뭐니 뭐니 해도 똥·방귀 그림책이에요. 남자아이, 여자아이 할 것 없이 똥·방귀 단어만 들어도 깔깔대잖아요. 똥·방귀가 나온다는 이유만으로 영어 그림책도 재미나게 들을 거예요. 이번 Theme에서는 아이들과 재미있게 볼 수 있는 똥·방귀 그림책들을 소개해 드릴게요.

방귀가 뿡뿡뿡
Toot

아이들의 만년 사랑 똥·방귀 그림책 01

글·그림: Leslie Patricelli 출판사: Cartwheel Books

육아서에 따로 나와 있지는 않지만 아이들을 키워보면 성장 과정 중에 유독 똥·방귀를 사랑하는 시기가 있는 것 같아요. 똥·방귀 소리만 들어도 까르르 뒤로 넘어가는 시기 말이에요. 그림책 중에서 똥·방귀를 다루는 책들은 아이들에게 가장 사랑받기도 합니다. 별 내용이 없어도 똥·방귀만 나오면 초집중을 하지요. 여기에 코딱지까지 합류하면 가히 어떤 아이도 사로잡을 수 있는 무적의 어벤져스가 된답니다.

똥·방귀 그림책 중에 저희 딸 폴리가 한참을 반복해서 보았던 책이 바로 지금 소개하는 『Toot』이에요. 아이가 어릴 때 의성어·의태어가 들어 있는 책들을 많이 읽어주라고 조언을 할 때 꼭 함께 추천하는 책입니다. 제목의 toot는 '빵', '뽕' 하는 소리를 나타내는 의성어 표현이에요.

아기가 블록 쌓기를 하다가 '뽕~' 소리가 났어요. 바로 자신의 엉덩이에서 말이에요. 아기는 이것이 실례가 되는 방귀라고 생각하지 않고 재미난 악기 소리라고 생각해요. 그래서 뛰어다니며 뽕뽕뽕! 자전거 타면서 뽕뽕뽕! 옷 안에서도 뽀옹~! 음악 수업에서도 악기가 아닌 뽕뽕뽕 방귀를 뀌죠. 그러다 아기는 고양이도 금붕어도 뽕 소리를 낼 수 있는지 궁금해졌어요. 강아지가 뽕 방귀를 뀌는 건 이미 알고 있었어요. 지독한 냄새에 코를 막았던 기억이 있거든요.

I tooted! 나는 뽕 했어요!
I toot in my music class. 나는 음악 수업 시간에 뽕 해요.
All toots are funny! 모든 뽕은 재미있어요!

아빠 방귀 소리는 크고 엄마 방귀 소리는 작아요. 아기는 응가를 하고 싶을 때 방귀를 뀌어요. 배가 아플 때도요. 물속에서 방귀를 뀌면 거품 소리가 나고요. 어떤 때는 길게, 어떤 때는 짧게 소리가 나기도 해요. 방귀 소리는 언제나 재미있어요. 방귀 소리 말고도 아기는 다양한 소리를 낼 수 있다고 해요. 트림 소리, 우는 소리, 딸꾹질하는 소리, 새근새근 자는 소리, 재채기, 깔깔대는 웃음소리 등 우리가 낼 수 있는 소리가 참 많네요.

단어 몇 개, 문장 몇 개 나오지 않는 책이지만 아이가 반복해서 보고 싶어 하는 책이 될 거예요. 그리고 다양한 의성어·의태어를 접할 수 있는 것도 이 책의 큰 장점입니다. 이 책의 저자인 레슬리 패트리셀리Leslie Patricelli는 유아를 위한 그림책으로 유명해요. 유명한 작품들이 여러 가지 있지만 그중에서도 『Toot』처럼 기저귀 찬 아기가 주인공으로 나오는 시리즈는 이제 막 영어를 접하는 유아에게 강력히 추천하는 시리즈입니다.

똥 구경 실컷 해요
Everyone Poops

아이들의 만년 사랑 똥·방귀 그림책 02

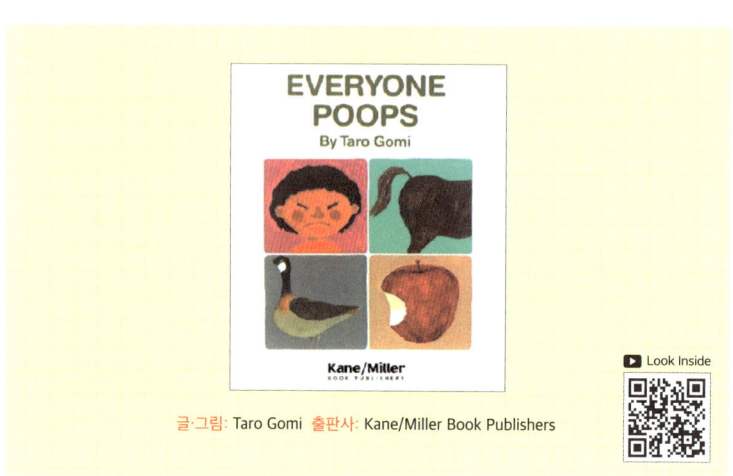

글·그림: Taro Gomi   출판사: Kane/Miller Book Publishers

이 책은 일본 유아 그림책 대가인 고미 타로 작가의 작품 『누구나 눈다』의 영문 버전입니다. 이 책에서는 다양한 똥을 만나볼 수 있어요. 책의 제목에는 물론 스토리의 처음부터 끝까지 계속 등장하는 단어인 poop은 명사로는 '똥', 동사로는 '똥을 싸다'라는 뜻입니다.

   동물마다 다른 종류의 똥을 싼답니다. 모양도, 색깔도, 심지어는 냄새도 달라요. 코끼리는 커다란 똥, 생쥐는 작은 똥, 혹이 하나인 낙타는 혹이 하나인 똥을 눕니다. 물고기도 똥을 싸고, 새들도 똥을 싸고, 벌레도 똥을 싸요. 뱀은 어디로 똥을 쌀까요? 또 고래의 똥은 어떻게 생겼을까요?

어떤 동물들은 멈춰서 싸지만, 어떤 동물들은 이동하면서 싸기도 해요. 또 어떤 동물들은 여기저기에 싸지만, 어떤 동물들은 특별한 장소에 싸기도 해요. 어떤 동물들은 똥을 싸 놓고 신경도 안 쓰는가 하면, 어떤 동물들은 똥을 스스로 치우기도 해요. 물가에 똥을 싸는 동물도 있고, 물속에 똥을 싸는 동물도 있어요. 똥을 싸는 모든 동물들은 먹어요. 먹기 때문에 똥을 싸는 거랍니다.

An elephant makes a big poop.
코끼리는 큰 똥을 눕니다.

A mouse makes a tiny poop.
생쥐는 작은 똥을 눕니다.

He wipes himself with paper, then flushes it down.
종이로 엉덩이를 닦은 다음 물을 내려요.

All living things eat, so...
살아 있는 것들은 모두 먹어요. 그래서…

Everyone Poops!
누구나 눕니다!

그림책처럼 보이지만 자연관찰의 내용도 담고 있어요. 이 책을 읽은 후로 저희 아이들은 동물원에 가면 동물들의 똥 생김새부터 관찰을 하더군요. 그리고 똥을 누고는 자기 똥을 보면서 'ㅇㅇㅇ 똥 같다'라는 표현을 하기도 했습니다. 아이들이 어렸을 때는 똥을 싸고 나면 엄마들이 뒤처리를 해주면서 똥 모양과 색을 확인하잖아요. 아기가 똥만 예쁘게 싸도 그렇게 행복할 수가 없었던 기억이 새롭네요.

온갖 지저분한 것들의 총집합
That's Disgusting!

아이들의 만년 사랑 똥·방귀 그림책 03

글·그림: Francesco Pittau, Bernadette Gervais
출판사: Black Dog & Leventhal Publishers

이 책은 온갖 지저분한 것들을 모아서 보여주는 책이에요. 이 책에서 소개하고 있는 지저분한 상황들과 비교하면 똥·방귀는 정말 귀여운 수준이지요. 책 제목인 『That's Disgusting!』은 "역겨워!"라는 뜻이에요. 다양한 종류의 역겨운 상황들을 보여준 후 That's Disgusting!(역겨워!)이라는 표현이 반복적으로 등장합니다. 이 책은 비위가 약하신 분들은 패스해 주세요. 책 내용 중에는 저도 소리를 지르게 되는 부분이 있거든요.

구린내 나는 양말 냄새 맡기, 비누 먹기, 진흙에서 뒹굴기, 목욕물 먹기, 초콜릿 위에 앉기, 손으로 먹기, 민달팽이가 팔 위에 기어다니도록 하기! 어떠세요? 여기까지는 그냥저냥 견딜 만한가요? 자, 그럼 이런 건 어떤가요? 개똥 밟기, 코딱지 먹기, 절대 이 닦지 않기, 손으로 코 풀기, 절대 목욕하지 않기, 파리로 뒤덮인 몸, 커튼에 코 풀기, 물감으로 이 닦기, 변기물에 발 씻기, 머리에 떨어진 새똥, 변기솔로 머리 빗기, 목욕하면서 목욕물에 똥 싸기, 고양이 똥을 조물락거리기! 이번에도 견딜 만했나요? 마지막에 등장하는 가장 역겨운 건 뭘까요? 그건 책을 통해 확인하세요! 책에는 각종 지저분한 상황을 보여준 뒤에 꼭 등장하는 말이 있어요.

That's DISGUSTING! 역겨워!

반복해서 나오다 보니 몇 페이지 읽어주면 아이들이 That's Disgusting! 부분을 알아서 실감나게 외치곤 하지요. 그리고 실생활에서도 비슷한 상황이 발생하면 아주 자연스럽게 That's disgusting! 이라고 말하는 모습을 볼 수 있습니다. 이런 재미있는 표현들은 엄마가 시키지 않아도 아웃풋이 저절로 되더군요.

그런데 아이들 사이에서도 어리면 어릴수록 더럽고 지저분한 것에 대한 저항이 낮은 것 같아요. 책을 읽어주면 유아들은 마구 재미있다고 깔깔대는데, 조금 큰 아이들은 "우웩!" 하면서 도망가기도 합니다. 물론 도망갔다가 다시 와서 계속해서 보기는 하지만요.

이 구역 방귀대장은 나야, 나!
POOH! Is That You, Bertie?

아이들의 만년 사랑 똥·방귀 그림책 04

글·그림: David Roberts 출판사: Little Tiger Press

    똥, 방귀, 코딱지는 늘 아이들의 시선을 단번에 사로잡는 아이템이지요. 그중에서도 '방귀'는 단연 웃음이 넘쳐나는 즐거운 소재입니다. 소리도 그렇고 냄새도 그렇고 워낙 존재감이 크니까요.

    이 책의 주인공 버티Bertie는 여기저기 때와 장소를 불문하고 방귀를 뀌어 대요. 치과 진료 의자 위에 올라가서도, 갤러리에 가서도 커다랗게 방귀를 뀌고는 낄낄대며 좋아합니다. 아무렇지도 않은 버티와는 달리 아빠와 엄마는 민망해서 얼굴이 화끈거려요. 또 식당에서 버티가 썩은 계란보다 더 지독한 냄새의 방귀를 뀌자 할머니는 급하게 버티를 밖으로 데리고 나가죠. 그뿐인가요? 누나와 놀이

텐트에서 놀다가도 뿡 하고 방귀를 뀝니다. 그런데 버티는 억울하대요. 사실 누구나 방귀를 뀌잖아요.

POOH! Is that you, Bertie? I've never been so embarrassed.
어우! 버티야, 네가 뀌었니? 정말 민망하구나.

POOH! Is that you, Bertie? You stink, smelly pants.
어우! 버티야, 네가 뀌었니? 요 냄새 고약한 녀석.

It's not fair!
난 억울해요!

Everybody does it!
다들 방귀를 뀌잖아요!

고양이도 뀌고, 엄마도 설거지하면서 기침하는 척하며 방귀를 뀌고, 아빠도 집에서는 일부러 버티를 향해 방귀를 뀌잖아요. 할머니는 자기가 방귀를 뀌고 괜히 고양이가 뀌었다고 거짓말을 하고요. 누나는 아무도 없는 줄 알고 방귀를 아주 나팔 불듯이 뀌어요. 이렇게 모든 사람이 뀌는 방귀인데, 왜 자기한테만 뭐라고 하냐고 불평합니다.

POOH! Is that you, Bertie?
어우! 버티야, 네가 뀌었니?

이 표현이 책에서 반복해서 등장하는데, 가족들끼리 자주 사용하는 표현이지 않나요? 이 영어 문장을 기억했다가 누가 방귀를 뀌면 짜잔 하고 활용해 보세요. 저희 아이들도 어렸을 적에는 방귀를 아무렇지도 않게 뀌었는데, 지금은 아이들의 방귀 소리는 실수가 아닌 이상 듣기 힘든 소리가 되었어요. 이 책을 읽다 보면 어쩐지 그 소리가 그리워지기도 한답니다. 책에서는 가장 신나는 방귀를 소개하고 있어요. 그게 과연 무엇인지는 책을 통해 확인해 보세요.

코딱지는 정말 맛있어!
Dirty Bertie

아이들의 만년 사랑 똥·방귀 그림책 05

글·그림: David Roberts 출판사: Magi Pubns

아기 때는 더러운지 모르고 하는 행동들이 참 많아요. 예를 들어 아무렇지 않게 자기 코딱지를 파서 먹곤 하잖아요. 아이들은 자라면서 "더러운 거야! 먹지 마!", "그건 더러운 행동이야!"라고 알려주는 부모의 말에 위생 관념을 조금씩 배워갑니다.

이 책의 주인공 버티Bertie도 여러 가지 더러운 습관들이 있었어요. 개밥을 먹기도 하고, 땅에 떨어진 사탕을 보면 주워 먹기도 하지요. 땅 위로 올라온 지렁이를 잡아서 가지고 놀고, 강아지가 자기를 핥으면 자기도 강아지를 혀로 핥아줍니다. 또 고양이가 꽃밭에 오줌을 누면 버티도 오줌을 눠요. 그때마다 가족들은 이렇게 알려줘요.

No, Bertie! That's Dirty, Bertie!
안 돼, 버티! 버티야, 그건 더러운 거란다!

그래서 버티도 알게 되었어요. 꽃밭에 오줌을 누면 안 된다는 것, 지렁이를 가지고 놀면 안 된다는 것, 그리고 땅에 떨어져 있는 것을 먹으면 안 된다는 것을요. 하지만 여전히 버릴 수 없는 습관이 있었는데, 그것은 바로 코딱지 파기였어요. 가끔씩은 코딱지를 먹기도 하지요. 하지만 절대로 미워할 수 없는 아이가 버티랍니다. 〈Dirty Bertie〉 시리즈는 챕터북으로도 나와 있으니 큰 아이가 있다면 함께 읽어봐도 좋습니다.

이 책은 함께 읽으면 아이들이 정말 재미있어할 뿐만 아니라 자신의 행동을 스스로 돌아볼 수 있어서 유익해요. 조금 큰 아이라면 아마 내가 언제 그랬냐는 듯한 반응을 보일 거예요. 하지만 엄마 아빠는 너의 과거를 알고 있단다!

흙이 제일 맛있어!
Dirty Gert

아이들의 만년 사랑 똥·방귀 그림책 06

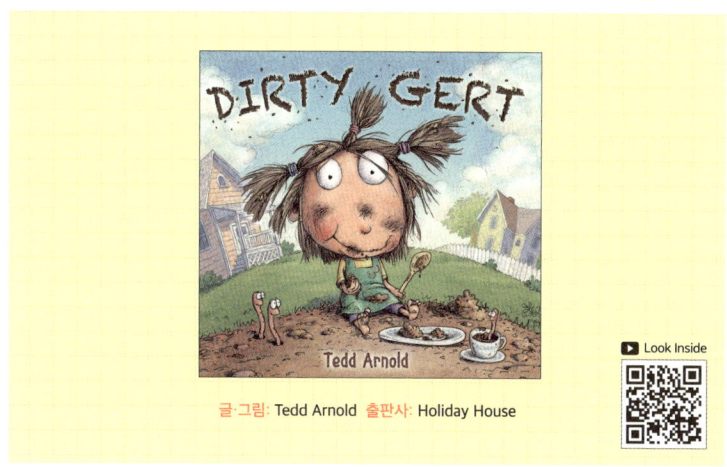

글·그림: Tedd Arnold 출판사: Holiday House

저는 어렸을 때 모래밭이나 흙에서 친구들과 소꿉놀이를 하면서 놀았던 기억이 있어요. 그때 보면 가끔 진짜로 흙을 먹던 아이들이 있었어요. 저희 애들을 키울 때는 놀이터에 모래가 있는 곳이 많았는데, 요즘은 놀이터 모래가 오염이 심하고 관리가 안 된다고 해서 거의 없어지는 추세인 것 같아요. 흙을 만지면서 느끼는 묘한 쾌감이 있는데, 요즘 아이들은 그런 기회를 많이 갖지 못해서 안타까워요.

이번 책은 아이들이 정말 좋아하는 〈Fly Guy〉 시리즈를 쓴 테드 아놀드Tedd Arnold 작가의 책이에요. 이 책의 주인공 거트Gert는 흙을 너무 사랑하는 아이예요. 오죽했으면 지렁이들이 거트를 아이돌처럼 우러러보겠어요. 거트가 흙을 사랑하게 된 건 아기 때부터였어요. 땅에서 놀던 거트는 땅을 파기도 하고, 뒹굴기도 하고, 심지어 땅을 핥아먹기도 했어요. 그런 행동들은 거트가 힘이 넘치게 해주었어요. 그런 거트를 엄마 아빠는 화내지 않고 그냥 지켜봐줬어요.

Little Gert loved eating dirt.
꼬마 거트는 흙 먹는 걸 좋아했어요.

Mom and Dad did no get mad. They simply supervised her.
엄마와 아빠는 화내지 않았어요. 부모님은 그저 그 애를 지켜봤어요.

They always knew just what to do.
그들은 언제나 어떻게 해야 하는지 알고 있었어요.

그러던 어느 날 여느 때와 다름없이 흙에서 놀고 있는데 비가 내리기 시작했어요. 뭔가 이상한 느낌이 들어 살펴보니 거트의 발에서는 뿌리가 자라고 머리에서는 나뭇잎들이 자라는 게 아니겠어요! 그렇게 거트는 식물이 되어 갔어요. 식물이 된 거트를 돕기 위해 변장도 시켜주고 몸에 좋은 냄새가 나도록 향수도 뿌려줬지만 소용이 없었어요.

거트의 변한 모습 때문에 여기저기에서 거트를 취재하러 오고, 과학자들이 거트를 연구실에 데려가 실험을 하고, 거트를 다룬 영화도 찍기 시작하면서 거트는 너무 힘들었어요. 그러자 현명한 거트의 부모님은 거트가 다시 평범한 일상으로 돌아올 수 있도록 해줬어요. 바로 식탁에 제대로 된 음식을 차려 놓고 거트가 음식을 먹는 동안 나무처럼 무성해진 거트의 머리카락을 다듬어주는 것이었어요. 그러자 거트는 다시 평범한 거트로 조금씩 변하게 되었습니다.

가끔 아이들이 특이한 행동을 하기도 해요. 그럴 때 부모들은 보통 주변을 의식하면서 아이에게 남들과 똑같이 크도록 강요하지요. 아이를 있는 그대로 지켜봐주면서 아이 스스로 성장해 나갈 수 있도록 도와주는 게 부모의 역할인 것 같아요. 거트의 부모님처럼요.

05

아이들의 만년 사랑 똥·방귀 그림책 07

코 파는 건 멈출 수 없어!
Don't Do That!

글·그림: Tony Ross 출판사: Andersen Press

나쁜 습관을 아무리 고쳐주려고 해도 아이가 스스로 마음먹지 않으면 소용이 없어요. 억지로 고치려고 하면 오히려 더 악화되기도 하지요. 어린아이들은 코를 자주 파는데, 파지 말라고 하면 더 파는 것 같아요. 하지 말라고 하면 더 하고 싶은 게 사람 마음이잖아요. 그래서 저는 아이들이 한창 코를 팔 때 잔소리 대신 『콧구멍을 후비면』(사이토 타카코, 애플비)과 함께 이 책을 읽어주곤 했어요.

『Don't Do That!』은 〈Little Princess〉와 〈Horrid Henry〉 시리즈의 그림 작가인 토니 로스Tony Ross의 그림책입니다. 주인공 넬리Nellie는 예쁜 코 대회에서 1등을 차지할 만큼 예쁜 코를 가지고 있어요.

예쁜 코 덕분에 넬리는 학교 크리스마스 기념 연극에서 친구들과 함께 천사 역을 맡게 되었습니다. 드디어 공연 날 무대 위에서 넬리와 친구들은 나란히 서서 코를 팠어요.

Children, don't do that!
애들아, 그러면 안 돼!

선생님의 말에 손가락을 빼내려 했지만, 넬리의 손가락이 그만 코에 끼어 빠지지 않았어요. 담임 선생님이 도와줘도, 교장 선생님이 함께 빼내려 해도 손가락은 도저히 빠지지 않았습니다. 그래서 넬리는 콧구멍에 손가락이 낀 채로 집으로 돌아오는데 길에서 만난 헨리가 자기가 뺄 수 있다고 합니다. 하지만 넬리는 헨리의 말을 무시하고 엄마에게 도움을 요청해요. 엄마도 해결할 수가 없어서 의사를 부르지만 소용없고, 경찰 아저씨도, 마술사도, 농부 아저씨의 트랙터도, 소방대의 사다리차도 심지어 과학자의 로켓도 실패했어요.

하지만 꼬마 헨리는 계속 자기가 뺄 수 있다고 하고, 어른들은 밑져야 본전이라는 마음으로 기회를 주지요. 그런데 헨리는 단번에 성공해 냅니다. 헨리는 과연 어떤 방법으로 콧구멍에서 손가락을 빼낼 수 있었을까요? 바로 간지럼 공격이었어요!

Henry tickled Nellie… and it worked!
헨리는 넬리에게 간지럼을 태웠어요… 그러자 손가락이 빠졌어요!

똥 싼 범인을 찾아라!
The Story of the Little Mole Who Knew It Was None of His Business

아이들의 만년 사랑 똥·방귀 그림책 08

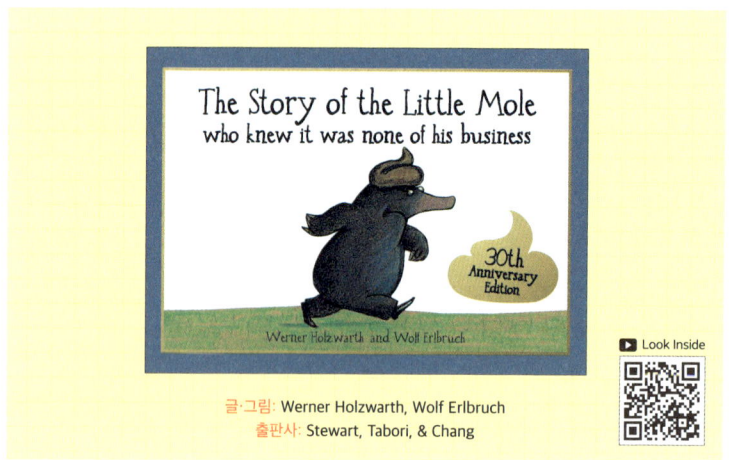

글·그림: Werner Holzwarth, Wolf Erlbruch
출판사: Stewart, Tabori, & Chang

똥 하면 바로 떠오르는 책이 있나요? 저는 『누가 내 머리에 똥 쌌어?』가 가장 먼저 떠오른답니다. 이 책은 한글 동화책으로 먼저 만났었는데, 표지만 봤을 때는 두더지 머리 위에 있는 것이 똥인지 몰랐어요. 그냥 머리카락인 줄 알았는데 제목을 보고 알게 되었죠.

어느 날 두더지가 해가 떴는지 보려고 땅 위로 머리를 내밀었어요. 바로 그때 똥이 슈웅 하고 두더지 머리 위에 떨어졌어요.

Who has done this on my head?
누가 내 머리에 똥 쌌어?

그때부터 두더지는 자신의 머리에 똥을 싼 범인을 찾기 시작합니다. 날아가는 새가 똥을 싼 걸까요? 하지만 새똥은 하얗고 묽어요. 그럼 말이 싼 걸까요? 그런데 말의 똥은 동글동글 공같이 생겼어요. 이번에는 토끼를 만나 물었어요. 하지만 토끼똥은 작고 동글동글한 콩같이 생겼어요. 그럼 혹시 염소의 똥일까요? 염소의 똥은 울퉁불퉁 딱딱했어요. 두더지는 소도 만나보고 돼지도 만나보았지만 범인을 찾을 수가 없었어요.

머리에 똥을 얹은 두더지가 속상해서 앉아 있는데 파리들이 똥 주변을 뱅뱅 돌아요. 그런데 똥을 살펴보던 파리들이 범인을 찾아냈어요! 범인은 바로 푸줏간 주인의 강아지였어요. 두더지는 복수를 하기 위해 자고 있는 강아지의 머리 위에 똥을 싸고 기분 좋게 자신의 집으로 돌아갔어요. 그런데 제대로 복수를 하긴 한 걸까요? 강아지에 비해서 똥이 너무 작다 보니 표시도 잘 나지 않지만, 그래도 두더지 기분이 좋아졌다면 그걸로 복수는 성공이겠죠?

재미있는 이야기와 함께 동물들마다 제각각인 똥의 모양과 색깔을 알아볼 수 있는 책입니다. 글밥이 얼핏 많아 보이지만 반복되는 문장이 있어서 어렵지 않아요.

똥 까꿍 대작전
Peekaboo Poo!

아이들의 만년 사랑 똥·방귀 그림책 09

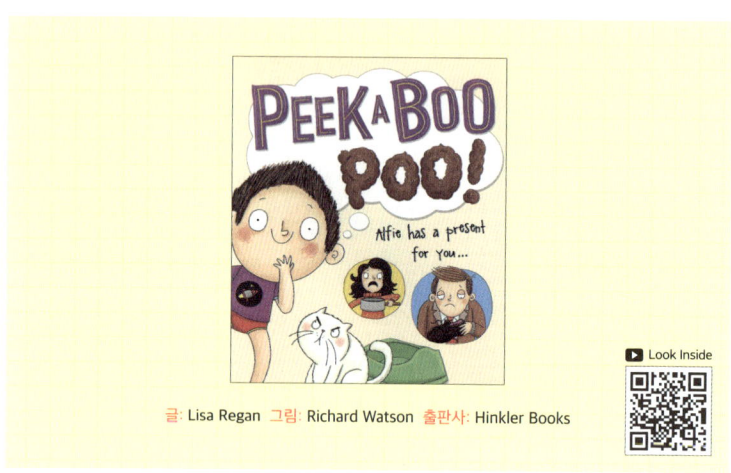

글: Lisa Regan 그림: Richard Watson 출판사: Hinkler Books

이번 책은 아이들의 배변 훈련에 대한 책입니다. 아기 때는 똥을 싸는 게 참 중요한 일이지요. 저는 첫째 아이가 변비가 심해서 똥을 싸게 하려고 별짓을 다 해봤어요. 그런데 막내는 진짜 똥을 너무 예쁘게 싸는 거예요. 그래서 막내가 일 보고 나면 항상 칭찬을 하게 되더군요. 아이가 똥만 잘 싸도 엄마들은 정말 일이 없어요.

이 책의 주인공 개구쟁이 알피Alfie는 두 살이에요. 아직 기저귀를 떼지 못한 알피는 욕조에서 물놀이를 하다가 그만 욕조에 똥을 쌌어요. 엄마는 알피에게 아기 변기에서 볼일을 보도록 알려줍니다. 하지만 알피는 아기 변기가 불편하고 엉덩이가 안으로 빠질까 봐 무서웠어요. 그래서 갑자기 배에서 신호가 왔을 때 아기 변기가 아니라 편안하게 용변을 볼 수 있는 다른 곳을 찾기 시작했어요. 그래서 알피가 찾은 것은? 바로 냄비였어요!

주방에 들어선 엄마는 고약한 냄새를 맡고 싱크대 밑 냄비에서 알피의 똥을 발견해요. 엄마의 당황한 모습이 재미있었는지 알피는 '똥 까꿍 대작전the peek-a-poo campaign'을 시작해요. 아빠는 출근길 신발에서, 강아지 버스터는 자신의 개집에서, 형은 하교 후 소파에서, 할머니는 세탁 바구니 안에서, 할아버지는 화분 안에서 알피의 응가를 발견합니다. 외출 준비중인 누나 케이티는 샤워캡을 쓰려는데 알피의 똥이 샤워캡 안에 있는 걸 발견해요. 보다 못한 엄마가 출동해요. 엄마는 알피에게 똥은 아기 변기에 싸야 하는 거라고 다정하게 설득하고, 알피는 자랑스러운 표정으로 엄마에게 아기 변기에 싼 똥을 보여줍니다. 알피가 드디어 아기 변기 사용에 성공했네요!

peek-a-boo는 아기 앞에서 손으로 얼굴을 가렸다가 '까꿍' 하며 얼굴을 보여주는 '까꿍놀이'를 가리키는 표현이에요. 이 책에서는 '똥'이라는 뜻의 poo를 붙여 peek-a-poo라고 말장난을 하고 있어요. 똥이 숨어 있다가 '까꿍' 하고 나타난다는 뜻으로 말이지요.

프랑스의 뽀로로 '까까똥꼬 시몽'
A Deal's a Deal

아이들의 만년 사랑 똥·방귀 그림책 10

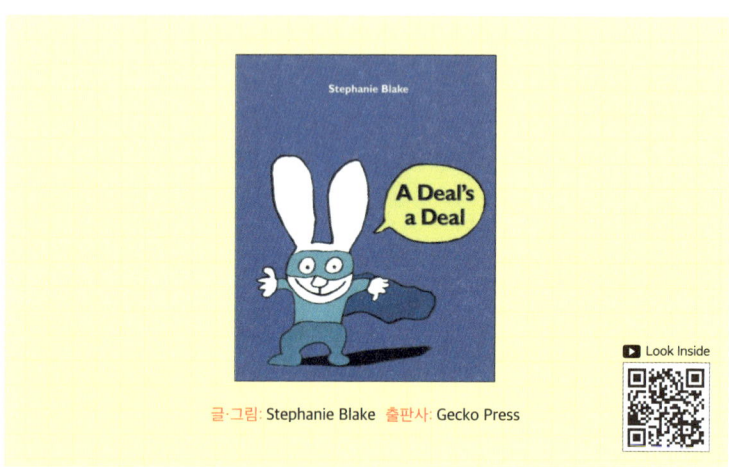

글·그림: Stephanie Blake 출판사: Gecko Press

프랑스의 뽀로로로 불리는 〈까까똥꼬 시몽Simon〉 시리즈를 아시나요? 프랑스 내에서 아이가 있는 집이라면 누구나 한 권씩은 가지고 있는 베스트셀러 시리즈라고 합니다. 저희 딸 폴리는 한글책으로 시몽을 먼저 접하고는 너무 재미있어해서 제가 원서로도 보여주고 영어 동영상으로도 보여주었지요. 아이들이 공감할 수 있는 상황들이 잘 담겨 있어서 무척 재미있어하더군요.(주인공의 이름인 Simon은 영어로는 '사이먼', 프랑스어로는 '시몽'으로 발음됩니다.)

시몽Simon은 노랑, 파랑, 초록 장난감 자동차를 가지고 페르디난드Ferdinand에게 놀러 갔어요. 페르디난드는 자신의 빨간 차는 멋진 거라며, 만약 가지고 싶으면 시몽의 초록 차와 바꾸자고 하지요. 하지만 시몽이 자기는 빨간 금속차를 가지고 싶다며 플라스틱차는 싫다고 하자 페르디난드는 기분이 상했어요.

"I have a red car," says Ferdinand.
"난 빨간 차 있어." 하고 페르디난드가 말했어요.
"We could swap."
"바꿔도 돼."
"No, your car's plastic," says Simon.
"아니, 네 차는 플라스틱이잖아." 하고 시몽이 말했어요.
"I want a red metal car. They're stronger than plastic ones."
난 빨간 금속 차를 가지고 싶어. 금속 차가 플라스틱 차보다 튼튼해.

페르디난드가 시몽에게 자신의 빨간 차는 초록색 차보다 훨씬 더 비싸고 좋은 차라며 바꾸기 싫어졌다고 하니 갑자기 분위기가 역전돼요. 원래 그렇잖아요. 안 판다고 하면 더 사고 싶고, 안 준다고 하면 더 갖고 싶은 게 사람 마음이지요. 결국 시몽은 가지고 있던 노랑, 파랑, 초록색 장난감 자동차 세 대를 페르디난드의 빨간 차와 바꾸고, 거래는 거래니까 다시 가져가면 훔치는 거라고 말합니다.

시몽은 룰루랄라 신나서 집에 돌아왔는데, 동생이 빨간 차를 보고는 하나도 멋지지 않다고 말해요. 게다가 빨간 차를 가지고 놀려고 하는데 자동차가 그만 망가져 버렸어요. 거래는 거래라고 했으니까 다시 되돌릴 수도 없고 고민하던 시몽에게 마침 좋은 생각이 떠올랐어요. 페르디난드처럼 슬슬 약 올리기 작전! 시몽은 차 안에 뭐가 있었다면서 절대 안 바꿀 거라고 했어요. 그러자 궁금해진 페르디난드는 결국 차를 바꾸게 됩니다. 그러고는 빨간 차 안에 무엇이 있는지 확인을 하는데 그건 바로 '코딱지'였어요. 막내에게 이 책을 읽어주면서 차에 뭐가 있을까 상상을 하며 책장을 넘겼는데 코딱지가 나왔을 때 어찌나 웃겼는지 몰라요.

글밥이 많아 보이지만 활자도 크고 대화체로 이루어진 책이어서 그리 부담스럽지는 않아요. 참고로 책 제목인 A deal is a deal.은 '거래는 거래다', '약속은 약속이다'라는 뜻으로 '거래(약속)를 한 이상 지켜야 한다', '무르기 없기'의 의미로 쓰이는 회화 표현입니다.

Theme 06

짧은데 재미있는 한 단어 & 알파벳 그림책

> Theme 06

짧은데 재미있는
한 단어 & 알파벳
그림책

아이에게 첫 영어책으로 어떤 책을 읽어주면 좋을지 묻는 분들이 많아요. 저는 주로 단어로만 이루어져 있고 그림과 단어가 정확하게 연결되는 책들을 추천해요. 그런데 그런 책들은 사기가 아깝고 아이들이 재미있어할 것 같지 않다는 엄마들이 많더군요. 하지만 단어만으로도 볼거리와 재미가 가득한 그림책들이 참 많습니다. 이런 책들은 단어를 몰라도 스토리가 이해되어 아이가 영어 그림책을 편하게 받아들일 수 있습니다. 또한 이렇게 이해한 단어는 아이가 실제로 사용할 수 있게 됩니다. 이번 Theme에서는 이러한 단어 그림책과 함께 알파벳을 소재로 하는 그림책도 소개해 드릴게요.

사실 알파벳 학습은 듣기가 충분히 이루어진 상태에서 진행했으면 해서 알파벳 그림책을 넣을까 말까 고민을 했습니다. 문자에 눈이 가는 책들은 좀 천천히 시도했으면 해서요. 하지만 알파벳 자체가 이야기가 되고 상상력을 자극하는 좋은 알파벳책들이 너무 많은데, 제가 여기서 소개를 안 했다가 아이들이 알파벳을 학습지로 시작하게 되면 너무 안타까울 것 같아서 함께 소개해 드립니다.

오렌지곰, 사과곰 본 적 있니?
Orange Pear Apple Bear

짧은데 재미있는 한 단어&알파벳 그림책 01

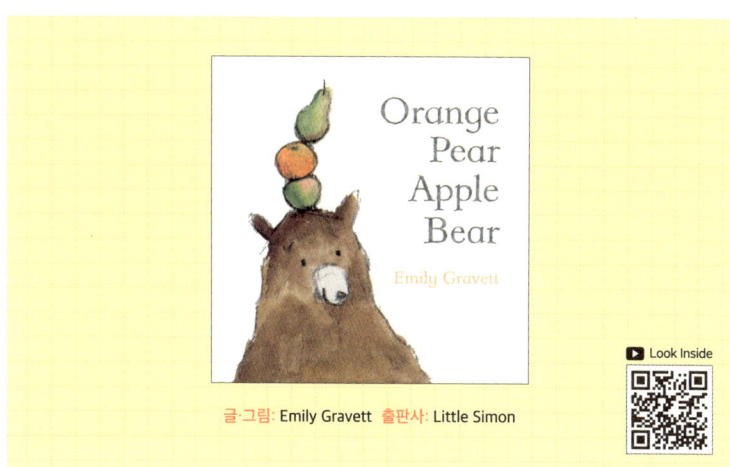

글·그림: Emily Gravett 출판사: Little Simon

그림책을 펼쳤을 때 문장이 아니라 단어 위주로 된 책들은 활용을 잘 못하는 경우가 있어요. 어른이 보기에는 내용이 없어 보이니 영어 공부에 별 도움이 안 될 것 같아 가볍게 넘기는 거지요. 하지만 그림책은 그림으로 스토리가 진행되기 때문에 단어만으로도 스토리가 재미있어요. 또 아이들 입장에서는 이렇게 부담스럽지도 않고 이해도 직관적으로 잘되는 책들을 통해 영어 그림책을 읽는 재미를 경험하게 됩니다.

『Orange Pear Apple Bear』는 제목에 등장하는 orange, pear, apple, bear라는 4개 단어로 책이 진행됩니다. 상상이 되나요?

첫 장을 펼치면 한쪽에는 오렌지 orange, 다른 한쪽에는 배 pear가 그려져 있어요. 다음 장으로 넘기면 한쪽에는 사과 apple, 다른 한쪽에는 곰 bear이 그려져 있지요. 그리고 다음 장에는 사과 위에 배 Apple, pear와 오렌지색 곰 Orange bear이 등장하지요. pear와 bear가 라임을 이루는 단어라는 것을 눈치챘나요? 그 다음에는 사과와 오렌지를 들고 있는 배 모양의 곰이 등장해요.

Apple, pear 사과, 배
Orange bear 오렌지색 곰
Orange pear 오렌지색 배
Apple bear 사과색 곰
Apple, orange, pear bear 사과, 오렌지, 배 모양의 곰

곰의 뒷모습과 배의 모양이 비슷한 것이 너무 재미있더군요. 이제 곰은 본래의 모습으로 돌아와 오렌지, 배, 사과를 머리에 올려도 보고 저글링도 해보다가 마지막에는 하나씩 하나씩 아주 맛있게 먹어 치우네요. 그리고 남겨진 과일 껍질들을 뒤로 하고 곰이 떠나면서 책이 끝나요.

이 책은 스토리를 중심으로 보면 재미가 하나도 없는 책이에요. 그보다는 단어들이 뒤죽박죽 섞이면서 만들어내는 재미있는 그림들이 아이가 책 속에 푹 빠지게 하는 장치입니다. 전개 면에서도 처음에는 단어 하나씩 단순하게 시작하다가 두 단어씩 조합해 나가는데, 독자인 아이들의 눈높이를 고려한 것이 아닌가 생각합니다. pear

와 bear가 라임을 이루고 있는 단어라서 라임을 강조하면서 읽어주면 리듬감이 있어서 아이들이 집중을 잘합니다.

독후 활동으로 Orange, Pear, Apple, Bear 단어카드를 준비하고 순서를 아이 마음대로 정하게 한 후 그것과 관련된 그림을 그려보면 아이들이 무척 좋아합니다. 예를 들어 아이가 단어카드로 Orange Apple Pear Bear라고 순서를 만들었다면 오렌지색의 사과를 든 배 모양의 곰을 그리는 거죠. 또는 이 책을 읽고 나서 다른 과일들로 이야기를 만들어보는 것도 꿀잼입니다.

다 같은 바나나가 아니에요!
BANANA!

짧은데 재미있는 한 단어&알파벳 그림책 02

글·그림: Ed Vere 출판사: Puffin Books

똑같은 단어라도 말투, 억양, 소리의 강약에 따라 단어의 뉘앙스가 달라져요. 이 책은 banana라는 한 단어를 여러 가지 뉘앙스로 사용해서 아주 재미있는 스토리를 만들어내고 있습니다. 표지를 넘기면 바로 이야기가 시작됩니다. 그림책은 텍스트가 등장하기 전에 그림으로 스토리가 시작되기도 하므로 속지 그림들도 유심히 봐야 합니다. 속지 그림 속에 앞으로 나올 내용에 관한 힌트가 담겨 있기도 하거든요.

파란 줄무늬 옷을 입은 원숭이가 잘 익은 바나나 한 송이를 발견했어요. 맛있는 바나나를 먹을 생각에 행복한 원숭이. 그런데 빨간 줄무늬 옷을 입은 원숭이가 바나나를 보고 파란 줄무늬 원숭이에게 신이 나서 달려와 소리칩니다.

BANANA!

이때의 BANANA!는 "바나나네! 같이 먹자!"라는 의미겠지요. 하지만 파란 줄무늬 원숭이는 두 손으로 바나나를 쥐고 등을 돌린 채 절대 주지 않을 것 같은 표정으로 쳐다봐요. 그러자 빨간 줄무늬 원숭이는 눈을 동그랗게 뜨고 물어봅니다.

BANANA?

이때의 BANANA?는 "바나나 안 나눠 먹을 거야?"라는 의미일 거예요. 이어서 빨간 줄무늬 원숭이는 바나나를 달라는 의미로 다시 한 번 BANANA! 하고 강력하게 말해봅니다. 하지만 파란 줄무늬 원숭이는 단호하게 거절합니다. 그러자 빨간 줄무늬 원숭이는 아예 땅바닥을 구르며 울면서 BANANA!를 외칩니다. 바나나를 내놓으라는 거죠.

그 모습을 보고 마음이 약해져 있는데 빨간 줄무늬 원숭이가 Please?까지 붙여서 부탁하자 파란 줄무늬 원숭이는 결국 바나나를 친구에게 건네줍니다. 그런데 빨간 줄무늬 원숭이가 바나나를 가지고 신나서 냅다 도망가 버려요. 이번에는 파란 줄무늬 원숭이가 다급하게 PLEASE!를 외치며 쫓아가고 드디어 두 원숭이가 바나나를 똑같이 나누어 먹으며 이야기는 끝이 납니다.

　이 책을 읽어줄 때는 감정을 잘 살려서 읽어야 합니다. banana라는 단어로만 이루어졌지만 다 같은 바나나가 아니거든요. 한두 번 읽고 나면 아이들이 더 실감나게 잘 읽게 됩니다. 저도 나름 감정을 잘 살려서 읽어줬는데, 막내 폴리가 엄마는 연기를 제대로 못한다면서 자기가 읽어주겠다며 명연기를 펼쳤던 기억이 나네요.

그림책이 선사하는 마법 같은 감동
Yo! Yes?

짧은데 재미있는 한 단어&알파벳 그림책 03

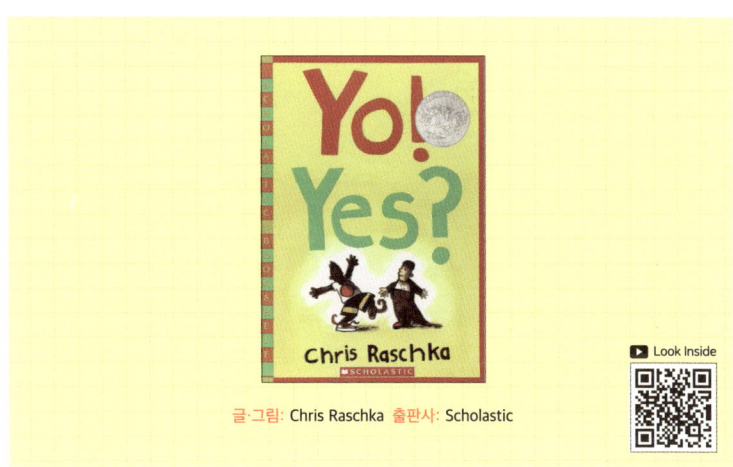

글·그림: Chris Raschka 출판사: Scholastic

아이에게 그림책을 읽어주다 보면 어떤 그림책들은 정말 마법같다는 생각이 들 때가 있습니다. 이번에 소개하는 크리스 라쉬카Chris Raschka의 『Yo! Yes?』도 그런 책 중에 한 권이에요. 제가 진심으로 좋아하는 책이어서 아이에게 읽어줄 때 저 자신도 귀 기울여 듣는답니다.

이 책은 정말 영어 단어가 몇 개 등장하지 않아요. 한 페이지에 한 단어 정도씩 주고받으며 스토리가 진행됩니다. 그런데도 이야기 전개가 얼마나 감동적인지 칼데콧상을 수상한 데다 미국도서관협회가 뽑은 '올해의 주목할 만한 책'에 선정되기도 했답니다. 어떤 내용인지 궁금해지죠?

피부색이 서로 다른 두 아이가 있습니다. 팔짱을 끼고 껄렁하게 서 있던 흑인 아이 앞을 백인 아이가 우울한 표정으로 지나갑니다. 뒤에 서 있던 흑인 아이가 Yo!(야!) 하고 부르자 백인 아이가 뒤돌아보며 Yes?(응?) 하고 대답해요. 흑인 아이는 다시 Hey!(어이!) 하고 부르고 자기를 부른 건지 확신이 들지 않은 백인 아이는 Who?(누구 말이야?) 하고 다시 묻습니다.

You! 너 말이야!
Me? 나?
Yes, you. 그래, 너.
Oh. 아.

흑인 아이는 우울해 보이는 백인 아이가 신경이 쓰였나 봐요. What's up?(무슨 일이야?) 하고 묻자 백인 아이는 Not much.(별일 없어.) 하고 대답해요. 흑인 아이가 다시 한 번 Why?(왜 그래?) 하고 묻자 백인 아이가 이번에는 땅만 쳐다보며 No fun.(재미가 없어.)이라고 말합니다. 그러면서 더 고개를 떨구며 작은 목소리로 No friends.(친구가 없어.)라고 말합니다.

흑인 아이는 친구가 되어 주겠다며 먼저 다가서고 그렇게 두 아이는 친구가 됩니다. 그래서 Yo!, Yes?의 물음표로 시작된 아이들의 대화는 Yo!, Yes!의 느낌표로 마무리가 됩니다.

두 아이가 단어로 주고받는 단순한 대화로 구성되어 있지만 친구, 우정, 관계 등 많은 것들을 생각해보게 함으로써 그림책의 힘을 다시 한 번 느끼게 하는 책입니다.

짧은데 재미있는 한 단어&알파벳 그림책 04

동화 주인공과 숫자 배우기
Alison Jay's 1 2 3

글·그림: Alison Jay   출판사: Templar Publishing

아이들에게 그림책을 읽어주다 보면 단어들은 단순한데 그림 속에 다양한 이야기가 꽉꽉 담겨 있는 책들을 종종 만나게 됩니다. 『Alison Jay's 1 2 3』가 그런 책이에요. 이 책은 미세하게 금이 가 있는 도자기나 갈라진 벽 위에 그림을 그린 듯한 기법을 사용해 고풍스럽고 신비한 분위기를 자아내는 그림책 작가 앨리슨 제이Alison Jay의 작품입니다. 1~10까지의 숫자 세는 연습을 하는 수 세기 책인데, 페이지마다 마더구스나 전래동화의 장면들이 찰떡같이 녹아 있습니다.

한 소녀가 잠들어 있어요. 꿈속에서 소녀는 두 날개가 있는 커다란 거위를 타고 날아가는데, 아기돼지 삼형제가 창밖으로 그 모습을 보고 있네요. 개구리 왕자 네 마리가 연못의 연잎 위에 누워 있고, 다섯 마리 아기 오리들이 줄지어 연못을 헤엄치고 있습니다.

1 **one little girl sleeping** 잠자고 있는 소녀 한 명
2 **two soaring wings** 날아오르는 날개 두 개
3 **three little pigs** 아기 돼지 삼형제
4 **four frog princes** 개구리 왕자 네 마리
5 **five fluffy ducklings** 솜털이 보송보송한 아기 오리 다섯 마리

책은 이렇게 1에서 시작해서 10까지 숫자를 센 후, 반대로 숫자를 세며 1까지 내려오는 구성입니다. 그냥 읽으면 단순한 숫자 세기 책인데, 각 장면마다 다양한 마더구스와 동화 속 주인공들이 등장하여 풍부한 스토리를 선사합니다.

가령 1~5까지의 숫자를 세는 동안 숫자 2에는 『마더구스』 거위, 숫자 3에는 『아기 돼지 삼형제』, 숫자 4에는 『개구리 왕자』, 숫자 5에는 『미운 아기오리』의 등장인물들이 그림 속에 등장합니다. 각 페이지마다 동화의 주인공으로 변신해 있는 주인공 소녀와 거위를 찾는 것도 꿀잼입니다. 책의 마지막에는 책에 등장하는 마더구스 및 전래동화 목록이 수록되어 있어요. 집에 있는 관련 동화책을 찾아 함께 읽으면 더 재미있습니다.

이 책은 단어와 그림이 1대1로 연결되는 단순한 그림책이 아니라 장면마다 단어에 해당되는 그림을 찾아야 합니다. 그림을 보며 찾기 게임을 해도 좋겠지요?

그네 타고 우주까지!
Higher! Higher!

짧은데 재미있는 한 단어&알파벳 그림책 05

글·그림: Leslie Patricelli 출판사: Candlewick Press

『Higher! Higher!』는 똥·방귀 그림책에서 소개했던 기저귀 찬 아기가 주인공인 『Toot』의 저자 레슬리 패트리셀리Leslie Patricelli의 책이에요. 아이와 아빠가 공원에 왔어요. 아이는 그네를 타고 아빠는 그네를 밀어줍니다. 너무나 신이 난 아이는 더 높이 밀어달라고 해요.

Higher! Higher! 더 높이! 더 높이!

아이의 표정에서 행복함이 느껴져요. 그런데 이렇게 그네를 높이 밀기만 하다가 책이 끝나면 시시하겠지요. 이번에는 아이가 '더 높이'를 외치니 나무 위로 고개를 내민 기린과 만났어요. 그 다음에는 건물 옥상의 친구들과 만났고요. 그 다음에는 산 정상까지, 하늘을 나는 비행기까지, 이번에는 우주 저 높이까지 올라가 외계인도 만납니다. 그리고 이제는 내려갈 시간이에요. 외계인과 인사하고, 아이는 다시 아빠의 품으로 되돌아옵니다. 너무나 신난 아이는 Again!(다시!)을 외치네요.

대부분의 엄마 아빠는 영어의 비교급을 문법책에서 배웠을 거예요. '형용사나 부사의 원급에 -er을 붙이거나 몇 음절 이상이면 more를 앞에 붙인다. good의 비교급은 better로 규칙을 따르지 않아 시험에 잘 나온다.' 이런 식으로 말이에요. 하지만 비교급을 열심히 배우면 뭐하나요? 제대로 활용을 못하는데요.

반면 영어동화책으로 자연스럽게 영어를 접한 우리 아이들은 비교급, 최상급 같은 문법 용어는 모르지만 이런 표현들을 자연스럽게 사용하게 됩니다. 이 책의 제목은 『Higher! Higher!』인데, higher는 '더 높이, 더 높게'라는 뜻입니다. 신나는 표정으로 그네를 타고 있는 아이가 Higher! Higher!를 외치고 있는 상황과 영어 단어가 너무 찰떡같이 떨어지지 않나요? 그네를 타는 장면으로 higher를 배운 아이들은 higher가 high의 비교급이라는 건 몰라도 '더 높이'라는 뜻이라는 것은 절대 잊어버리지 않을 거예요.

알파벳 숨은그림찾기
Alphabet City

짧은데 재미있는 한 단어&알파벳 그림책 06

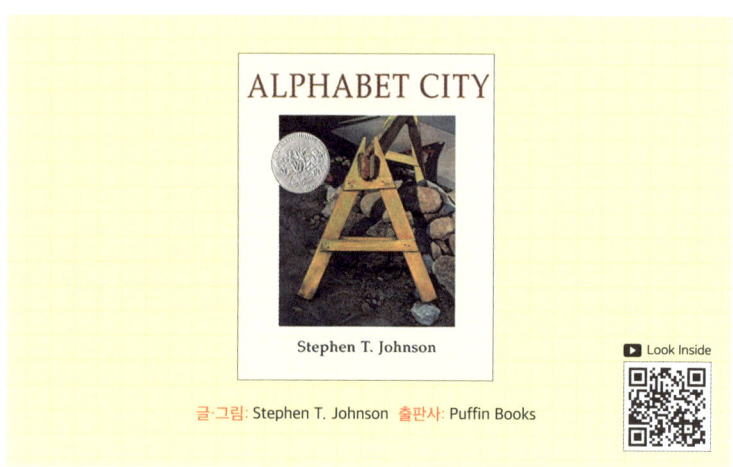

글·그림: Stephen T. Johnson   출판사: Puffin Books

처음 아이와 영어를 시작하려고 할 때 흔히 알파벳부터 떼야 하나 고민하는 엄마들이 많습니다. 하지만 알파벳이나 파닉스같은 문자 인지는 너무 급하게 진행할 필요가 없습니다. 한글을 배울 때도 아이들이 말을 먼저 배우고 글자 학습은 나중에 진행하는 것처럼 영어를 배울 때도 일단 차고 넘치게 듣는 것이 먼저입니다. 아이가 글자에 관심을 보일 때 알파벳을 다룬 그림책을 통해 알파벳에 친숙해지게 해주는 정도면 됩니다.

첫 번째 책은 글자가 전혀 등장하지 않는 알파벳 그림책입니다. 알파벳책인데 어떻게 글자가 없을 수 있을까요? 이런 게 바로 그림책의 마법이죠.

『Alphabet City』는 말 그대로 도시에서 마주치는 풍경 속에서 알파벳 글자를 찾는 식으로 구성되어 있습니다. 표지에는 공사장의 바리케이드가 보이는데 어떤 알파벳을 찾으셨나요? 책의 내지를 펼쳐 보면 A부터 Z까지 알파벳을 연상시키는 사진과 일러스트가 제시되어 있는데, 마치 숨은그림찾기를 하는 것처럼 알파벳을 찾아내는 재미가 쏠쏠합니다.

건물 외벽의 지그재그 계단에서 알파벳 B를, 가로수의 화단에서 D, 신호등에서 E, 공원에서 H, 간판에서 I, 다리 위에서 H를 발견하는 등 우리가 살고 있는 도시 곳곳에서 다양한 알파벳들을 만날 수 있어요.

이 책을 읽고 나면 아이들은 알파벳 모양에 관심을 갖게 되어 돌아다니면서 알파벳 모양을 곧잘 찾아낸답니다. 알파벳을 외우고 공부하는 느낌이 아니라 '알파벳 찾기'라는 재미있는 놀이가 가족 놀이로 추가됩니다. 도시뿐만 아니라 산, 바다, 혹은 시골 등 아이와 함께 나들이 가는 곳에서 알파벳을 찾아 사진으로 남겨보는 것도 재미있어요. 그 사진들로 나만의 알파벳책을 만들면 아이들이 정말 좋아합니다. 알파벳 찾기 놀이는 같은 풍경을 보고도 서로 다른 것을 떠올릴 수 있기 때문에 창의력을 키우기에도 좋은 놀이예요.

알파벳의 아크로바틱
Alphabatics

짧은데 재미있는 한 단어&알파벳 그림책 07

글·그림: Suse MacDonald 출판사: Aladdin Publishing Company

그림책 작가들은 천재가 아닐까요? 아니, 알파벳이 이렇게나 흥미로운 소재였단 말입니까? 『Alphabatics』는 alphabet(알파벳)과 acrobatics(곡예)라는 두 단어를 조합하여 만든 말로, 알파벳 글자가 아크로바틱을 하듯 재주를 부려서 해당 알파벳으로 시작하는 단어가 되는 아주 흥미로운 책입니다.

알파벳 대문자 A가 있어요. A가 거꾸로 뒤집어져서 바다에 퐁당 빠지더니 A로 시작하는 Ark(노아의 방주)가 되어 많은 동물을 태우고 항해합니다. 빨간 상자 안에 있는 소문자 b가 점점 커지더니 b로 시작하는 balloon(풍선)이 되어 날아갑니다. C가 점점 기울어지더니 Clown(광대)의 빨갛고 커다란 입이 됩니다. d가 갑자기 슬슬 모양이 변하더니 dragon(용)의 꼬리가 되고, E가 옆으로 뒤집어지니 Elephant(코끼리)의 두 발이 됩니다. 바닷속에서 F가 점점 앞으로 기울어지더니 Fish(물고기)로 변신하네요. 알파벳 글자가 제시된 단어의 그림으로 점점 변신하는 부분이 너무 재미있고 신선해서 감탄이 절로 나옵니다. 괜히 칼데콧 수상작이 아닌가 봅니다.

알파벳책 하면 떠오르는 전형적인 구성이 있어요. 알파벳 대소문자를 제시한 후 해당 단어로 시작하는 대표적인 단어와 그림을 소개하는 방식입니다. Aa라고 적힌 글자 밑에 Apple을 사과 그림과 함께 제시하는 식이죠. 이런 책들도 효과가 전혀 없지는 않겠지만 아이의 호기심을 자극하기는 어렵지 않을까 합니다.

『Alphabatics』는 작가의 멋진 상상력과 아이디어를 통해 알파벳이 흥미로운 스토리로 재탄생한 점이 놀랍습니다. 글로는 제대로 표현할 수 없는 부분들이 있기 마련인데, 그림을 통해서 어린 독자들에게 알기 쉽고 완벽하게 메시지를 전달해주는 것이 그림책의 힘이라고 생각합니다. 아이들을 위해 그림책을 읽어주지만 읽으면서 어른인 저도 배우는 게 참 많습니다.

꿈나라 알파벳
Sleepy ABC

짧은데 재미있는 한 단어&알파벳 그림책 08

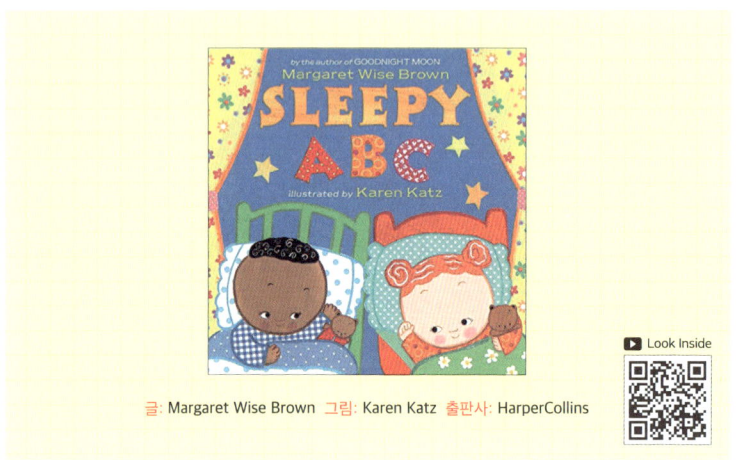

글: Margaret Wise Brown 그림: Karen Katz 출판사: HarperCollins

이번 책은 잠자리에서 읽어주기 좋은 알파벳 그림책입니다. 알파벳 그림책이라고 하면 알파벳 인지를 위한 그림책을 떠올리기 쉽지요. 이 책은 각 알파벳으로 시작하는 단어들이 문장에 들어가 있지만, 알파벳 인지보다는 잠자기 전에 양을 세듯 알파벳 순서대로 스토리가 진행되면서 꿈나라로 가도록 해주는 그림책이에요.

A is for Aaaah when a small kitten sighs
A는 작은 아기 고양이가 새근새근 잠이 와 내는 Aaaah를 위한 거예요

B is for Baaaaaa when the lambs close their eyes
B는 양이 눈을 감으며 내는 Baaaaaa 소리를 위한 거예요

I is for me who is going to bed
I는 자러 가는 나를 위한 것이고

J is for Jump and don't bump our head
J는 Jump를 위한 거예요, 머리를 쿵 부딪히지 않게 조심하세요

알파벳 순서대로 하나의 스토리를 만들어 나간 것도 신기하지만, 문장들의 라임을 연결한 것도 너무 인상적인 책입니다. 글 작가는 라임의 마술사 마거릿 와이즈 브라운Margaret Wise Brown이고, 그림 작가는 눈치채셨겠지만 캐런 카츠Karen Katz입니다. 마거릿 와이즈 브라운의 책들은 잠자리 동화로 많이 사랑받습니다. 그녀는 자장가처럼 자연스러운 라임과 시적인 표현들을 사용해 아이들이 엄마의 목소리를 들으면서 편안하게 잠들 수 있게 합니다. 그녀의 대표작인 『Goodnight Moon』은 버락 오바마 대통령의 연설문에도 등장할 정도로 미국에서 가장 대표적인 베드타임 스토리입니다. 이 책도 마찬가지로 알파벳 단어들을 슬쩍 접해주면서 아이들을 편안하게 꿈나라로 이끌어주고 있어요. 알파벳책이 잠자리 동화가 될 수 있다는 사실이 참 멋지지 않나요?

달이 음매 하고 운다고?
Take Away the A

짧은데 재미있는 한 단어&알파벳 그림책 09

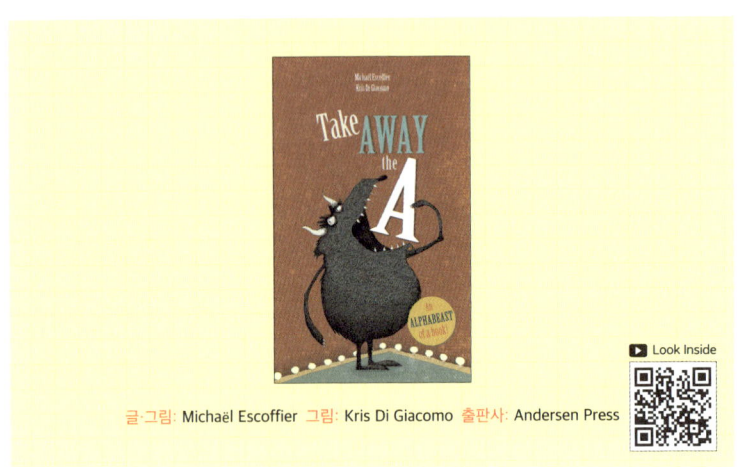

글·그림: Michaël Escoffier   그림: Kris Di Giacomo   출판사: Andersen Press

『Take Away the A』는 기발한 상상력이 가득한 알파벳책입니다. 이 책은 글자에 눈이 갈 수밖에 없는 그림책이어서 소개를 잠시 망설이기도 했지만, 아이들이 너무나 재미있어하는 책이어서 차마 뺄 수가 없었어요. 제시된 단어에서 알파벳 한 글자를 빼면 완전히 다른 뜻이 되는 게 참 놀랍고 신기한 책이랍니다.

A가 없어지면 BEAST(야수)는 BEST(최고)가 돼요.
B가 없어지면 BRIDE(신부)는 놀이기구를 RIDE(타러) 가요.
C가 없어지면 CHAIR(의자)는 HAIR(머리카락)가 생겨요.

D가 없어지면 DICE(주사위)는 ICE(얼음)가 됩니다.

E가 없어지면 BEARS(곰들)는 BARS(철창) 뒤에 머물러요.

F가 없어지면 SCARF(스카프)로 SCAR(상처)를 숨겨요.

G가 없어지면 GLOVE(장갑)가 LOVE(사랑)에 빠져요.

H가 없어지면 THREE(세 마리)가 TREE(나무)에 올라가요.

I가 없어지면 STAIRS(계단)를 따라가면 STARS(별들)가 나와요.

J가 없어지면 JAM(잼)은 내가 AM(돼요).

K가 없어지면 MONKEY(원숭이)가 MONEY(돈)를 벌어요.

L이 없어지면 PLANTS(식물들)가 PANTS(바지) 안에 숨어요.

M이 없어지면 FARM(농장)이 너무 FAR(먼)해요.

N이 없어지면 MOON(달)이 MOO(음매) 하고 울어요.

O가 없어지면 FOUR(네 마리)가 FUR(털옷)를 입어요.

P가 없어지면 PLATE(접시)가 너무 LATE(늦은)해요.

『Take Away the A』는 단어에서 알파벳 한 글자를 빼면서 멋진 스토리를 만들고 있어요. 두 단어를 그림으로 재미있게 표현해 놓아서 아이들이 자연스럽게 두 단어를 받아들이고 활용할 수 있게 된답니다. 너무 재미있겠죠?

A는 미래에 무엇이 될까?
Tomorrow's Alphabet

짧은데 재미있는 한 단어&알파벳 그림책 10

글: George Shannon 그림: Donald Crews 출판사: Greenwillow Books

여기서 추천하는 알파벳책들은 단순히 알파벳 인지만을 목적으로 하는 것이 아니라 알파벳을 주인공으로 하여 재미있는 스토리가 펼쳐지는 내용이어서 소장할 만합니다. 마지막 책으로 『Tomorrow's Alphabet』을 소개합니다. '내일의 알파벳'이라니! 저는 제목만 보고도 이 책이 너무 멋진 책이란 것을 알아봤답니다. 이 책은 오른쪽 페이지에 어떤 그림이 등장할지 추측해보는 게임guessing game으로 진행하면 아이들이 정말 좋아합니다.

첫 장을 펼치면 왼쪽 페이지에 아이 손바닥이 보이고 그 위에 작은 씨앗이 올려져 있어요. 그리고 A is for seed—까지만 보입니다. 'A는 씨앗의 A'라는데 무슨 의미일까요? 오른쪽 페이지를 보면 tomorrow's APPLE(미래의 사과)이라고 나와 있네요. 아, 그러니까 seed는 A로 시작하는 단어가 아니지만, 씨앗seed이 자라서 미래에 A로 시작하는 단어인 APPLE이 될 거라는 뜻이군요.

A is for apple. [보통의 알파벳책]
A는 apple의 A.

A is for seed—tomorrow's APPLE. [Tomorrow's Alphabet]
A는 미래에 APPLE이 될 씨앗의 A.

이렇게 기발한 알파벳책을 보셨어요? 이 책은 해당 알파벳이 미래에 무엇이 될지 추측하면서 읽게 되므로 아이들이 굉장히 집중해서 봅니다. 다만 그림이 바로 옆에 보이니 종이로 가리면서 보여주세요.

A is for seed—tomorrow's APPLE.
A는 미래에 APPLE이 될 씨앗의 A.

B is for eggs—tomorrow's BIRDS.
B는 미래에 BIRDS가 될 알의 B.

C is for milk—tomorrow's CHEESE.
C는 미래에 CHEESE가 될 우유의 C.

D is for puppy—tomorrow's DOG.
D는 미래에 DOG이 될 강아지의 D.

마지막에 알파벳들이 정리되어 있는데 아이들은 알파벳을 보면서 글자만 생각하는 게 아니라 그 알파벳에 담긴 책 속 이야기를 기억할 거예요.

Theme 07

펼치고
뒤집으며 보는
신기한
조작 그림책

Theme 07

펼치고 뒤집으며 보는 신기한 조작 그림책

엄마들은 "아이가 스스로 영어책을 보면 좋겠어요."라고 말하지만, 정작 책장을 살펴보면 아이가 재미있어하는 책들보다 영어 학습에 도움이 된다는 책들 위주로 채워져 있는 경우가 많아요. 아이들에게 '내용이 좋은 그림책'은 나중에 고려해도 됩니다. 우선 '영어책이 재미있다'고 느끼게 하는 것이 먼저입니다.

아이가 스스로 꺼내서 가지고 놀 만한 책들에는 뭐가 있을까요? 바로 조작북, 팝업북, 숨은그림찾기처럼 장난감 같은 책들이에요. 영어를 읽지는 못해도 아이는 엄마가 재미있게 읽어줬던 기억이 남아 책장에서 스스로 꺼내서 손으로 조작하고 눈으로 찾으면서 책을 봅니다.

저는 아이들이 어릴 적에 음원이 신나는 그림책뿐만 아니라 조작 그림책처럼 아이 혼자서 재미있게 가지고 놀 수 있는 그림책도 열심히 찾아서 보여주곤 했습니다. 이런 시간들이 쌓여야 아이들에게 영어 독서 시간이 자연스러운 것으로 자리잡게 됩니다.

뚝딱뚝딱 공구놀이
Bizzy Bear: DIY Day

펼치고 뒤집으며 보는 신기한 조작 그림책 01

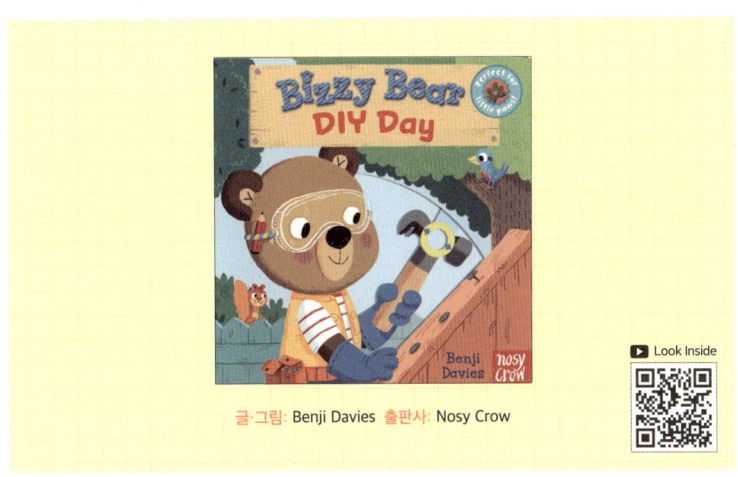

글·그림: Benji Davies 출판사: Nosy Crow

아이들이 영어책을 좋아하게 하기 위해서는 내용도 물론 중요하지만 책 자체가 재미있는 것이 훨씬 중요합니다. 첫째와 둘째 아이를 키울 때는 조작북이 비싸서 많이 사주지 못했는데 아이들이 크고 나니 아쉽더군요. 그래서 막내 폴리는 조작북, 팝업북, 놀이북 등을 아끼지 않고 많이 접하게 해줬는데, 확실히 이런 책은 엄마가 시키지 않아도 아이 스스로 책장에서 꺼내어 가지고 놉니다. 게다가 조작북 중에는 단순히 가지고 노는 재미만 있는 것이 아니라, 조작을 통해서 책 내용을 찰떡같이 이해하도록 도와주는 책들이 참 많습니다.

'유아 조작북' 하면 가장 먼저 떠오르는 것이 〈Bizzy Bear〉 시리즈입니다. 이 시리즈는 조작뿐만 아니라 라임 가득한 그림책으로도 유명하지요. 그중에서 아이들이 가장 좋아하는 책은 『Bizzy Bear: DIY Day』입니다. 이 책은 표지에서부터 조작이 시작됩니다. 표지에 작업용 고글을 쓴 비지 베어Bizzy Bear가 망치로 못을 박고 있는 그림이 있는데, 망치를 좌우로 조작해서 못을 박는 동작을 아이들이 직접 해볼 수 있습니다. 정말 재미있겠죠?

책장을 넘기면 언제나 바쁜 비지 베어가 공구가 가득 든 상자 앞에 서 있습니다. 먼저 줄자로 나무의 길이를 재는데, 이때 줄자 부분이 위쪽으로 늘어났다 줄어들었다 하는 조작이 들어가 있습니다.

Bizzy Bear, Bizzy Bear, big tool kit.
비지 베어, 비지 베어, 큰 공구함이에요.

Bizzy Bear, Bizzy Bear, perfect fit.
비지 베어, 비지 베어, 딱 맞아요.

비지 베어가 안전고글을 쓰고 톱으로 나무를 자르고 있습니다. 비지 베어네 집에 놀러온 친구들은 비지 베어에게 조심하라고 말합니다. 여기에는 어떤 조작이 들어가 있을까요? 톱 부분을 좌우로 왔다갔다 하면 톱으로 나무를 자르는 듯한 기분이 들어요. 그 다음 장에서는 드릴로 나무에 구멍을 뚫고 있는데, 저는 드릴 조작이 진짜 재미있었어요. 드릴을 어떻게 표현했는지는 책속에서 확인해 보세요.

폴리가 사랑한 팝업북
Are You Hungry?

펼치고 뒤집으며 보는 신기한 조작 그림책 02

글·그림: Janik Coat, Bernard Duisit   출판사: Thames & Hudson

'조작북' 하면 가장 먼저 팝업북을 떠올리게 되는데, 사실 팝업북에는 정말 다양한 스타일이 있습니다. 예술적으로 눈 호강을 시켜주는 팝업북도 있고, 머리를 굴려서 이해해야 하는 팝업북도 있습니다. 그리고 책의 내용을 생생하게 받아들이고 이해할 수 있게 잘 도와주는 것도 있죠.

『Are You Hungry?』는 제가 정말 좋아하는 〈Thames & Hudson 팝업북〉 시리즈 중 한 권이에요. 〈Thames & Hudson 팝업북〉 시리즈는 단순하게 재미만 추구하는 것이 아니라 각 책마다 옷 입기, 잠자기 등 아이들에게 필요한 기본 주제들을 다루고 있어요. 그중에서

『Are You Hungry?』는 다양한 음식과 요일에 대한 책입니다.

　월요일에는 학교에서 점심을 먹는다고 해요. 과연 어떤 음식이 급식으로 나올까요? 책속의 돌림판을 돌리면 달걀 프라이, 치킨, 피자, 샐러드 등 원하는 음식을 하마의 그릇 위에 올릴 수 있어요. 화요일에는 당근과 토마토 수프를 먹는다고 해요. 플랩을 잡아당기면 깨끗한 모습이었던 하마가 빨간 수프를 입에 묻히며 허겁지겁 먹는 모습으로 변신합니다. 수요일에는 하마가 빵 굽는 것을 도와요. 플랩을 잡아당기니 오븐 속의 반죽이 부풀어 오릅니다.

On Monday, I have lunch at school.
월요일에는 학교에서 점심을 먹어요.

On Tuesday, it's carrot and tomato soup.
화요일에는 당근과 토마토 수프예요.

On Wednesday, I help to bake bread.
수요일에는 빵 굽는 걸 도와요.

　저런! 목요일 메뉴는 민들레예요. 민들레를 먹을 수 있을까요? 플랩을 위로 잡아당기니 입이 삐죽! 역시나 먹고 싶은 메뉴가 아니었어요. 금요일에는 너무나 사랑스러운 롤리팝을 받았어요. 그런데 코뿔소의 코만 보이는데 롤리팝은 어디에 있다는 걸까요? 플랩을 아래로 당기니 달콤한 롤리팝이 짜잔 나타났어요. 토요일은 코끼리의 생일이에요. 생일에는 역시나 케이크죠. 플랩을 옆으로 당기면 케이크 위에 초들이 꺼지네요. 일요일에는 저녁 만찬을 먹어요. 그런데 식탁 위에 아무것도 없어요. 하지만 플랩을 펼치면 맛있는 음식들이 식탁 위에 가득해요. 저희 막내 폴리는 이 책을 너무 좋아해서 유치원에 들고 가서 친구들에게 열심히 보여주기도 했답니다. 다양한 조작과 팝업이 함께 있는 정말 사랑스러운 책이에요.

상상력이 기발한 반대말 그림책
Opposites

펼치고 뒤집으며 보는 신기한 조작 그림책 03

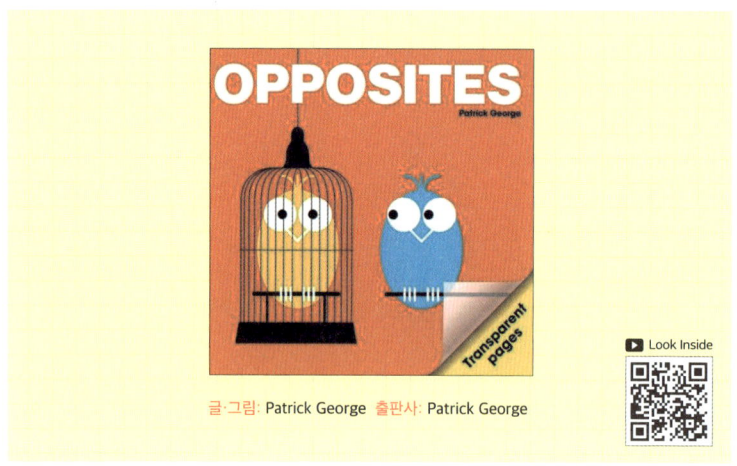

글·그림: Patrick George   출판사: Patrick George

요즘은 아이들의 눈과 귀를 사로잡는 신기한 형태의 책들이 많이 출간됩니다. 유튜브나 스마트폰에 노출되는 연령이 점점 낮아져 아이들이 책에서 점점 멀어지다 보니, 책으로 아이들의 시선을 이끌기 위해 다양한 장치들을 접목시킨 책들이 많이 나오는 것 같습니다. 그런데 그림책 작가들은 어쩜 이렇게 아이디어가 좋을까요? 신기할 뿐만 아니라 내용 이해도 쏙쏙 잘되게 하는 장치들이 많아서 읽을 때마다 감탄이 절로 나오곤 합니다.

『Opposites』는 제목 그대로 '반대말'을 소개하는 그림책입니다. 사실 아이들 그림책 중에 반대말을 다룬 그림책은 많이 있습니다.

그런데 이 책은 단순히 반대되는 두 가지를 비교하는 형식이 아니라 투명한 필름지를 이용하여 '재미'와 '이해'라는 두 마리 토끼를 모두 잡았습니다.

책장을 넘기면 뭔가를 올려다보고 있는 작은 아이 아래에 Big이 적혀 있습니다. 반대면에는 뭔가를 잡으려는 듯한 커다란 엄지와 검지가 보이고 Small이 적혀 있습니다. 그 두 페이지 사이에 초록색 동그라미가 그려진 필름지가 있습니다. 이 필름지를 아이 쪽으로 넘기면 아이보다 큰 공이 되고, 손가락 쪽으로 넘기면 엄지와 검지 사이의 작은 구슬이 되네요.

다음 장으로 넘기면 이번에는 뜨거운 햇살 아래 선베드에 두 사람이 누워 있고 sun이라고 적혀 있습니다. 반대면에는 한 사람이 빗속에 서 있고 rain이라고 적혀 있어요. 그 사이에 우산이 그려져 있는 필름지가 있는데, 이 필름지를 선베드 쪽으로 넘기면 파라솔이 되고 비 쪽으로 넘기면 우산이 됩니다.

그 다음 장으로 넘겨볼게요. 과녁 그림이 양쪽에 나란히 그려져 있고, 그 사이에 화살이 그려진 필름지가 있습니다. 이 필름지를 왼쪽과 오른쪽으로 넘기면 과녁을 향해 꽂히는 화살이 되는데, 한쪽은 Hit(맞히다)이 되고 다른 한쪽은 Miss(빗나가다)가 되어 두 단어를 비교하고 있습니다. 어때요? 정말 기발하지 않나요?

퍼즐이야, 스토리북이야?
Let's Pretend: Doctor's Bag

펼치고 뒤집으며 보는 신기한 조작 그림책 04

글: Roger Priddy 그림: Samantha Meredith 출판사: Priddy Books

책은 책인데 퍼즐로 활용할 수도 있고, 병원놀이 가방으로 활용할 수도 있으며, 영어 어휘를 익힐 수 있는 데다 찾기 놀이까지 가능한 놀이북이 있다면 어떨까요? 이 모든 게 가능한 이 책은 소장하는 것을 강력 추천합니다.

프리디 북스Priddy Books 출판사에서 나온 〈Let's Pretend〉 시리즈 중에 하나인 『Let's Pretend: Doctor's Bag』이란 놀이북입니다. 상자처럼 생긴 이 책을 열어보면 한쪽에는 책 제목에 걸맞게 의사에게 필요한 다양한 의료 도구 퍼즐들이 담겨 있고, 다른 한쪽에는 스토리북이 붙어 있습니다. 그리고 책장을 넘기면 한쪽은 스토리가 진행

되고, 다른 한쪽은 퍼즐을 끼우는 퍼즐판으로 되어 있어요.

의사 선생님의 진료실에서 아이는 아빠 무릎에 앉아 주사를 맞고 있습니다. 이 장면 옆에는 주사기, 청진기, 장갑 등의 퍼즐 조각을 찾는 퍼즐판이 있어요. 퍼즐판은 빈 공간이 아니라 해당 퍼즐의 이름과 설명이 적혀 있어 그에 맞는 퍼즐 조각을 찾아 끼우도록 안내하고 있지요.

Pills: To make people better when they are ill or in pain
알약: 사람들이 아프거나 통증이 있을 때 낫게 하는 것

이 설명을 읽고 알약 퍼즐을 찾아서 칸에 끼우면 됩니다. 이 부분을 퀴즈로 이용하면 이 책을 정말 재미있게 활용할 수 있습니다. 책의 본문 그림에 나와 있는 것들이 퍼즐로 되어 있어서 맞는 조각들을 끼우면서 그 그림을 책에서 찾아보는 재미가 있어요. 저는 폴리와 이 책의 퍼즐들을 모두 바닥에 깔아 놓고 퍼즐 끼우는 부분에 있던 설명글로 퀴즈를 내어 해당하는 물건을 찾는 게임을 자주 했어요. 또 퍼즐 조각을 이용해 역할놀이도 많이 했답니다. 그리고 책 표지에 보면 매 페이지마다 찾아야 하는 캐릭터가 나와 있습니다. 이 책은 곳곳에 숨은 재미들이 가득해서 정말 오랫동안 가지고 놀았던 진정한 효자템이었어요.

신나는 요리놀이 플랩북
Tacos!: An Interactive Recipe Book

펼치고 뒤집으며 보는 신기한 조작 그림책 05

글·그림: Lotta Nieminen 출판사: Phaidon Inc Ltd

요리는 여자아이, 남자아이 할 것 없이 아이들이 참 좋아하는 활동입니다. 저희 집 두 아들들과 막내딸 역시 어렸을 때 요리놀이를 참 좋아했어요. 하지만 재료를 준비하고 이것저것 신경 쓸 것이 많아서 마음처럼 자주 하지는 못했던 아쉬움이 있습니다. 지금 소개하는 책은 요리 재료를 준비할 필요 없이 재미있는 요리 활동이 가능한 책입니다.

『Tacos!: An Interactive Recipe Book』은 〈Cook in a Book〉 시리즈의 하나로, 요리 과정을 책으로 읽으면서 직접 관련 활동을 해보는 놀이북입니다. 요리에는 다양한 동작 단어들이 많이 사용되는데,

직접 요리 활동을 하면서 어휘를 익히면 훨씬 기억하기 쉽습니다.

Step 1 닭고기를 잘라서 양념을 하고 재워둡니다.

Step 2 팬에 기름을 두르고 중불로 달군 후 닭고기의 붉은 기가 가실 때까지 볶아주세요.
＊ 이때 플랩을 잡아당기면 닭고기가 붉은 색에서 노릇노릇 익은 색으로 변해요.

Step 3 닭고기가 익을 동안 채소를 썰어서 준비합니다.
＊ 해당 페이지에서 칼 모양 퍼즐을 제공하여 채소를 자르는 동작을 해볼 수 있습니다. 플랩을 잡아당기면 채소들이 썰어져 있는 모양으로 변해요.

Step 4 과카몰리 소스를 만들어요. 아보카도를 으깨서 라임, 소금 등을 넣고 잘 섞어요.
＊ 숨어 있는 플랩을 돌리면 아보카도와 다른 재료들이 골고루 섞입니다.

이런 식으로 페이지마다 요리를 하는 듯한 느낌을 주는 조작들이 숨어 있고, 마지막 페이지에서는 완성된 타코를 퍼즐처럼 떼어 내어 먹는 시늉까지 할 수 있습니다. 저는 〈Cook in a Book〉 요리 시리즈 4권을 모두 소장하고 있어서 폴리와 음식점 놀이를 정말 많이 했습니다. 책을 읽은 후에는 책 내용대로 실제로 요리를 함께 해봐도 좋아요.

내 맘대로 스토리를 만드는
Pirate Pete

펼치고 뒤집으며 보는 신기한 조작 그림책 06

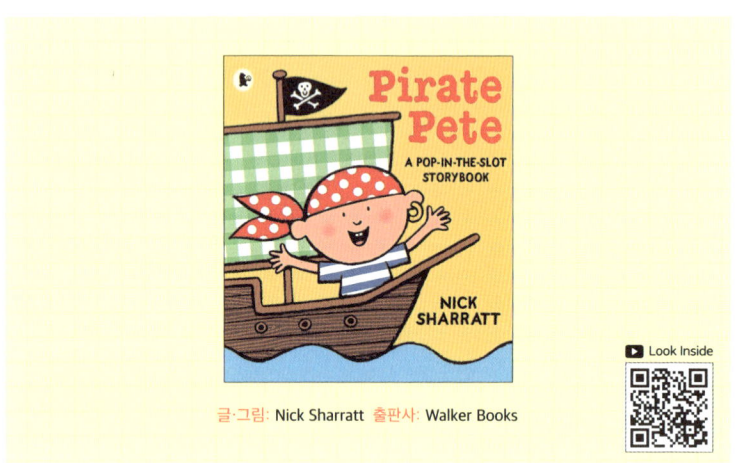

글·그림: Nick Sharratt 출판사: Walker Books

책을 읽다 보면 '이 작가는 정말 아이같은 동심을 가지고 있구나' 하는 생각이 드는 작가들이 있어요. 저에게는 닉 샤렛Nick Sharratt이 그렇습니다. 닉 샤렛은 라임 가득한 문장, 아이들이 좋아할 만한 주제, 아이들이 한 번쯤 상상해 봤을 만한 내용들을 책에 잘 녹여 넣습니다.

『Pirate Pete』는 스토리를 내 맘대로 만들어보는 그림책입니다. 표지에 보면 A pop-in-the-slot storybook이라고 적혀 있는데, 이는 책 속의 구멍slot에 뭔가를 꽂는 그림책이라는 뜻입니다. 그럼 어떤 책인지 한번 살펴볼까요?

One day Pirate Pete was sailing the ocean blue.
어느 날 해적 피트가 파란 바다를 항해하고 있었어요.

"Shiver me timbers," he said. "I see a _____ in the sky!"
"이런! 하늘에 _____ 가 보이네!" 하고 피터가 말했어요.

 파란 하늘을 배경으로 I see a _____ in the sky!라는 문장이 적혀 있고, 뭔가를 꽂을 수 있는 구멍slot이 있습니다. 그리고 양옆에는 pig(돼지), balloon(풍선), helicopter(헬리콥터), spaceship(우주선), seagull(갈매기), doughnut(도넛)의 그림카드가 제시되어 있습니다. 이제 이 그림카드들 중에 원하는 것을 골라 구멍에 꽂으면 나만의 스토리가 만들어집니다. 폴리는 pig(돼지) 카드를 골랐어요. 오늘 우리 집 스토리는 I see a pig in the sky!(하늘에 돼지가 보이네!)이고, 피트Pete가 하늘을 나는 돼지를 발견한 이야기가 된 거죠.

 그 다음 장에서는 애꾸눈 완다가 노를 저으며 피트의 배를 지나가고 있어요. 이번에는 완다의 머리 부분에 구멍slot이 보여요.

She had a _____ on her head.
완다의 머리 위에 _____ 가 있었어요.

 옆에는 party hat(파티 모자), fish(물고기), parrot(앵무새), handbag(핸드백), pirate hat(해적 모자), cake(케이크)의 그림카드가 제시되어 있어요. 폴리는 cake(케이크)를 골랐어요. 여러분은 어떤 그림카드를 고르시겠어요?

이런 식으로 페이지마다 문장의 일부분이 비어 있고, 그 부분에 그림카드를 골라 꽂으면 이야기가 완성되는 식으로 구성된 책입니다. 이 책의 가장 좋은 점은 엄마가 억지로 읽어주지 않아도 아이 스스로 몇 번이고 반복해서 읽고 싶어 한다는 것입니다. 단어 선택에 따라 매번 새로운 이야기가 만들어지는 데다 구멍에 그림을 꽂는 재미도 있어 아이들에게 정말이지 인기만점인 책입니다. 때로는 엉뚱하게 때로는 그럴 듯하게 스토리가 만들어지는데, 어느 쪽이든 아이들은 참 좋아합니다.

펼치고 뒤집으며 보는 신기한 조작 그림책 07

영어와 두뇌 개발을 한 번에
Change the Shape

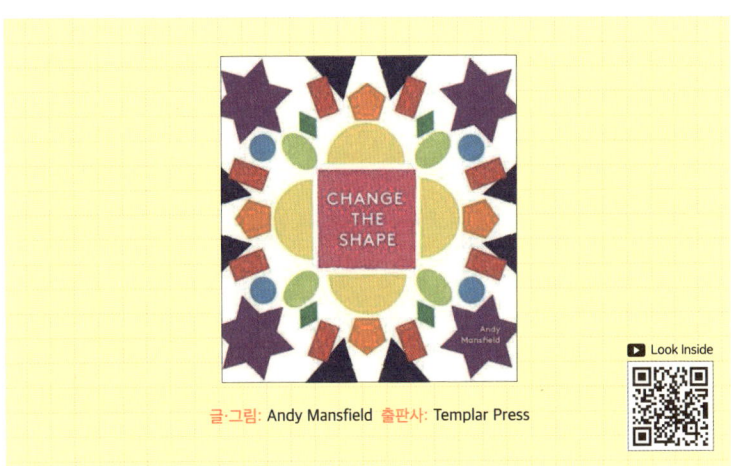

글·그림: Andy Mansfield 출판사: Templar Press

요즘은 조작 팝업북이 좋은 게 정말 많아서 이 책을 위해 몇 권만 고르자니 엄청 갈등이 됐어요. 그중에서 『Change the Shape』은 아이들에게 재미도 주지만 사고력을 키우는 데도 도움이 되기 때문에 고르게 됐습니다.

이 책은 앤디 맨스필드Andy Mansfield의 조작 팝업북 시리즈 중 하나로 퍼즐을 풀 듯이 요리조리 조작을 하면서 문제에 대한 답을 찾아나가는 형식입니다. 책의 일부분을 밀고, 당기고, 접고, 뒤집고, 돌리고, 비틀어가며 답을 찾도록 되어 있어요.

Find a light blue circle.
하늘색 원을 찾아보세요.

보이는 건 빨간색 반원인데, 하늘색 원을 찾아보라고 하네요. 그런데 반원 주변에 보니 화살표로 표시된 두 개의 손잡이가 있어요. 손잡이를 잡고 뱅그르르 돌리니 빨간색 반원이 순식간에 하늘색 원으로 바뀝니다.

Find a purple star.
보라색 별을 찾아보세요.

보라색 삼각형이 보이네요. 그런데 보라색 별을 찾으라고 해요. 삼각형 위에 겹쳐진 종이들을 돌리니 별 모양이 되었어요. 이 책은 이렇게 매 페이지마다 다양한 색깔 도형들을 찾으라는 지시문이 나옵니다. 쉽게 만들 수 있는 것도 있지만, 난이도가 높아서 궁리를 꽤 해야 하는 것들도 있어요. triangle(삼각형), rectangle(사각형), oval(타원형), diamond(다이아몬드형) 같은 도형 이름도 영어로 익히고, 조작을 통해 그 도형들을 찾아내는 과정에서 아이의 사고력까지 키울 수 있어요. 진짜 매력적이지 않나요? 앤디 맨스필드Andy Mansfield의 조작 팝업북 시리즈는 모두 추천해 드리고 싶어요.

정원 속 숨은그림찾기
Spot the Snail in the Garden

펼치고 뒤집으며 보는 신기한 조작 그림책 08

글: Stella Maidment 그림: Joelle Dreidemy 출판사: QED Publishing

조작 기능이 없어도 아이들이 정말 재미있게 즐기면서 보는 책들이 있어요. 바로 숨은그림찾기 책이에요. 사실 팝업북이나 조작북은 재미있지만 제작하는 데 수고가 많이 들기 때문에 책 가격이 비쌀 수밖에 없지요. 하지만 숨은그림찾기 책들은 재미는 있으면서도 책값은 일반 책들과 비슷하기 때문에 가성비가 좋습니다.

〈Spot〉 시리즈는 지금 소개하는 『Spot the Snail in the Garden』 외에 『Spot the Shark in the Ocean』, 『Spot the Lamb on the Farm』, 『Spot the Zebra at the Zoo』 등 장소별로 시리즈가 다양하게 나와 있습니다. 〈Spot〉 시리즈는 단순히 찾기만 하는 그림책이 아니라 장

소와 주제에 맞는 쉬운 설명글과 숨은그림찾기 활동, 질문과 대답 활동들이 함께 어우러져서 재미와 학습을 동시에 잡을 수 있는 알찬 책입니다.

책의 첫 페이지를 펼치면 멋진 정원이 나타나요. 정원 안에는 연못, 채소밭, 꽃밭, 잔디밭, 나무집 등 다양한 장소들이 있어요. 그리고 매 페이지마다 숨어 있는 아기 달팽이를 찾는 미션이 나와 있어요.

처음으로 만나볼 공간은 채소밭입니다. 열심히 채소들을 가꾸고 수확하고 있어요. 애벌레는 나비로 변신하기 위해 열심히 먹어야만 해요. 이 페이지에서는 당근, 애호박, 포크, 초록색 토마토, 그리고 물뿌리개를 찾아야 해요. 매 장소마다 숨어 있는 달팽이를 찾는 것도 잊지 마세요. 아이가 배춧잎을 들어 올리며 질문을 하네요.

How many holes has the caterpillar made in this lettuce leaf?
애벌레가 이 상추잎에 구멍을 몇 개나 만들었을까?

다음 장으로 넘기니 이번에는 개미들이 열심히 일하는 모습이 보이네요. 개미들은 작지만 힘이 매우 세요. 함께 음식을 찾고 집을 만든다고 해요. 쇠똥구리가 질문을 하네요.

Where do you think the ants' nest is?
개미집이 어디에 있는 것 같니?

실제로 개미집을 본 적이 있는 아이들은 금세 찾아내겠죠? 폴리는 개미집을 본 적이 없어서 이 책을 읽고 나서 일부러 산책하면서 보여주기도 했답니다.

물감이 필요 없는 물감놀이
Mix It UP!

펼치고 뒤집으며 보는 신기한 조작 그림책 09

글·그림: Herve Tullet 출판사: Chronicle Books

요즘 아이들은 스마트 기기의 화려한 기능들에 익숙하다 보니 책을 점점 더 지루해하는 것 같아요. 하지만 이 책은 달라요. '읽는 책'이 아니라 '가지고 노는 책'이어서 아이들이 금세 빠져들어요. 그런데 조작이나 팝업 없이 아주 간단한 그림과 상상만으로 눈앞에 3D 효과가 구현되는 느낌을 주어 감탄이 절로 나온답니다.

『Mix It Up!』은 뉴욕타임스 베스트셀러 저자인 에르베 튈레Herve Tullet의 책입니다. 에르베 튈레는 프랑스에서 'the prince of preschool books(어린이책의 왕자)'라고 불릴 정도로 인기 있는 그림책 작가예요. 『Mix It Up!』은 『Press Here』와 함께 에르베 튈레의 대표작 중 하나입니다.

하얀 캔버스 위에 빨강, 노랑, 파랑 물감을 짜 놓은 듯한 모습의 표지를 넘기면 회색 점이 보입니다. 이 회색 점을 두드려 보래요.

Tap that gray spot. Just a little, to see what happens.
회색 점을 두드려요. 잠시 후에 무슨 일이 일어나는지 보세요.

다음 장으로 넘기니 어디선가 빨강, 파랑, 노랑 점들이 회색 점 주위에 나타났어요. 그런데 부끄럼을 타는지 다 온 게 아니래요. 다시 회색 점을 두드려 보래요. 톡! 톡! 톡! 그랬더니 보라색, 분홍색, 초록색 등 더 다양한 점들이 회색 점 주변에 나타났어요. 딱 한 번만 더 두드려 보래요. 자, 이제 모두 모였다고 하네요.

그 위에 손바닥을 올리고 다섯까지 세어보세요. 하나, 둘, 셋, 넷, 다섯! 이제 여러분은 마법의 손을 가지게 되었어요. 빨강, 파랑, 노랑 물감이 보이죠? 한 손가락에 파란 물감을 조금 묻힌 다음 노란 점에 대고 살살 문질러 보세요. 그럼 어떻게 될까요? 와! 초록색이 되었어요. 이제 빨간 물감을 묻혀서 파랑에 섞어 볼까요? 보라색이 되었네요.

이런 식으로 책을 눌러도 보고, 흔들어도 보고, 덮어도 보고, 기울여도 보면서 손에 물감 하나 묻히지 않은 채 다양한 색감놀이를 할 수 있어요. 파랑과 빨강을 섞으면 보라가 된다고 단순히 알려주는 것이 아니라, 아이가 직접 섞어보는 동작을 하도록 유도해서 자연스럽게 색의 변화를 스스로 알게 해주죠. 책을 읽고 난 후에는 독후 활동으로 물감놀이를 직접 하며 책 내용을 복습해도 좋아요.

책에 나온 지시문에 따라 동작을 하면 책 속의 그림이 행동의 결과대로 변해서 아이가 책속의 주인공이 된 듯한 느낌을 주는 책을 '인터랙티브북interactive book'이라고 합니다. interactive가 '상호작용을 하는'이라는 뜻이므로 인터랙티브북은 내가 행동을 하면서 참여하는 '참여형 책' 정도로 이해하면 됩니다. 인터랙티브북은 보통 조작 기능이나 스마트 기기를 활용한 책들이 많아요. 하지만 에르베 튈레의 책들은 오직 그림과 지시문만으로 이루어진 인터랙티브북인데도 아이들이 너무도 사랑한답니다.

고양이들과 장난치며 놀아요
There Are Cats in This Book

펼치고 뒤집으며 보는 신기한 조작 그림책 10

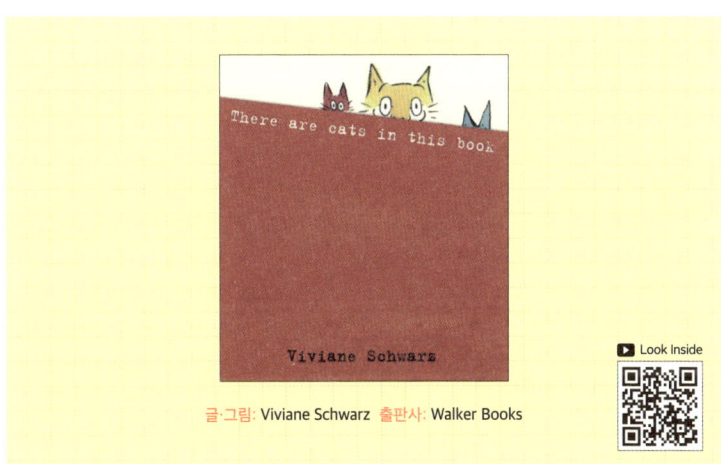

글·그림: Viviane Schwarz 출판사: Walker Books

내가 책 속의 일부가 되어 상호작용이 가능한 인터랙티브 그림책은 참 매력적이지요. 그림을 보면서 엄마의 목소리를 듣는 그림책도 물론 좋지만, 이렇게 아이가 이야기 속의 일부가 되어 참여하는 그림책은 아이가 푹 빠져서 집중할 수 있도록 해준답니다.

『There Are Cats in This Book』은 책의 페이지마다 들추거나 넘겨볼 수 있는 플랩flap이 겹겹이 풍부하게 제시되어 있어요. 세 마리의 고양이가 주인공인데, 세 마리가 각각 책을 읽는 독자에게 대화체로 말을 걸고, 행동을 부탁하고, 감사 인사도 하면서 마치 내가 실제로 그곳에 있는 것 같은 생생한 느낌을 준답니다.

책장을 넘기면 이불 뒤로 고양이 귀가 빼꼼히 보여요. 플랩으로 된 이불을 들추니 고양이 세 마리가 잠에서 덜 깬 표정으로 깜짝 놀라 쳐다봐요. 고양이도 한 마리씩 플랩으로 넘길 수 있도록 되어 있는데, 플랩을 넘길 때마다 누구냐고, 착하냐고, 착해 보인다며 마치 말을 거는 것처럼 대화를 이어갑니다.

Hello. Who are YOU? 안녕. 넌 누구야?
Are you NICE? 넌 착하니?
You LOOK nice. 착해 보인다.

고양이들은 털실을 가지고 놀며 다음 페이지로 넘겨달라고 부탁하기도 하고, 털실을 자기에게 던져보라고도 합니다. 그래서 털실뭉치 플랩을 휙 하고 넘기니 고양이가 퍽 하고 맞는 부분에서 웃음을 줍니다. 이밖에도 고양이들은 종이 상자를 열어보라고 주문하기도 하고, 물에 빠져 젖은 털을 말려달라고 부탁하기도 합니다. 페이지를 한 장 한 장 넘길 때마다 고양이들과 함께 장난치며 노는 듯한 기분이 들지요.

이런 종류의 인터랙티브북은 대화체로 이루어져 있는 것이 특징이에요. 책 속의 주인공들이 우리에게 말을 걸고, 우리도 페이지를 넘기고 플랩을 들추며 반응을 보이면서 참여하는 책이기 때문이지요. 책 내용이 너무 재미있어서 아이도 엄마도 자꾸만 읽어 싶어져 반복을 부르는 마법같은 책이랍니다.

Theme 08

생활회화가 가득한 말풍선 그림책

> Theme 08

생활회화가 가득한 말풍선 그림책

"어떻게 하면 아이가 영어 말하기를 잘할 수 있을까요?"라는 질문을 참 많이 받아요. 아이에게 영어로 말을 걸고 대화를 많이 유도해 주면 좋겠지만 그럴 수 있는 엄마는 많지 않지요. 하지만 방법만 알면 영알못 엄마도 충분히 아이의 영어 아웃풋을 이끌어낼 수 있답니다.

먼저 너서리 라임과 마더구스같은 영어 동요를 많이 들려주어 아이가 영어를 흥얼거리게 해주세요. 영어 동요를 통해 아이들은 영어 소리 고유의 음절을 자연스럽게 받아들이게 됩니다. 그리고 의성어·의태어가 가득한 그림책을 읽어주세요. 소리가 재미있어서 아이들이 신이 나서 흉내 내어 말하거든요.

여기에 한 가지 방법을 추가하면 좋은데, 바로 생활회화가 가득한 말풍선 그림책입니다. 말풍선 그림책은 다양한 대화체 표현들을 아이에게 접해줄 수 있습니다. 또한 쉬운 표현이 나오는 부분은 아이와 주거니 받거니 읽을 수 있어서 효과적입니다. 그래서 이번 Theme에서는 재미있는 대화체 표현이 가득한 말풍선 그림책들을 골라서 소개해 드릴게요.

문장이 금세 외워져요
Up! Tall! And High!

생활회화가 가득한 말풍선 그림책 01

글·그림: Ethan Long 출판사: Penguin Group USA

'말풍선 그림책'이란 이야기가 말풍선 안에 대화로 제시되어 있는 책을 말합니다. 말풍선 그림책들은 단어나 간단한 문장으로만 구성되어 있지만 그림으로 전개되는 스토리가 탄탄해서 시트콤 같은 재미를 줍니다. 또한 대화로 진행되기 때문에 일상적인 회화 표현이 주로 사용되어 영어회화 아웃풋을 내는 데 단연 효과적입니다. 말풍선 그림책을 많이 읽어주면 아이가 책에 나온 표현들을 금세 외워서 일상생활에서 사용하게 됩니다.

『Up! Tall! And High!』는 새들이 주인공이에요. 새들끼리 누가 크고, 누가 높이 날 수 있고, 누가 나무 위에 올라갈 수 있는지 서로 뽐내며 얘기하는 내용인데, 간단한 단어와 문장으로 이루어진 말풍선 그림책이에요. 이 책은 단어 몇 개로 대화하며 스토리가 진행되는데 tall, go high, fly, up 정도의 단어가 여러 번 반복적으로 사용됩니다.

새 한 마리가 등장해서 자기가 크다고 말합니다. 그러자 살짝 더 큰 새가 뽐내듯 다가와 자기가 크다고 하네요. 마지막으로 가장 작은 새가 장대 위에 서서 자기가 크다고 우기다가 땅으로 내려오더니 자기는 크지도 않지만 작지도 않다며 꽁지 깃털을 착 펼치네요.

I am tall.
나는 키가 커.

You are not tall.
너는 안 커.

I may not be tall. POOF! But I am not small.
나는 안 클지도 모르지. 착! 하지만 난 작지 않아.

공작새처럼 꽁지 깃털을 착 펼치는 장면이 반전이었어요. 이 책은 세 개의 스토리로 이루어져 있는데, 각 스토리마다 반전 결말로 끝나서 읽는 재미가 있습니다. 비슷한 문장을 반복적으로 사용하기 때문에 몇 번 읽어주면 아이들이 금세 외워서 자기가 대사를 해보려고 합니다.

이 책은 닥터 수스 상 Theodore Seuss Geisel Award 수상작이기도 합니다. 닥터 수스 상은 미국의 대표적인 그림책 작가인 닥터 수스 Dr. Seuss를 기념해서 만든 상으로 '처음 읽기를 시작하는 아이들에게 격려와 용기를 주는 책The book must encourage and support the beginning reader'이어야 한다는 선정 기준이 있습니다. 영어 그림책을 고를 때 '닥터 수스 상' 라벨이 붙어 있는 책이 있다면 글밥이 적고, 문장이 단순하며, 그림이 내용 이해를 돕는 좋은 그림책일 거라고 생각하면 됩니다. 참고로 상의 이름인 Theodore Seuss Geisel은 닥터 수스의 본명이라고 해요.

위트 있는 스토리의 매력
Let's Say Hi to Friends Who Fly!

생활회화가 가득한 말풍선 그림책 02

글·그림: Mo Willems 출판사: Balzer & Bray

대화체 그림책 하면 떠오르는 그림책 작가가 있나요? 저는 모 윌렘스Mo Willems가 가장 먼저 떠오릅니다. 모 윌렘스는 『내 토끼 어딨어?』, 〈비둘기Pigeon〉 시리즈, 〈코끼리와 꿀꿀이An Elephant & Piggie〉 시리즈 등으로 우리나라에서도 많은 사랑을 받고 있는 그림책 작가예요. 귀엽고 유머러스한 일러스트와 단순한 문장으로 스토리를 위트 있게 만들어내는 것이 특징입니다.

『Let's Say Hi to Friends Who Fly!』는 고양이가 하늘을 날 줄 아는 동물 친구들을 찾아다니는 이야기예요. 고양이가 그네를 타고 있는 벌에게 날 수 있냐고 물어봅니다. 그러자 벌은 자기를 보라며 요리조리 묘기를 부리듯 윙윙 나는 모습을 뽐냅니다. 이번에는 고양이와 벌이 모래놀이를 하고 있는 새에게 날 수 있냐고 물어봅니다. 새는 자기를 보라며 펄럭펄럭 나는 모습을 보여줍니다. 다음은 구름사다리에 거꾸로 매달려 있는 박쥐에게 찾아가서 날 수 있는지 물어봅니다. 그러자 박쥐는 파닥파닥 나는 모습을 보여주고 친구들은 그 모습을 너무나 좋아합니다.

Can you fly, Bat the Bat? 박쥐야, 너 날 수 있니?
Watch me! 날 봐!
FLUTTER! FLUTTER! FLUTTER! 파닥! 파닥! 파닥!
Go, Bat the Bat! 박쥐, 파이팅!

또 누가 날 수 있을까요? 친구들 앞에 나타난 건 코뿔소예요. 동물 친구들은 약간 미심쩍은 표정으로 코뿔소에게 날 수 있냐고 물어봐요. 과연 코뿔소는 날 수 있을까요? 책을 통해 확인해 보세요.

이 책에는 Can you fly?(너 날 수 있어?)와 Watch me.(날 봐.)라는 두 문장이 계속 반복해서 등장해요. 문장은 같지만 상황이 다른 그림들을 통해서 스토리가 재미있게 진행됩니다. 같은 문장이 계속 등장하다 보니 한두 번 읽어주면 아이들이 자기가 읽겠다고 나서기도 합니다. 동물들의 영어 이름과 함께 동물이 날아가는 모습을 표현하는 의성어·의태어들도 자연스럽게 배울 수 있습니다. 동물들을 바꿔서 자기만의 이야기도 만들어 보세요.

코끼리와 꿀꿀이의 우정
I Love My New Toy!

생활회화가 가득한 말풍선 그림책 03

글·그림: Mo Willems   출판사: Hyperion Books for Children

말풍선 그림책의 대표 주자인 모 윌렘스Mo Willems의 책을 한 권 더 소개할게요. 바로 『I Love My New Toy!』입니다. 이 책은 서로 다른 성격을 가진 코끼리와 돼지의 우정을 그린 〈An Elephant & Piggie〉 시리즈의 한 권으로, 이 시리즈는 우리나라에 〈코끼리와 꿀꿀이〉로 번역 출간되었습니다.

꿀꿀이에게 새 장난감이 생겼어요. 꿀꿀이가 새 장난감을 코끼리에게 보여주자, 코끼리는 어떻게 가지고 노는 거냐고 묻습니다. 하지만 꿀꿀이도 모른대요. 코끼리는 혹시 던지면서 가지고 노는 장난감이 아니냐고 추측해요. 그러면서 자기는 장난감 던지기를 좋아한다고 해요. 그 말은 들은 꿀꿀이는 새 장난감을 코끼리에게 빌려줍니다.

What does it do? 이거 뭐 하는 거야?
I have no idea. 몰라.
Maybe it is a throwing toy. 던지면서 노는 건가?
I love throwing toys. 나는 던지는 장난감 좋아하는데.
Here. Try it. 자. 해봐.

코끼리는 꿀꿀이의 장난감을 하늘 높이 슝 던지는데, 너무 높이 던진 건지 장난감은 한참동안 내려오지 않아요. 드디어 장난감의 모습이 보이기 시작하는데, 받지를 못해서 그만 땅에 떨어져 두 동강이 나고 말아요.

장난감이 망가지자 꿀꿀이는 크게 화를 내고, 코끼리는 꿀꿀이에게 사과하지만 꿀꿀이는 받아주지 않아요. 결국 둘 다 속상해서 펑펑 울고 있는데, 그 옆을 지나가던 다람쥐가 부서진 장난감을 들더니 원래 끼었다 뺐다 하는 장난감인 걸 알려줍니다. 장난감이 망가진 게 아니라 원래 분리되는 거였어요. 그 모습을 보고 이번에는 상황이 역전되어 꿀꿀이가 코끼리에게 미안한 표정을 지어요. 하지만 결국 서로 화해하고 우정을 지키면서 마무리됩니다.

〈An Elephant & Piggie〉 시리즈는 우정을 따뜻하고 교훈적으로만 그려낸 것이 아니라 유쾌하고 위트 있게 담아 놓아서 아이들에게 인기만점입니다. 두 주인공이 티격태격하면서 주고받는 대화들은 간단하지만 실생활에서 정말 자주 사용되는 표현들이어서 무척 유용합니다. 그리고 간단한 대화 몇 마디밖에 없는데 스토리는 어쩜 이렇게 재미있는지 몰라요. 역시 그림책의 매력이란 끝이 없어요.

파리의 반전 드라마
Frog and Fly

생활회화가 가득한 말풍선 그림책 04

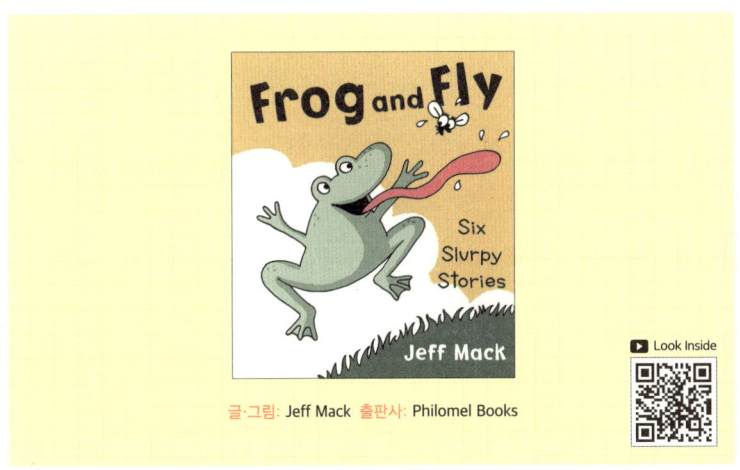

글·그림: Jeff Mack　출판사: Philomel Books

『Frog and Fly』는 아주 코믹한 책입니다. '6개의 꿀꺽꿀꺽 이야기Six Slurpy Stories'라는 책의 부제처럼 개구리와 파리를 소재로 한 6개의 짧은 이야기가 수록되어 있습니다. 그런데 보통의 그림책들은 동물들이 주인공으로 등장하면 서로 화해하고 좋은 친구가 되면서 끝나게 마련인데, 이 책에서는 개구리가 파리를 먹어 치우면서 이야기가 전개됩니다.

　　첫 번째 이야기를 볼까요? 어디선가 날아온 파리가 개구리에게 인사를 해요. 만나서 반갑다고 Nice to meet you.라고 인사하자 개구리는 잘못 알아들은 척 Nice to eet you? 하며 되묻습니다. 파리가 그 말이 아니라며 No. Nice to meet you.라고 표현을 고쳐주지만, 개구리는 파리를 먹어 치우며 No. Nice to eat you!라고 다시 고쳐서 말합니다.

Nice to meet you. 만나서 반가워.
Nice to eet you? 안나서 반갑다고?
No. Nice to meet you. 아니, 만나서 반갑다고.
SLURP! 꿀꺽!
No. Nice to eat you! 아니, 먹어서 반가워!

이런 식으로 첫 번째 이야기에서 다섯 번째 이야기까지 파리는 계속 개구리한테 당하며 잡아먹힙니다. 책을 읽다 보면 파리가 계속 당하는 부분에서 아이들이 엄청 속상해합니다. 그런데 항상 뛰는 놈 위에 나는 놈이 있게 마련이죠. 계속 당하기만 하던 파리가 마지막 에피소드인 여섯 번째 이야기에서 드디어 반격을 펼칩니다.

어둠이 깔려 개구리는 아무것도 볼 수가 없었어요. 하지만 파리 소리가 나는 곳을 향해 SLURP!(꿀꺽!) 하고 입질을 해요. 과연 그 결말은 어떻게 되었을까요? 마지막에 반전이 펼쳐지면 아이들이 그렇게 좋아할 수가 없습니다. 개구리가 얄밉다던 폴리도 결말 부분을 보더니 속이 다 시원하다며 좋아했어요.

코믹하고 엉뚱한 이야기
My Toothbrush Is Missing

생활회화가 가득한 말풍선 그림책 05

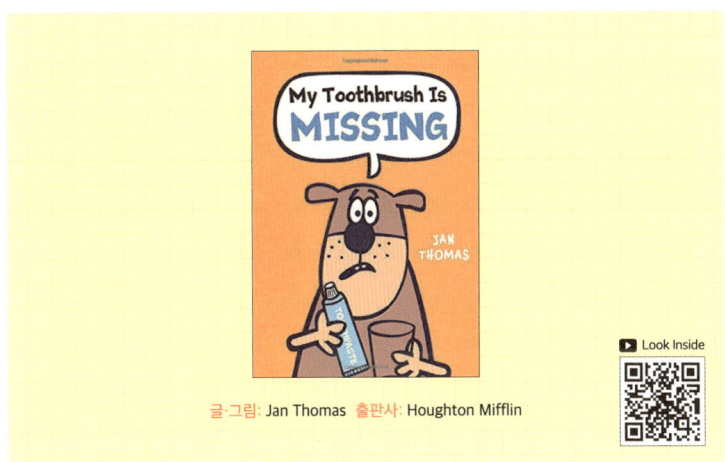

글·그림: Jan Thomas   출판사: Houghton Mifflin

『My Toothbrush Is Missing』은 깔깔 대고 웃으면서 읽을 수 있는 재미난 스토리의 말풍선 그림책입니다. 코믹하고 엉뚱한 이야기를 좋아하는 아이라면 누구나 대환영할 만한 책이죠. 폴리가 한동안 정말 사랑하고 엄청 반복해서 보았던 책이에요. 저도 폴리 덕분에 이 책의 저자인 잔 토마스Jan Thomas에게 반해 버렸답니다. 같은 캐릭터들이 등장하는 시리즈 책들도 모두 재미있으니 이 책을 읽고 반응이 좋다면 시리즈의 다른 책들도 함께 보여주는 것을 추천드립니다.

누군가가 강아지의 칫솔을 가지고 가 버렸어요. 사라진 칫솔을 찾는 강아지를 돕기 위해 친구들이 나섭니다. 칫솔이 어떻게 생겼냐고 묻자, 강아지는 bristle(짧고 빳빳한 털/솔)이 붙어 있다고 해요. 그러자 당나귀는 본 적이 있는 것 같다면서 자기를 따라오라고 하네요.

My toothbrush is missing!
내 칫솔이 사라졌어!

Oh, no!
오, 저런!

What does a toothbrush look like?
칫솔이 어떻게 생겼는데?

Well, you know, it has bristles.
음, 솔이 달렸어.

Bristles? Weird. I feel like I've seen it... I know! Come this way!
솔? 이상하군. 내가 본 적이 있는 것 같아… 알겠다! 이쪽이야!

하지만 당나귀가 보여준 것은 뚱뚱한 고양이였어요. 당나귀가 고양이의 수염이 bristle이라고 주장하자, 강아지는 자기 칫솔에는 기다란 손잡이도 있다고 해요. 이번에도 당나귀는 긴 손잡이가 달린 걸 본 적이 있는 것 같다며 친구들을 데려가는데, 그건 긴 손잡이가 달린 빗자루였어요. 강아지는 자기 칫솔은 빗자루보다 작고 빨간색 손잡이가 달려 있다고 설명합니다. 당나귀는 이번에도 알겠다며 뭔가를 들고 오지만 역시나 아니었어요.

당나귀는 칫솔 찾는 걸 도와줄 만큼 도와준 것 같다며 자기는 말발굽 청소나 다시 해야겠다고 하네요. 그런데 당나귀가 발굽을 문지르는 모습을 보고 모두들 경악을 금치 못하는데, 발굽을 문지르는

솔이 바로 강아지가 잃어버린 칫솔이었거든요. 간단한 스토리지만 빵빵 터지는 웃음 포인트들이 있어서 폴리랑 정말 깔깔대면서 보았던 책이랍니다.

원숭이와 케이크의 절친 케미
This Is My Fort!

생활회화가 가득한 말풍선 그림책 06

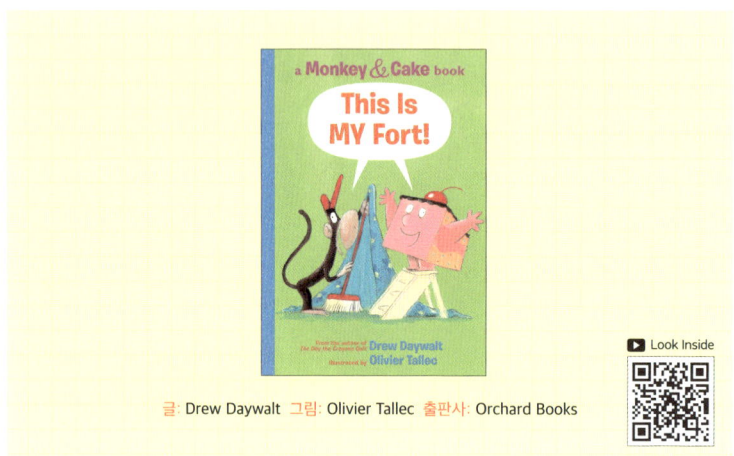

글: Drew Daywalt 그림: Olivier Tallec 출판사: Orchard Books

말풍선 그림책들은 등장인물들의 성격이 명확한 것이 특징입니다. 설명이나 묘사하는 글이 없고 짧은 대사만으로 스토리가 진행되다 보니 등장인물의 캐릭터 설정에 더욱 공을 들이는 것 같습니다. 그래서 캐릭터 설정만으로도 웃음을 주는 책들이 많습니다.

『This Is My Fort!』는 원숭이와 케이크가 주인공으로 등장하는 〈Monkey & Cake〉 시리즈의 한 권입니다. 원숭이와 케이크라니 참 신기한 조합이지 않나요? 전혀 안 어울릴 것 같은 두 캐릭터이지만 주고받는 대화를 보면 두 주인공의 케미가 환상적입니다.

원숭이가 앞서가는 케이크에게 인사를 해요. 뭔가 당황하는 듯한 케이크도 인사를 합니다. 원숭이가 케이크에게 뭐 하는 중이냐고 묻자 케이크는 요새를 만들고 있다고 합니다. 왜 요새를 만드는지 묻자 케이크는 원숭이들의 출입을 금지시키기 위한 거라며 원숭이는 자신의 요새에 들어올 수 없다고 말합니다. 원숭이는 깜짝 놀라서 자기도 요새를 좋아한다며 계속 요새에 들어가고 싶다고 어필합니다. 하지만 케이크는 꿈쩍도 하지 않아요.

I am making a fort.
난 요새를 만들고 있어.

No Monkeys are allowed in my fort.
원숭이는 내 요새에 못 들어와.

　　드디어 케이크의 요새가 완성되자 원숭이가 능청스런 표정으로 자신의 요새도 완성되었다고 말합니다. 원숭이는 케이크가 요새 만드는 것을 구경만 하고 있었는데 말이죠. 요새가 어디 있냐고 케이크가 묻자 원숭이는 케이크가 만든 요새를 제외한 온 세상이 자기의 요새라고 해요. 자기의 요새는 엄청 큰데 케이크의 요새는 작다고 비아냥대죠. 또 케이크 요새는 덫trap이고 우리cage라고 말해요.
　　그러자 원숭이의 작전에 휩쓸린 케이크가 원숭이에게 사정을 하기 시작합니다. 자신은 자유를 원한다고, 나갈 수 있게 해달라고 말이에요. 원숭이는 처음에는 자신의 요새에는 케이크는 출입금지라고 거절하지만, 나중에는 다 농담이라고 하네요. 그러면서 케이크에게 함께 파이를 먹으러 가자고 해요. 원숭이가 참 영리하죠? 똑똑한 척은 케이크가 다 하는데 말이에요.

무섭지만 안 무서운 이야기
I Am (Not) Scared

생활회화가 가득한 말풍선 그림책 07

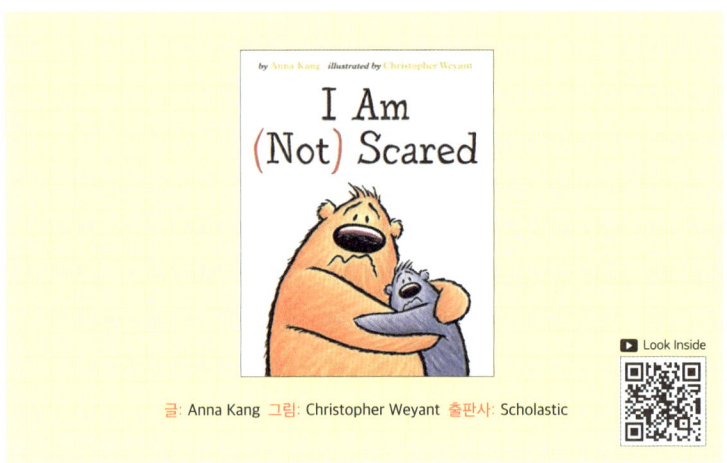

글: Anna Kang 그림: Christopher Weyant 출판사: Scholastic

대화체 그림책인데 대화를 말풍선에 넣지 않은 책도 있습니다. 『I Am (Not) Scared』는 제목은 '무섭지 않다'는 뜻인데 Not에 괄호가 있고 잔뜩 겁먹은 곰 두 마리가 보이네요. 대충 어떤 이야기일지 감이 오지요? 이 책은 말풍선 대신 선으로 누구의 대사인지 표시를 해 두고, 강조할 부분에는 서체를 달리해서 생동감을 주었습니다.

 작은 곰과 큰 곰이 나란히 서 있어요. 작은 곰은 자신감이 넘치는 모습인데, 큰 곰은 두 손을 모으고 걱정스러운 표정을 하고 있어요. 그 모습을 보고 작은 곰이 큰 곰에게 겁내고 있다고 말해요. 그러자 큰 곰은 자기는 무섭지 않다며 네가 무서운 거 아니냐고 되묻고, 작은 곰은 자기는 용감하고 이건 무지 재미있을 거라고 말해요.

You are scared. 너 무섭구나.
I am not scared. Are you? 난 안 무서워. 너는?
No, I am brave. 하나도. 난 용감해.
This will be fun! 이건 재밌을 거야!

그런데 두 곰의 표정이 심상치 않아요. 무엇 때문에 자기는 용감하다고 큰소리를 치고 걱정스러운 표정을 짓고 있는 걸까요? 아하! 두 친구는 롤러코스터를 타려고 기다리는 중이었네요. 살짝 겁이 난다고 말하는 큰 곰에게 작은 곰은 걱정하지 말라면서 세상에는 이것보다 무서운 게 아주 많다고 해요. 뱀도 있고, 털 달린 거미가 가득한 욕조, 뜨거운 용암 구덩이, 튀긴 개미들이 가득 있는 프라이팬, 분

홍 눈에 털 달린 이빨을 한 외계인같은 것들이요.

그러는 사이 롤러코스터가 도착했어요. 그런데 뱀까지 타고 있어요. 어차피 무서우니까 함께 롤러코스터를 타게 되는데, 막상 타 보니 작은 곰도 무서운가 봐요. 겁에 질려 무섭다고 소리소리 지르며 롤러코스터를 타네요. 타고 내려온 다음 정말 무서웠다고 얘기하더니 둘은 빙그레 웃으며 무서운 스릴을 즐기러 다시 한 번 롤러코스터를 탑니다.

무서운 것을 무섭다고 솔직하게 표현하는 것은 절대 부끄러운 게 아니라는 것, 처음에는 무서웠지만 생각보다 무섭지 않았던 것들에 대해 아이와 함께 이야기 나눠보세요.

최고의 스티브를 가려라!
The Steves

생활회화가 가득한 말풍선 그림책 08

글·그림: Morag Hood 출판사: Sourcebooks Jabberwocky

『The Steves』는 쨍한 색감의 일러스트가 매력적인 모랙 후드Morag Hood 작가의 책입니다. 모랙 후드의 책은 글밥이 많지 않고 일러스트가 컬러풀해서 아이들이 참 좋아합니다. 내용도 너무 재미있어서 어른이 봐도 반하게 되는 그림책입니다. 모랙 후드의 책 중에서 지금 소개해 드리는 『The Steves』는 대화체로만 이루어져 있는데 아이와 가장 재미있게 읽었던 책이에요.

화려한 부리를 가진 퍼핀새가 주인공으로 등장합니다. 부리 끝이 주황색인 퍼핀새가 자신을 스티브Steve라고 소개하며 인사를 해요. 그런데 이번에는 부리 끝이 빨간색인 퍼핀새가 나타나서 자기가 스티브라며 화를 내요. 주황 부리의 스티브가 자기가 여기에 먼저 왔다고 하자 빨간 부리의 스티브는 '겨우 한 페이지 먼저'라면서 계속 화를 내죠.

Hello! I'm Steve. 안녕! 난 스티브야.
I'M Steve. 내가 스티브거든.
But I was here first. 하지만 내가 여기 먼저 왔거든.
BY ONE PAGE! 한 페이지 먼저잖아!

그러면서 두 마리의 새는 서로 자기가 스티브라고 싸움을 합니다. 더 높은 곳에 올라가 자기가 일등 스티브라고 주장하기도 하고, 자기가 생일이 더 빠르니까 최고의 스티브라고 우기기도 합니다. 두 마리의 스티브는 누가 물고기를 더 많이 잡을 수 있는지, 누가 가장 빠른지, 누가 더 힘이 센지 계속 겨루면서 서로 자기가 최고의 스티브라고 우겨대지요. 그러다 결국에는 '너는 발 모양이 이상하다', '너는 똥 냄새가 난다'라며 상대방을 비하하는 발언까지 하고 맙니다.

둘은 서로 상처를 받고 상대방에게 미안한 마음이 듭니다. 결국 둘은 서로에게 사과하고 화해를 하며 이야기가 마무리되는 줄 알았는데, 갑자기 노란 부리의 스티브가 나타나요. 어떻게 이야기가 펼쳐질까요? 아이와 함께 후속 이야기를 상상해봐도 재미있어요.

사랑스런 맥스와 마일로 이야기
Max & Milo Go to Sleep!

생활회화가 가득한 말풍선 그림책 09

글·그림: Heather Long, Ethan Long 출판사: Simon & Schuster

아이들은 또래가 등장하는 책은 공감이 잘되기 때문에 더욱 몰입하고 빠져듭니다. 영상을 볼 때도 또래가 하는 대사들은 더 잘 따라 하고요. 말풍선 그림책들은 말하기에 도움이 된다고 했는데, 그중에서도 또래가 주인공인 이야기는 아이들이 평소 자주 쓰는 말들이 많이 나오기 때문에 회화 활용도가 더욱 높습니다.

에단 롱Ethan Long도 '말풍선책' 하면 딱 떠오르는 작가입니다. 그 중에서도 〈Max & Milo〉 시리즈는 본인 자녀들의 이야기를 아내인 헤더 롱Heather Long이 글로 쓰고 에단이 그림을 그린 것으로 아이들의 일상을 공감할 수 있게 잘 담아 놓은 수작입니다.

잘 시간이 되었어요. 맥스Max는 이미 눈이 감길 정도로 잠이 왔지만, 마일로Milo는 아직 정신이 말똥말똥하고 잠이 오지 않아요. 누워서 양을 세어 봐도 소용이 없어요. 그러자 잠이 오지 않는다고 맥스를 깨워요. 맥스는 책을 읽어보라고 하죠.

MAX! Wake up! I can't sleep.
맥스! 일어나봐! 나 잠이 안 와.

You've only been trying for two seconds. Why don't you read a book?
너 자려고 한 지 2초밖에 안 됐거든. 책을 읽어보지 그래?

Good idea!
좋은 생각이야!

마일로는 책을 고르기 시작하지만 이건 너무 무섭고, 저건 너무 길고, 요건 너무 짧다네요. 그러다가 평소 좋아하던 책을 찾아냈어요. 책을 읽으려는데 이번에는 스탠드가 안 켜져요. 마일로는 이번에도 맥스를 깨우고, 맥스는 플래시를 켜서 보라고 해요. 그 후로도 마일로가 플래시 때문에 너무 덥다고 하자 맥스는 선풍기를 틀라고 하고, 바람 때문에 목이 마르다고 하자 맥스는 물을 마시라고 알려줘요. 마일로가 물을 빨대로 시끄럽게 마시는 것까지 모두 참았어요. 그리고 드디어 잠을 잘 수 있을 것 같다는 마일로의 말에 안도하지요. 하지만 마일로는 다시 양을 한 마리, 두 마리 세다가 결국 잠이 안 온다고 맥스에게 말을 겁니다.

마일로 때문에 계속해서 잠을 잘 수 없었던 맥스는 결국 화를 내고 맙니다. 너는 매일 밤 이러지 않냐면서요. 그런데 마일로가 조용해서 보니 어느새 잠이 들었네요. 하지만 이번에는 맥스가 잠이 오지 않아요. 불쌍한 맥스! 저도 폴리를 재우다가 같은 경험을 해본지라 어찌나 공감이 되던지요.

오리는 아무도 못 말려!
All Right Already!: A Snowy Story

생활회화가 가득한 말풍선 그림책 10

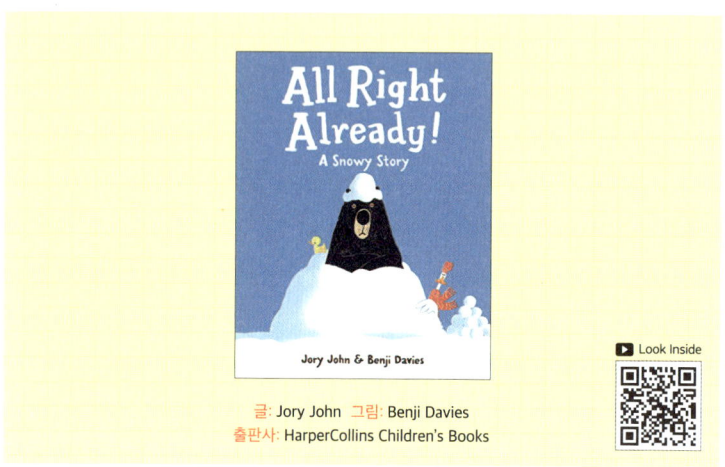

글: Jory John 그림: Benji Davies
출판사: HarperCollins Children's Books

『All Right Already!: A Snowy Story』는 말풍선은 그려져 있지 않지만 책 전체가 대화체로 구성된 책이에요. 곰과 오리가 주인공인데, 둘의 대사를 글씨체를 달리해서 누가 말하는 건지 쉽게 알 수 있습니다. 약간 두꺼운 글씨체는 다소 무뚝뚝한 곰의 성격을, 얇은 글씨체는 재잘재잘 떠드는 걸 좋아하는 오리의 성격을 드러내 줍니다.

오리가 일어나서 창밖을 보니 온통 눈 세상이에요. 이 멋진 광경을 이웃에 사는 곰과 함께 나누고 싶은 오리는 곰을 찾아가 눈 구경을 가자고 제안해요. 목욕 중이던 곰은 밖은 너무 추워서 싫다고 하지요. 하지만 멋진 광경을 놓치고 싶지 않은 오리는 곰을 떠밀어 밖으로 데리고 갑니다. 오리는 얼음땡을 할까, 요새를 만들까, 눈사람을 만들까, 그것도 아니면 썰매를 탈까 다양한 제안을 해보지만, 곰은 계속 No!라고 거절만 하네요.

Do you want to play freeze tag? 너 얼음땡 놀이 할래?
No. 싫어.
Build a fort? 요새 만들래?
No. 싫어.
Make a snowbear? 눈곰 만들래?
No. 싫어.

그런데 가만히 보니 곰은 거절을 하는 것 같다가도 결국 오리가 하자는 대로 맞춰줍니다. 눈 속에 있다 보니 점점 추워진 곰은 결국 감기에 걸리고, 오리는 곰을 간호해 주겠다고 나섭니다. 그러면서 곰에게 이불을 덮어주고, 스프를 만들어주고, 이마에 얼음주머니를 올려주는 등 이것저것 해줍니다. 하지만 정작 곰이 원하는 건 휴식이에요. 결국 곰은 화를 내고 오리는 쓸쓸히 집으로 돌아갑니다.

그런데 이번에는 오리가 감기에 걸렸어요. 아프니까 그냥 휴식을 취하면 좋으련만, 오리는 곰이 자기를 돌봐줬으면 좋겠대요. 곰은 오리가 눈 쌓인 지붕에 Please take care of me.(날 돌봐줘.)라는 메시지를 남긴 것을 봐요. 과연 곰은 오리를 간호하기 위해 갈까요? 안 갔으면 했는데, 결국 우정을 위해 곰은 오리의 간호를 하네요.

곰은 조용히 혼자 있고 싶지만 오리는 자꾸 이것저것 제안하며 한 말을 또 하기도 해요. 오리가 한 말을 또 할 때 곰은 You already said that.(그건 이미 말했잖아.)이라는 표현을 자주 씁니다. 조리 존의 〈Already〉 시리즈는 『Goodnight Already!』, 『I Love You Already!』, 『Come Home Already!』처럼 제목에 모두 Already라는 단어가 붙어 있어요. 한 말을 또 하는 캐릭터가 계속 등장한다는 걸 짐작할 수 있지요. 참고로 이 책의 제목이기도 한 All right, already.는 '이미 알고 있어.', '알았다니까.'라는 의미의 표현입니다.

Theme 09

기발한 내용의 창의력 그림책

Theme 09

기발한 내용의 창의력 그림책

우리 아이들이 살아갈 미래는 창의력이 중요한 시대라고 하는데, 창의력은 문제집이나 수업으로 길러지는 것이 아닙니다. 그렇다고 엄마가 매번 새로운 것으로 아이의 뇌를 자극해주기도 쉽지 않고요.

그렇다면 부모가 아이의 창의력을 길러줄 수 있는 가장 좋은 방법은 무엇일까요? 바로 기발한 내용의 창의적인 책을 아이에게 읽어주면서 다양한 대화를 나누는 것입니다. 영어 그림책을 읽다 보면 전혀 생각지도 못한 아이디어가 넘치는 내용과 구성에 감탄할 때가 많아요. 그림책을 만드는 사람들은 진짜 천재가 아닐까 생각한 적도 많답니다.

창의력과 생각하는 힘을 길러주기 위해 책도 읽히고, 그림도 보여주고, 음악도 들려주는데, 영어 그림책에는 이 모든 것이 한 권에 담겨 있으니 정말 최고입니다. 그럼 우리 아이들의 창의력을 팡팡 키워줄 그림책들을 만나볼까요?

가위일까, 토끼일까?
This Is a Rabbit.

기발한 내용의 창의력 그림책 01

글·그림: Heath McKenzie 출판사: Scholastic

그림책 작가들은 저와는 다른 인류인 '별에서 온 그대' 같아요. 어떻게 그렇게 상상력이 풍부하고 창의력이 탁월할까요? 『This Is a Rabbit.』은 책 표지를 처음 봤을 때 이게 도대체 무슨 책일까 싶었어요. 그런데 책을 한 장 한 장 펼쳐서 읽으면서 이 책의 매력에 푹 빠질 수밖에 없었답니다.

표지에 가위 그림이 있는데 책 제목은 '이건 토끼야.'예요. 가위를 보고 왜 토끼라고 하는 것일까요? 책장을 넘기면 똑같은 가위 그림이 나란히 놓여 있고, 한쪽에는 펼칠 수 있는 플랩flap이 있어요. 가위를 보고 토끼라고 하니까 당연히 No way!(말도 안 돼!)라는 반응

을 보입니다. 그런데 플랩을 펼치자 숨겨진 그림이 나타나는데, 가위의 두 날이 토끼의 귀였네요.

This is a rabbit. 이건 토끼야.
No way! 말도 안 돼!

See, it is a rabbit! 봐, 토끼잖아!

이번에는 거품기가 나란히 놓여 있는데 거품기를 보고 캥거루라고 우기고 있어요. 당연히 No way!(말도 안 돼!)라고 반응하는데, 플랩을 넘기니 거품기의 손잡이가 캥거루의 꼬리였네요. 가위가 토끼가 될 때는 흥미로운 정도였는데 거품기의 손잡이가 캥거루의 꼬리가 되는 걸 보고는 정말 깜짝 놀랐어요. 상상력과 창의력이 너무 좋은 거 아닌가요?

이번에는 뜨거운 그릇을 잡을 때 사용하는 주방 장갑을 보고 코뿔소라고 하네요. 플랩을 넘기기 전에 장갑이 어떻게 코뿔소로 변하게 될지 아이에게 물어보고 같이 상상해 보세요. 플랩을 펼쳐 보니 장갑의 엄지손가락 부분이 코뿔소의 뿔이었어요. 이번에는 숟가락을 보고 오리너구리라고 하는데 이건 살짝 짐작이 가지요? 이렇듯 이 책은 플랩 뒤에 숨겨진 그림을 찾는 재미가 큰 책입니다.

플랩을 펼치기 전에 No way!(말도 안 돼!)라는 표현이 반복되다 보니 이 책을 읽고 나면 아이들은 No way!를 정말 잘 사용하게 됩니다.

기발한 내용의 창의력 그림책 02

책에 구멍이 뚫려 있는 구멍책
First the Egg

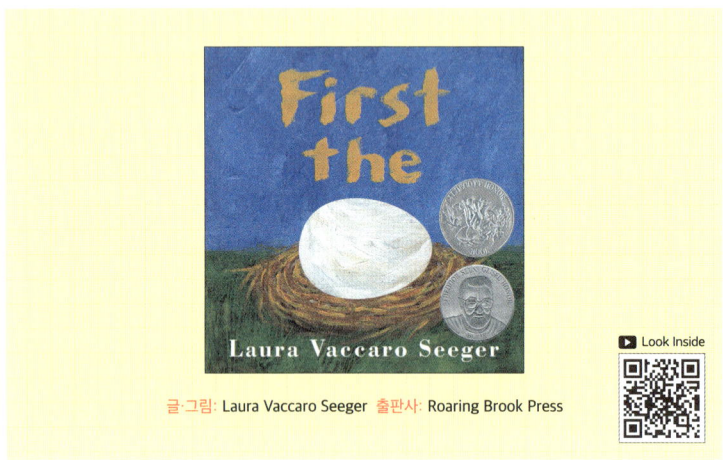

글·그림: Laura Vaccaro Seeger 출판사: Roaring Brook Press

책의 일부에 구멍이 뚫려 있는 책을 흔히 '구멍책'이라고 합니다. 구멍책은 구멍을 통해 아이들의 호기심을 자극하기도 하고, 구멍을 이용해 스토리가 반전 있게 전개되기도 해서 아이들이 참 좋아합니다.

『First the Egg』는 다양한 구멍책들 중에서 제가 개인적으로 가장 좋아하는 책이에요. 구멍으로 보이는 그림들이 깊은 울림을 주기 때문입니다. 이 책의 저자는 로라 바카로 시거Laura Vaccaro Seeger인데, 그녀의 책은 글밥이 많지 않은데도 깊은 의미를 담고 있어요. 이 책은 그림책의 양대 상인 칼데콧상과 닥터 수스상을 모두 받은 책이기도 합니다.

책을 펼치면 First the EGG라고만 적혀 있어요. the EGG 밑에는 구멍이 뚫려 있고 하얀 계란이 보입니다. 처음에는 계란이었는데 그 다음에는 무엇이 될까요? 책장을 넘기니 계란이 보였던 구멍이 노란 병아리의 몸통이 되었어요. 병아리가 자라면 닭이 됩니다.

이번에는 First the TADPOLE이라고 적혀 있고, 그 위쪽 구멍으로 올챙이가 보입니다. 책장을 넘기니 올챙이가 보였던 구멍이 뒷다리가 나온 올챙이가 되었어요. 올챙이가 자라면 개구리가 되겠죠?

First the EGG 처음에는 계란
Then the CHICKEN 그 다음에는 닭
First the TADPOLE 처음에는 올챙이
Then the FROG 그 다음에는 개구리

다시 구멍으로 씨앗이 보이고 이 씨앗은 자라서 꽃이 됩니다. 구멍으로 애벌레가 보이고 이 애벌레는 아름다운 나비가 됩니다. 단어는 모여서 멋진 이야기가 되고, 물감은 모여서 아름다운 그림이 됩니다. 완성된 그림을 보니 앞에서 등장했던 동식물들이 그려져 있네요. 그리고 다시 닭이 보이는데, 그 다음은 무엇이 될지 여러분이 한번 상상해 보세요.

오리일까, 토끼일까?
Duck! Rabbit!

기발한 내용의 창의력 그림책 03

글: Amy Krouse Rosenthal 그림: Tom Lichtenheld
출판사: Chronicle Books

보는 사람에 따라 여인으로 보이기도 하고 노파로도 보이는 그림을 혹시 기억하시나요? '여인과 노파'라는 착시 그림이지요. 착시 그림은 언제 봐도 참 재미있는 것 같아요. 『Duck! Rabbit!』은 보는 사람에 따라 오리로도 보이고 토끼로도 보이는 착시 그림을 이용한 흥미로운 책이에요.

책에는 오리인 듯 토끼인 듯한 모습을 한 동물이 보이는데, 한 아이는 이 동물이 오리라고 주장하고 다른 아이는 이 동물이 토끼라고 주장하고 있어요.

Hey, look! A duck!
야, 봐봐! 오리야!

That's not a duck. That's a rabbit!
저건 오리가 아니야. 토끼야!

Are you kidding me? It's totally a duck.
무슨 소리야? 완전 오리잖아.

It's for sure a rabbit.
확실히 토끼라고.

똑같은 그림을 보고도 길게 나온 것이 '오리의 부리'라고 하는 오리파와 '토끼의 귀'라고 하는 토끼파가 팽팽히 대립합니다. 오리파 아이는 오리가 부리로 빵을 먹으려 한다고 주장하고, 토끼파 아이는 그건 토끼 귀이고 토끼가 당근을 먹으려 한다고 주장하죠. 또 오리파 아이는 꽥Quack 하는 오리 소리가 들린다고 하고, 토끼파 아이는 킁킁거리는 sniff sniff 토끼 소리가 들린다고 해요. 오리파 아이는 오리가 지금 늪을 뒤뚱뒤뚱 걸어가고 있다고 하는데, 같은 풍경을 보고 토끼파 아이는 풀숲에 숨어 있는 토끼라고 하네요.

그렇게 설전을 벌이는 사이 갑자기 오리이거나 토끼인 동물이 사라져 버립니다. 그러자 두 아이는 이번에는 곰곰이 생각해보니 상대방이 맞았던 것 같다고 말합니다. 오리파였던 아이는 토끼였을지도 모른다고 얘기하고, 토끼파였던 아이는 실은 오리였나 하는 생각이 든다고 말이지요.

책 속의 두 아이는 서로 자기의 생각이 옳다고 주장하지만, 책을 보는 우리는 '같은 사실을 이렇게도 볼 수 있고 저렇게도 볼 수 있구나' 하고 깨닫게 됩니다. 그나저나 여러분은 오리파인가요, 토끼파인가요? 저는 토끼로 보이는데 말이지요.

절대로 상자 아님
Not a Box

기발한 내용의 창의력 그림책 04

글·그림: Antoinette Portis 출판사: Harperfestival

아이들이 놀 때 가만히 보면 입으로 뭔가 중얼중얼하면서 노는 경우가 많아요. 어른들에게는 단순히 장난감을 가지고 노는 것처럼 보이지만, 아이들은 놀이의 상황이 진짜 발생하고 있는 것처럼 몰입해서 놀고 있는 거예요. 아이들의 상상력은 무한대이니까요.

이번에 소개해 드릴 『Not a Box』는 종이 상자라는 한 가지 사물을 상상력을 통해 무한하게 활용하는 책입니다. 표지를 보면 검정색 펜으로 그려진 토끼와 네모 하나가 있어요. 얼핏 보면 종이 상자처럼 보이는데 Not a box(상자 아님)라고 적혀 있네요.

상자를 발견한 토끼는 상자를 끌고 밀어서 가져가요. 페이지를 넘기니 토끼가 상자 안에 앉아 있네요. 토끼에게 왜 상자 안에 앉아 있냐고 묻자 토끼는 상자가 아니라고 해요. 검정색 네모 위에 빨간색 펜으로 덧그려진 것은 바로 레이싱 카라고 해요.

Why are you sitting in a box? 왜 상자 안에 앉아 있니?
It's not a box. 이건 상자가 아니야.

이번에는 상자를 길게 세워 두고 그 위에 토끼가 올라가 있어요. 상자 위에서 뭐 하냐고 물으니 이번에도 상자가 아니래요. 토끼는 산 정상에 올라서 있는 거라고 하네요. 왜 상자에 물을 뿌리고 있냐고 묻자, 이번에도 역시 상자가 아니라고 해요. 토끼는 지금 불이 난 빌딩의 불을 끄는 소방대원이래요.

토끼와 상자 그림은 처음에는 표지에서처럼 검정색 선으로만 되어 있어요. 하지만 It's not a box!(이건 상자가 아니야!)를 외친 후에 토끼가 상상하는 장면은 검정색 선 위에 빨간색으로 덧그린 듯 표현되어 마치 우리가 토끼의 상상 속에 들어와 있는 것처럼 느껴집니다.

이 책을 읽고 나서 한동안 저희 집은 커다란 택배상자가 오기만을 손꼽아 기다렸답니다. 이 책에서는 네모로 상상의 나래를 펼쳤지만, 아이들과 함께 동그라미나 세모를 이용해 이야기를 만들어봐도 재미있겠죠?

엉뚱하고 신나는 수수께끼책
Who Done It?

기발한 내용의 창의력 그림책 05

글·그림: Olivier Tallec 출판사: Chronicle Books

영어 그림책을 읽어줄 때 아이한테 영어로 질문을 해보고 싶지만 영알못 엄마여서 두렵기도 하고 어떤 질문을 하면 좋을지 잘 떠오르지도 않아 고민인 분들이 많을 거예요. 이럴 때는 질문책으로 도움을 받아보세요. 아주 재미있는 질문 그림책을 소개해 드릴게요.

올리비에 탈레크Olivier Tallec의 『Who Done It?』은 우연히 도서관에서 빌려본 한글책이 너무 재미있어서 원서를 찾아서 읽게 됐어요. 한글책 이름은 『똑똑한 수수께끼 그림책1: 누굴까 왜일까?』(한울림어린이)로 국내에는 2권 시리즈로 나와 있어요. 원서로는 올리비에 탈레크의 찾기 그림책 3권이 나와 있어요. 나머지 두 권인 『Who

Was That?』, 『Who What Where?』도 정말 재미있는 책이니 함께 읽어보는 걸 추천해요.

이 책은 각 장마다 질문이 제시되고, 그 질문에 정답이 되는 아이나 동물을 찾는 구성으로 되어 있어요. 잠을 푹 못 잔 게 누구인지, 고양이랑 논 게 누구인지, 수영복을 깜빡한 건 누구인지 등 재미있고 엉뚱한 열두 개의 질문이 담겨 있어요. 각 질문 아래에는 여러 명의 아이들과 동물들이 이런저런 모습으로 제시되어 있는데, 마치 범인을 찾는 형사가 된 기분이 들어 아이들이 책에 초집중합니다.

Who didn't get enough sleep?
잠을 푹 못 잔 건 누구일까?

Who played with that mean cat?
사나운 고양이랑 논 건 누구일까?

Who forgot a swimsuit?
수영복을 깜박한 건 누구일까?

이 책을 읽어줄 때는 정답을 찾는 데서 끝내지 말고, 꼭 왜 그렇게 생각했는지에 대해 이야기를 나눠보세요. 이 과정에서 아이의 생각을 끄집어내는 능력이 놀랍도록 발전하게 됩니다.

이 책은 아이의 반응도 너무 좋았지만, 엄마 입장에서 좋았던 점은 다양한 질문들을 영어로 접해볼 수 있다는 것입니다. 이 질문책을 반복해서 읽어주다 보면 이를 응용해서 다른 질문들도 쉽게 할 수 있게 됩니다. 또 그림을 보면서 아이와 충분히 대화할 수 있다는 점도 매력적입니다. 보통 그림책을 읽을 때 본문의 글을 읽어주는 것과 별개로 그림을 보면서 '그림 대화'를 진행하는데, 이 책은 따로 그럴 필요가 없이 이야기 자체가 그림 대화라서 너무 마음에 들었습니다.

OK가 졸라맨이 된 이야기
The OK Book

기발한 내용의 창의력 그림책 06

글: Amy Krouse Rosenthal 그림: Tom Lichtenheld
출판사: HarperCollins

『The OK Book』은 앞서 살펴본 『Duck! Rabbit!』의 저자 에이미 크루즈 로젠탈Amy Krouse Rosenthal의 책입니다. 이 책에 소개할 그림책을 고르면서 동일한 작가의 책보다는 가급적 여러 작가들의 책을 소개하려고 했는데, 기발한 아이디어가 돋보이는 창의력 그림책을 테마로 고르다 보니 유독 이 작가의 책이 눈에 많이 들어왔습니다.

큼지막하게 OK가 적혀 있는 『The OK Book』의 표지를 처음 봤을 때는 막연히 '모든 일이 다 괜찮다'라는 교훈적인 내용일 거라고 생각했어요. 그런데 책장을 펼쳐 보니 OK가 주인공인 책이었어요. OK란 단어를 시계 방향으로 90°를 돌리니 두 팔을 벌리고 서 있는 졸라맨 스타일의 사람 모양이 되네요.

Hi, how are you? I'm OK. 안녕! 나는 OK야.

OK가 우리에게 인사를 해요. I'm OK.에는 '나는 괜찮아.'와 '내 이름은 OK야.'라는 의미가 다 담겨 있습니다. OK는 이것저것 새로운 것을 시도해보는 걸 좋아한다고 해요. 그러면서 자기는 모든 것을 다 잘하는 것은 아니지만 모두 다 즐긴다고 해요. 그러면서 자기가 즐기는 것들을 소개합니다.

I'm an OK diver. 나는 다이빙도 그런대로 잘해.
I'm an OK hider. 나는 숨는 것도 그런대로 잘해.

언젠가는 뭔가를 정말 잘하는 어른으로 성장할 거라고 하며, 아직은 그게 뭔지는 모르지만 그걸 찾는 과정이 분명 재미있을 거라고 이야기합니다.

어렸을 때는 하고 싶은 것도 많고 되고 싶은 것도 많았던 아이들이 중학교만 가도 자기는 꿈이 없다고 얘기한다고 해요. 선생님이 꿈이었던 아이들이 자기는 교대 갈 성적이 안 돼서 꿈이 없다고 한다는 얘기를 듣고 어찌나 가슴이 아프던지요.

하지만 꿈이 꼭 직업은 아니지 않나요? 모든 걸 다 잘할 수는 없는 일이고요. 잘하지 못하면 어때요? 이것저것 즐기면서 해보고 그 안에서 자기가 좋아하는 걸 발견하는 기쁨이 중요한 게 아닐까요?

『The OK Book』은 언뜻 보면 말장난처럼 글자를 돌려 재미있게 풀어놓은 것 같지만, 사실은 묵직한 울림이 있는 수작입니다. I'm an OK ~ 구문을 활용해서 자신은 어떤 것을 잘하는지 문장을 만들어 나만의 이야기를 만들어봐도 좋습니다.

환경 보호 구멍책
My Green Day

기발한 내용의 창의력 그림책 07

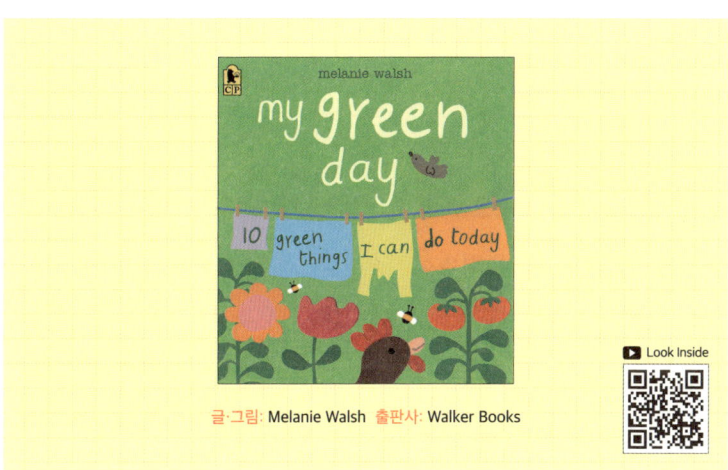

글·그림: Melanie Walsh 출판사: Walker Books

미세먼지와 기후 변화가 우리 일상에 큰 영향을 끼치면서 환경 문제를 다룬 그림책들이 많이 출간되고 있습니다. 그런데 환경 파괴의 심각성을 알려주는 그림책들은 많은데 환경 보호를 위한 구체적인 실천 방법을 알려주는 책들은 적어서 참 아쉬웠습니다. 간혹 구체적인 방법이 나와 있는 책들이 있어서 읽어보면 지루하게 나열식으로 전달하고 있어 재미가 없고요. 아이 입장에서 쉽게 이해하고 실천할 수 있는 내용들이 담겨 있는 책이 없을까 찾던 와중에 멜라니 월시Melanie Walsh의 『My Green Day』를 발견하고는 무척 반가웠답니다.

『My Green Day』는 환경 보호에 관한 재미있는 책으로 '10 green things I can do today(환경을 위해 내가 오늘 할 수 있는 10가지)'라는 부제가 붙어 있어요. 이 책은 구멍이 뚫려 있는 구멍책 버전과 구멍이 없는 일반책 버전이 있는데, 여기서는 구멍책 버전으로 소개를 할게요.

아침에 일어나 자연 방목한 닭이 낳은 계란으로 아침 식사를 하고, 계란껍질은 채소밭에 뿌릴 거름이 되도록 퇴비통에 넣어요. 이 페이지를 넘기면 구멍으로 보였던 채소가 밭에서 무럭무럭 자라고 있는 채소로 변신해요. 기발하지요?

이번에는 세탁기의 빨래들을 꺼내어 건조기에 넣지 않고 밖에 있는 빨랫줄에 널어요. 건조기는 모든 가전제품 중 에너지 소모가 가장 크다고 해요. 이런 깨알 설명들이 책의 한쪽 귀퉁이에 그림처럼 숨겨져 있어요.

학교에서 재활용품을 이용해 할머니를 위한 선물을 만들고, 점심시간에는 먹을 수 있을 만큼만 음식을 담아 남기지 않고 깨끗하게 먹어요. 엄마와 마트에서 장을 본 후 가지고 간 장바구니를 이용하는 것도 환경 보호에 큰 도움이 된다고 해요.

공원에서 숨바꼭질을 하고 놀고, 집에서 아빠랑 함께 머핀을 만들어 먹고, 저녁에 추워지면 옷을 따뜻하게 입어요. 난방기구를 적게 사용하는 것도 환경을 보호하는 일이랍니다. 그리고 샤워를 하고 잠자리에 드는 아이의 모습이 보여요.

『My Green Day』는 아이의 하루를 통해서 실천할 수 있는 환경 보호 방법과 건강한 삶을 자연스럽게 받아들일 수 있는 책입니다.

책 페이지 곳곳에 숨어있는 재미있는 장치들도 이 책을 특별하게 만들어주고 있어요. 아이가 이 책을 재미있게 읽었다면 멜라니 월시의 또 다른 환경책인 『10 things I can do to help my world(세상에 도움을 주기 위해 내가 할 수 있는 10가지)』도 추천합니다.

말장난 방정식
This Plus That

기발한 내용의 창의력 그림책 08

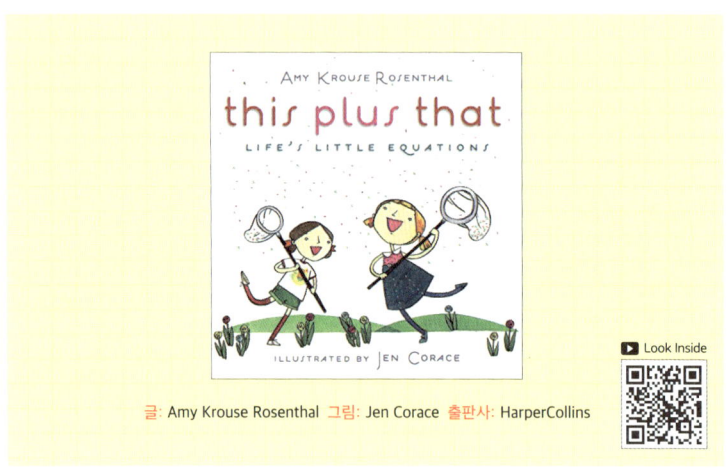

글: Amy Krouse Rosenthal   그림: Jen Corace   출판사: HarperCollins

요즘 아이들에게 1+1(일 더하기 일)은 '귀요미'죠. 그런데 제가 클 때는 '1+1=창문'이었는데 혹시 들어보셨나요? 1+1=에서 등호 기호인 =을 덧셈 기호 위아래에 배치하면 창문이 되거든요. 또 '6×3은 63 빌딩'도 있었어요. 이번에 소개해 드릴『This Plus That』은 이런 말장난을 이용하여 상상력과 창의력을 무한 자극하는 책입니다. 이 책 역시 에이미 크루즈 로젠탈Amy Krouse Rosenthal의 책입니다. 창의력 그림책 분야에 있어서는 탁월한 능력을 자랑하는 작가지요.

『This Plus That』에는 Life's little equations(인생의 작은 방정식)라는 부제가 붙어 있습니다. 이 책은 속지의 저자 소개부터 재미있게 시작합니다. 저자들의 이름을 소개하는데 마치 수학 공식처럼 글작가는 Amy + Krouse + Rosenthal = Writer라고 소개하고, 그림작가는 Jen + Corace = Artist라고 소개하고 있네요.

그럼 책 속에 어떤 재미있는 말장난이 펼쳐지는지 내용을 한 번 살펴볼까요? 1+1이 귀요미도 아니고 창문도 아니고 '우리$_{us}$'가 되었어요.

1 + 1 = us
yes + no = maybe
red + blue = purple
blue + yellow = green

여기까지는 생각했던 것과 비슷한가요? 그럼 아래 내용의 답이 무엇일지 한번 상상해 보세요.

smile + wave = ?
smile + ocean wave = ?
laughter + keeping secrets + sharing = ?

책에서 제시한 정답은 hello, beach, best friend입니다. 참 재미있지 않나요? 이렇게 재미있는 내용들도 있지만, 꽤 철학적인 메시지들도 곳곳에 담겨 있어요. 저는 개인적으로 chores ÷ everyone = family 와 good days + bad days = real life 부분이 인상적이었답니다. 그밖에도 좋은 내용들이 많으니 나머지는 책을 통해 확인해 보세요.

이 책을 읽고 나서 한동안 아이들과 단어와 단어를 더해서 무엇이 되는지 퀴즈를 내면서 놀았답니다. 아이들이 더 기발한 생각을 가지고 있어서 놀랄 때도 많으니 꼭 한번 해보세요.

괴롭히는 친구에게 대처하는 법
One

기발한 내용의 창의력 그림책 09

글·그림: Kathryn Otoshi 출판사: Ko Kids Books

엄마표 영어의 진행 유무와 상관없이 아이를 키우는 부모라면 이 책을 꼭 읽어봤으면 해요. 유튜브에 제목과 저자 이름을 넣어 검색하면 전체 내용을 다 볼 수 있으니 주변 분들에게도 꼭 추천해 주세요. 유아뿐만 아니라 초중고 자녀를 둔 부모에게도 충분히 추천할 만한 책이라고 생각해요.

『One』은 캐드린 오토시 Kathryn Otoshi의 숫자 시리즈 중의 한 권인데, 숫자 시리즈는 모두 사회 문제를 다루고 있어요. 그렇다고 아이들에게 뭔가를 직접적으로 가르치려드는 책은 아니에요. 아마 아이들은 숫자들이 캐릭터로 등장하는 재미있는 책이라고 받아들일 거예요. 하지만 청소년이나 어른이 이 책을 읽는다면 깊은 울림을 느낄 거예요. 왕따와 따돌림 문제를 숫자와 색깔로 아주 잘 다룬 책이거든요.

파랑blue은 조용한 아이예요. 반면 빨강red은 자기 맘대로 하는 힘이 센 아이지요. 그래서 조용한 파랑이를 자꾸 괴롭혀요. 노랑, 초록, 보라, 주황도 파랑을 괴롭히는 빨강의 행동이 잘못됐다고 생각하고 파랑을 위로하기도 하지만 빨강이 있는 앞에서는 선뜻 나서지 못해요.

그러던 어느 날 숫자 1one이 나타나요. 숫자 1은 다른 모양을 가졌지만 재미있는 친구여서 색깔 친구들을 웃게 만들어요. 그 모습을 지켜본 빨강은 매우 화가 나서 웃지 말라고 다른 친구들을 협박해요. 색깔 친구들은 이번에도 그 말에 따라요. 하지만 1은 달라요. 웃지 말라는 빨강의 말에 당당하게 서서 No.라고 말해요.

Red rolled up to One.
빨강은 1에게 굴러갔어요.

"Stop laughing!" he told him.
"웃지 마!"라고 1에게 말했어요.

But One stood up straight like an arrow and said, "No."
하지만 1은 화살처럼 꼿꼿이 서서 "싫어." 하고 말했어요.

Red was mad, but One wouldn't budge. So Red rolled away.
빨강은 화가 났지만 1은 꿈쩍도 하지 않았어요. 그러자 빨강은 멀리 가 버렸어요.

당당한 1의 모습에 색깔 친구들이 변하기 시작했어요. 알록달록 색깔들이 Me TWO!와 Me THREE! 등을 외치며 숫자로 변했어요. 색깔들이 변하는 모습을 지켜보던 파랑이가 자기도 변하려고 하는 순간 빨강이 막아섰어요. 우리의 파랑이는 어떻게 할까요? 이번에는 당당하게 빨강 앞에 서서 숫자가 됩니다. 화가 난 빨강이가 파랑이에게 돌진하려고 하는 순간 모두가 나서서 빨강이에게 함께 맞서지요. 그러자 빨강이는 점점 작아졌어요. 하지만 이렇게 끝나지 않고 친구들은 빨강이에게도 기회를 줍니다. 그래서 결국 빨강이도 숫자가 되지요.

이 책은 왕따나 괴롭힘을 어떻게 대처할 수 있는지를 아이들의 눈높이에서 굉장히 간결하면서도 설득력 있게 보여줍니다. 숫자만으로 이렇게 깊은 이야기를 끌어낼 수 있다는 것에 감탄하게 되는 수작입니다.

부끄러운 고백이지만 저는 어렸을 때 그다지 책을 좋아하는 아이가 아니었어요. 굳이 핑계를 대자면 어렸을 때 재미있는 그림책을 많이 접하지 못했거든요. 아이를 낳고 내 아이는 책을 좋아했으면 하는 마음에 그림책들을 열심히 읽어주기 시작했는데, 그러면서 놀랐던 점은 어른이 되어서도 충분히 그림책을 즐길 수 있다는 것이었어요. 아이를 위해 그림책을 읽어주는 것 같지만, 엄마인 저도 아이 덕분에 어른이 돼서도 그림책을 즐길 수 있어서 얼마나 좋은지 몰라요.

사탕 싫어! 시금치 좋아!
Little Pea

기발한 내용의 창의력 그림책 10

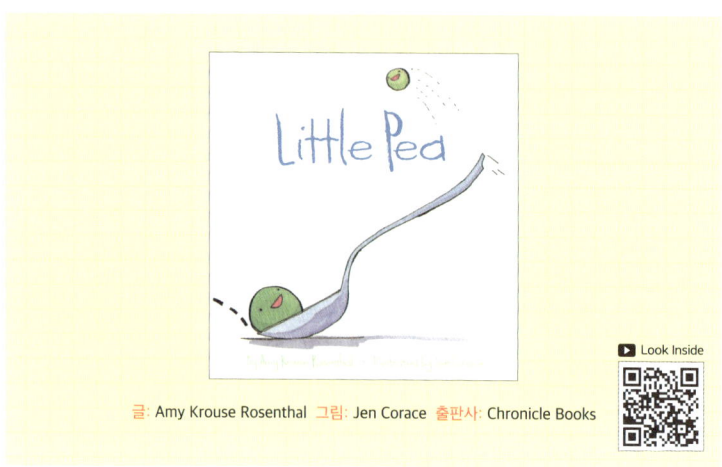

글: Amy Krouse Rosenthal   그림: Jen Corace   출판사: Chronicle Books

이번에 소개하는 『Little Pea』도 에이미 크루즈 로젠탈Amy Krouse Rosenthal의 작품입니다. 이 작가는 아이들을 너무 사랑한 것 같아요. 세 아이의 엄마이기도 한 그녀의 삶을 들여다보면 가족 사랑이 굉장히 끈끈했던 사람인 걸 알 수 있어요. 『Little Pea』는 '자신의 아이들에게 해주고 싶은 이야기들을 재미있는 동화로 들려주려고 만든 책이 아닐까?'라는 생각이 들 만큼 엄마의 마음이 많이 느껴지는 그림책입니다.

아이들에게 채소 먹이기가 참 힘들지요? 버섯, 당근, 브로콜리 같은 몸에 좋은 채소를 어떻게든 매일 먹이려는 엄마들과 절대로 한 입도 허락할 수 없다는 아이들 사이에 매일매일 식탁 전쟁이 벌어지곤 합니다. 엄마가 아무리 먹으라고 잔소리를 해도 아이들의 귀에는 전혀 들리지가 않는 것 같아요. 『Little Pea』는 아이들의 편식 성향을 반대로 패러디해서 아이들에게 웃음과 교훈을 동시에 주는 책이에요.

주인공인 꼬마 완두콩Little Pea은 좋아하는 것이 참 많아요. 학교생활도 즐겁고 아빠랑 노는 것도 즐거워요. 하지만 싫어하는 것이 딱 한 가지 있는데 바로 사탕candy이에요.

꼬마 완두콩은 매일 저녁 식사로 사탕을 먹어야 해요. 월요일은 빨간 사탕, 화요일은 오렌지 사탕, 수요일은 노란 사탕, 목요일은 땡땡이 사탕, 금요일은 줄무늬 사탕, 토요일은 달팽이 사탕, 그리고 일요일은 무지개 사탕을 먹어야 해요. 꼬마 완두콩은 모든 사탕을 다 싫어해요. 하지만 부모님은 사탕을 먹어야 건강하게 자랄 수 있다고 해요.

If you want to grow up to be a big, strong pea, you have to eat your candy.
크고 튼튼한 완두콩이 되려면 사탕을 먹어야 해.

꼬마 완두콩은 사탕 5개를 먹으면 맛있는 간식을 준다는 말에 꾸역꾸역 사탕을 먹어요. 그리고 드디어 받은 간식은 바로 꼬마 완두콩이 가장 좋아하는 '시금치'였어요!

이 책은 실제와 반대로 상황이 전개되어 아이들이 그 부분을 참 좋아하는 것 같아요. 아이들은 사탕을 먹기 위해 시금치를 꾸역꾸역

먹잖아요. 아이들에게 읽어주면 대부분 반응이 비슷해요. "우와! 완두콩은 좋겠다. 사탕 많이 먹어서."

에이미 크루즈 로젠탈의 〈Little Books〉 시리즈에는 『Little Pea』 외에 두 권이 더 있어요. 일찍 자고 싶어 하는 꼬마 올빼미가 주인공인 『Little Hoot』와 깔끔하게 정리하고 싶은 꼬마 돼지가 주인공인 『Little Oink』입니다. 두 권 모두 좋은 생활 습관을 반전 스타일로 재미있게 담아 놓은 책이니 아이들에게 꼭 읽어주면 좋겠어요.

> Theme 10

가족 및 친구에 대한 인성 그림책

Theme 10

가족 및 친구에 대한 인성 그림책

육아의 과정에서 '사랑'이나 '우정', '질투', '양보'와 같은 인성 교육은 꼭 필요하지만 말로 설명하기가 쉽지 않습니다. 저는 그럴 때 그림책을 찾습니다. 말로 잔소리하는 것보다 그림책을 통해 자연스럽게 전달하면 아이들이 스스로 생각을 하게 되거든요. 또한 아이들이 성장하면서 친구 관계나 형제자매 관계에서 다양한 문제들이 생기기도 하는데, 관련된 그림책을 읽어주며 아이 마음도 알아주고 스스로 해결해 나갈 수 있도록 힘을 키워주려고 노력합니다.

저는 감정 표현도 그림책으로 많이 합니다. 저는 원래 무뚝뚝하고 감정 표현에 서툰 사람이에요. 그래서 사랑 가득한 동화책을 읽어주면서 '엄마도 이렇게 너희들을 사랑하고 있단다'라는 마음을 전달하고 있어요.

세 아이를 키우면서 좋은 부모로 성장하는 데 도움이 되는 그림책들도 많이 만났습니다. 육아서의 말들은 훈계처럼 느껴지는데 같은 내용을 그림책을 통해 읽으면 더 깊은 울림을 주거든요. 그림책 한 권을 통해서 아이와 부모가 함께 배우고 느끼는 것이야말로 그림책의 기적이 아닐까 합니다.

겉모습만 보고 판단하지 않기
I Need a Hug

가족 및 친구에 대한 인성 그림책 01

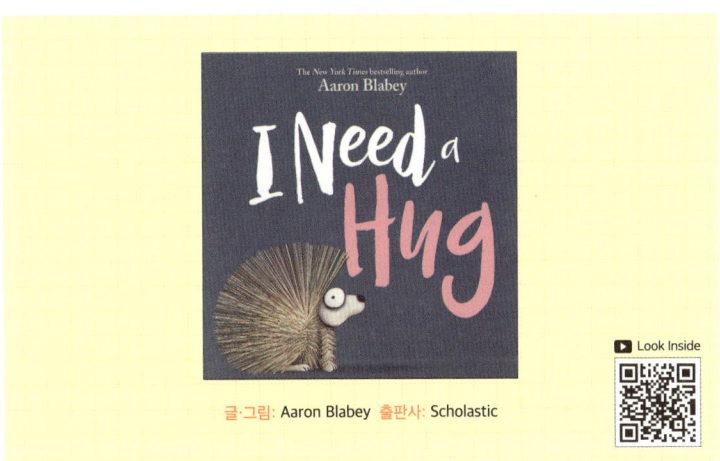

글·그림: Aaron Blabey 출판사: Scholastic

아이들에게 있어 친구란 굉장히 중요한 존재입니다. 하지만 새로운 친구를 만나서 친해지는 것이 쉬운 아이도 있지만 어려운 아이도 있어요. 친해지고 싶다고 무조건 친해질 수 있는 것도 아니고요. 서로 같은 마음으로 아끼고 사랑할 수 있는 친구를 만난다는 건 정말 큰 행운이에요.

『I Need a Hug』는 뾰족뾰족 가시가 돋아있는 고슴도치가 주인공이에요. 표지를 보면 눈을 동그랗게 뜬 채 굉장히 경계하는 모습이에요. 표지를 넘기면 Get away!(저리 가!), Shoo!(휘이!), Spikes!(가시들!), No!(안 돼!) 같은 단어들과 Help!(도와줘!)가 면지 가득 섞여 있는데, 고슴도치의 마음속이 들여다보이는 것 같아요. 그리고 다시 두려움에 떠는 듯한 표정의 고슴도치가 보이고 스토리가 시작됩니다.

고슴도치가 토끼에게 다가가 자기를 안아줄 수 있냐고 묻습니다. 토끼는 깜짝 놀라며 가시 돋친 몸으로 안아달라고 하는 거냐며 저리 가라고 외치며 멀리 도망가 버립니다. 고슴도치는 다음으로 사슴에게도 물어보지만 가시 박힐 일 있냐며 역시 도망가 버리네요. 그럼 덩치 큰 곰은 어떨까요? 고슴도치를 안아줄까요? 곰도 절대 싫다며 도망가네요.

I need a hug. 난 포옹이 필요해.
Will you cuddle me, Lou? 루야, 나 좀 껴안아줄래?
What? With those spikes? 뭐라고? 그렇게 가시투성인데?
Get away from me! Shoo! 저리 가! 훠이!

아무도 자기를 안아주지 않자 고슴도치는 크게 상심을 해요. 그런데 갑자기 도망갔던 친구들이 다시 고슴도치 쪽으로 달려와요. 고슴도치는 친구들이 마음이 바뀌었나 해서 엄청 반가워하는데 고슴도치를 쌩 하니 지나가 버리네요. 무슨 일인가 하고 보니 저쪽에서 뱀 한 마리가 기어옵니다. 뱀은 자기는 그저 뽀뽀를 해달라고 부탁한 것뿐이라고 하네요. 잠시 서로를 쳐다보던 고슴도치와 뱀은 서로를 안아주며 친구가 되었어요.

그런데 뱀에게 안겨 있는 고슴도치 그림을 자세히 살펴보면 고슴도치 가시가 모두 누워 있는 것을 알 수 있어요. 고슴도치는 위험을 감지했을 때만 가시를 세우지 평상시에는 가시를 세우지 않는다고 해요. 겉모습으로만 친구를 판단하지 말아야 한다는 메시지를 아이들의 눈높이에 맞게 잘 그려내고 있는 책입니다.

애착 인형 이야기
Where's My Teddy?

가족 및 친구에 대한 인성 그림책 02

글·그림: Jez Alborough 출판사: Candlewick Press

아이에게 애착 물건이 있나요? 저희 집의 경우 첫째 아이는 커다란 타월이었고, 둘째는 특별히 없었고, 셋째는 토끼 인형이에요. 아기 때는 어딜 가든 이 애착 물건을 가지고 다녔는데, 낯선 곳에 가더라도 이 애착 물건 덕분에 아이가 심리적으로 안정을 찾곤 했어요. 고등학생인 첫째는 애착 물건이 기억 속에서 사라진 지 오래지만, 셋째는 아직도 잠잘 때 꼭 찾아요. 그림책의 소재로 애착 물건이 자주 등장하는 건 아이들이 충분히 공감할 수 있는 이야기이기 때문일 거예요.

『Where's My Teddy?』는 애착 인형에 관한 이야기입니다. 에디

Eddie라는 꼬마가 자신의 곰 인형을 찾으러 떠나요. 곰 인형의 이름은 프레디Freddie인데 숲에서 잃어버렸거든요. 에디는 어두운 숲이 무서웠지만 꾹 참고 프레디를 찾아다녀요. 그때 눈앞에 커다란 곰 인형이 나타나요. 에디는 자신이 작아진 건지 프레디가 커진 건지 당황스러울 뿐입니다. 이렇게 크면 안아줄 수도, 침대에서 같이 잘 수도 없는데 말이에요.

"What a surprise! How did you get to be this size?"
"깜짝이야! 어쩌다 이렇게 커졌어?"

"You're too big to huddle and cuddle," he said,
"너무 커서 꼭 끌어안을 수가 없잖아."라고 에디가 말했어요.

"and I'll never fit both of us into my bed."
"침대에서 둘이 같이 잘 수도 없겠어."

그런데 어둠 속에서 훌쩍이며 우는 소리가 점점 가깝게 들려와요. 그러면서 하는 말이 너무 작아서 안을 수도 없고 침대에서 잃어버릴 것 같다고 해요. 겁이 난 에디는 커다란 곰 인형 뒤에 숨어요. 잠시 후 나타난 것은 커다란 곰이에요. 곰은 작은 곰 인형을 안고 있었어요. 그러니까 둘의 인형이 바뀐 것이군요. 서로를 보고 깜짝 놀란 곰과 에디는 각자의 곰 인형을 꼭 껴안고 집까지 달려갑니다. 그리고 각자의 침대에서 자신의 곰 인형을 꼬옥 껴안았어요.

큰 곰이 도망치는 모습도 재미있지만, 각자의 침대에서 조금 전에 벌어진 일들을 생각하고 있는 둘의 표정도 너무 재미있어요. 이 책은 제즈 앨버로우Jez Alborough 작가의 책인데 〈Eddie and the Bear〉

라는 시리즈로 출간되어 있어요. 아이가 이 책을 좋아한다면 곰과 에디가 친구가 되는 이야기인 『My Friend Bear』도 꼭 함께 읽어 보세요. 서로 그다지 어울릴 것 같지 않은 이 둘이 친구가 된다니 정말 멋지지 않나요?

펭귄과 솔방울의 우정
Penguin and Pinecone

가족 및 친구에 대한 인성 그림책 03

글·그림: Salina Yoon   출판사: Walker & Co

우정이라는 게 사람과 사람에게만 존재하는 것은 아닌 것 같아요. 마음을 함께 나눌 수 있는 무언가가 있다면 그것이 우정이지 않을까요? 앞에서 소개해드린 애착 인형도 아이들에게는 우정을 나누는 소중한 친구니까요.

『Penguin and Pinecone』은 펭귄Penguin과 솔방울Pinecone의 우정 이야기인데 나름의 반전이 있는 그림책이에요. 어느 날 펭귄이 눈밭에서 뭔가 신기한 것을 발견했어요. 갈색인 걸 보니 눈덩이는 아니고, 너무 딱딱해서 음식도 아니고, 뾰족해서 알도 아니었어요. 뭔지는 모르겠지만 암튼 새로운 친구는 추워하고 있었어요. 그래서 펭귄은 열심히 목도리를 떠서 그 친구에게 줬어요.

둘은 커플 목도리를 하고 어디든 함께 가고 함께 놀았어요. 그런데 친구는 계속 덜덜 떨며 추위했어요. 펭귄이 할아버지에게 왜 그런 건지 물어보자 할아버지는 여기는 너무 추워서 솔방울이 튼튼하게 자랄 수 없다고 하셨어요. 솔방울은 자기가 원래 살던 숲으로 돌아가야 하는데 숲은 여기서 아주 멀리 있대요.

펭귄은 슬펐지만 썰매에 짐을 싣고 솔방울을 데려다주기로 결심합니다. 거센 눈보라를 헤치고 펭귄은 드디어 솔방울의 고향에 도착했어요. 펭귄은 보드라운 솔잎을 모아 솔방울의 둥지도 만들어줬어요. 날이 점점 뜨거워져서 이제는 헤어져야 할 시간이에요. 펭귄은 솔방울을 절대 잊지 않을 거라 말하고 집으로 돌아왔어요.

Good-bye, Pinecone.
솔방울아, 안녕.

You will always be in my heart.
너는 언제나 내 마음 속에 있을 거야.

시간이 흐르고 펭귄은 솔방울이 잘 지내는지 궁금해졌어요. 엄청 큰 솔방울로 자랐을까요? 펭귄은 솔방울을 보러 다시 숲을 찾아갔어요. 그런데 솔방울은 큰 솔방울이 아니라 울창한 나무로 멋지게 자라 있었어요. 커플 목도리를 두른 채 말이죠. 둘은 오랜만에 신나게 놀고 아쉬워하며 헤어졌지만, 다른 펭귄 친구가 또 다른 솔방울을 발견하고 그렇게 사랑은 계속해서 자라났다고 해요.

싫으면 싫다고 솔직하게 말하자
Grumpy Monkey Party Time!

가족 및 친구에 대한 인성 그림책 04

글: Suzanne Lang 그림: Max Lang
출판사: Random House Childrens Books

아이들은 자신이 느끼는 감정을 정확하게 인지하지 못할 때가 많아요. 그러다 보니 자신의 감정에 솔직해지는 데 어려움을 겪기도 합니다. 수잔 랭Suzanne Lang의 『Grumpy Monkey Party Time!』이라는 책은 불만 가득한 표정의 원숭이를 통해서 자신의 감정에 솔직해지는 것을 배울 수 있는 책이에요. 제목의 grumpy는 '심술 난, 성격이 나쁜'이라는 뜻이에요.

어느 기분 좋은 오후 원숭이 짐Jim Panzee은 고슴도치의 생일파티 초대장을 받았어요. 이웃에 사는 노먼Norman은 춤을 출 수 있겠다며 신나 합니다. 하지만 이 말을 듣고 화들짝 놀란 짐은 자기는 춤을 못

춘다고 합니다. 그런데 어느새 숲속 동물 친구들이 몰려와서 춤을 못 춘다는 짐을 신기하게 쳐다봅니다.

짐이 자기는 정말 춤을 못 춘다고 하자 동물 친구들은 모두들 신이 나서 짐에게 춤을 가르쳐주기 시작합니다. 리듬을 느끼라는 도마뱀부터 뽐내며 걸어보라는 타조, 엉덩이를 흔들라는 개코원숭이까지 모두가 열심히 춤을 가르쳐줬고 짐도 마침내 춤을 출 수 있게 됐어요.

드디어 파티가 시작되었어요. 모두들 짐과 춤추기를 원했어요. 짐은 다람쥐, 공작새, 멧돼지, 코뿔소와 줄지어 춤을 췄어요. 그리고 모두들 즐거운 시간을 보냈지요. 짐만 빼고요. 결국 더 이상 참을 수 없게 된 짐은 자기는 춤추는 게 싫다고 말해요. 그런데 짐이 춤추는 게 싫다고 말하자 물소도, 대머리황소도, 박쥐도 사실은 자기들도 그렇다고 고백합니다. 다들 좋아하는 것 같아서 솔직하게 말하지 못하고 있었던 거죠. 짐은 자기는 집에 가겠다고 합니다.

그때 생일 당사자인 고슴도치가 나타나 파티 음식과 다양한 게임들이 준비되어 있다고 말해요. 모두가 춤을 출 필요는 없었던 거죠. 짐은 춤추는 건 좋아하지 않지만 먹는 것과 게임은 좋아했거든요. 그래서 짐은 파티에 머물러 춤을 추지 않고도 행복하고 멋진 시간을 보낼 수 있었어요.

자신이 좋아하지 않는 걸 억지로 할 필요는 없어요. 친구들에게 솔직히 말하는 것이 중요해요. 좋아하는 것만 할 수는 없겠지만 감정에 솔직해지고 친구들에게 그 감정을 말로 표현해야 해요. 표현을 할 수 있어야만 좋은 해결 방법을 생각해낼 수 있거든요.

아이가 이 책을 좋아한다면 수잔 랭의 또 다른 작품인 『Grumpy Monkey』도 함께 읽어주세요. 『Grumpy Monkey』는 설명할 수 없는 나의 감정에 대한 부분을 아이들의 눈높이에서 잘 표현하고 있는 책으로 우리나라에서는 『짜증 나지 않았어!』(키즈엠)로 번역 출간되었습니다.

배려심을 배우는 인성 동화책
Pip and Posy: The Little Puddle

가족 및 친구에 대한 인성 그림책 05

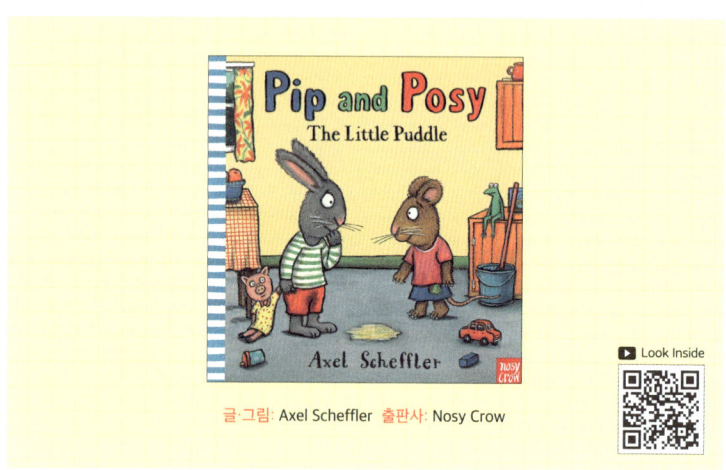

글·그림: Axel Scheffler 출판사: Nosy Crow

'우정 이야기' 하면 가장 먼저 떠오르는 시리즈가 바로 악셀 셰플러 Axel Scheffler의 〈Pip and Posy〉 시리즈예요. 이 시리즈는 아이들이 친구들과의 관계에서 자주 맞닥뜨리는 상황들을 아이답게 해결해 나가는 과정을 너무나 사랑스럽게 표현하고 있는 인성동화책이에요. 악셀 셰플러는 『그루팔로』의 그림 작가이기도 하지요.

비가 오는 날 핍Pip은 포지Posy네 집에 놀러 갔어요. 비가 오니 밖에 나가 놀 수가 없겠죠? 핍과 포지는 처음에는 인형들과 함께 집안 곳곳을 산책하며 놀았어요. 그 다음에는 커다란 기차도 만들고, 기차 트랙도 만들고, 마을도 만들었어요. 그러고는 배가 고파져서 간식도 함께 먹었어요. 목이 몹시 말랐던 핍은 꿀꺽꿀꺽 음료수를 마셨어요. 간식을 다 먹고 나서 핍과 포지는 사자 흉내를 내면서 신나게 으르렁거리며 놀았어요. 핍은 소변보는 것도 잊은 채 말이에요. 결국 핍은 바닥에 실수를 하고 말아요. 그런데 이때 포지가 당황하지 않고 모두 다 실수를 한다며 핍을 위로하고 직접 치웁니다.

"Never mind, Pip," said Posy.
"괜찮아, 핍." 하고 포지가 말했어요.
"Everyone has accidents sometimes."
"누구나 간혹 실수를 해."

그러고는 갈아입을 옷을 꺼내주는데 포지는 치마밖에 없나 봐요. 핍은 포지의 원피스를 입고 그림을 그리며 놀았어요. 이번에는 변기에 앉아 소변도 봤고요. 비 오는 날이라서 밖에 나가 놀 수는 없었지만 핍과 포지는 신나는 하루를 보냈습니다.

친구가 실수를 해도 약 올리는 것이 아니라 누구나 실수를 한다고 말해주는 포지의 모습이 너무 예쁘고 대견스럽지 않나요? 우리 아이들도 그렇게 친구를 배려해주는 아이로 자랐으면 좋겠어요.

엄마도 그러면서!
Daisy: You Do!

가족 및 친구에 대한 인성 그림책 06

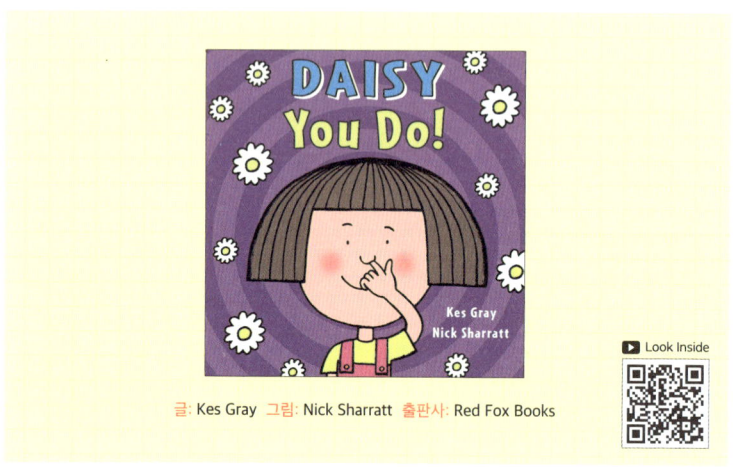

글: Kes Gray 그림: Nick Sharratt 출판사: Red Fox Books

아이들은 부모의 말이 아니라 부모의 행동을 배운다고 합니다. 그런데 가만히 보면 아이들에게는 하지 말라고 하면서 우리 어른들은 하는 것들이 참 많아요. 육아는 내가 아이에게 바라는 모습을 내가 직접 보여줄 때 가장 효과적입니다. 아이들이 아기일 때는 '자식은 부모의 거울'이라는 말이 크게 와닿지 않았는데 클수록 그 의미를 알겠더군요.

이제 표지 그림만 봐도 작가가 누구인지 아시겠지요? 지금 소개하는 『Daisy: You Do!』도 닉 샤렛Nick Sharratt의 책입니다. 데이지Daisy가 코를 파고 있는데 엄마가 코를 파지 말라고 합니다. 엄마의 말에 데이지는 "엄마도 파잖아요." 하고 말대꾸를 하죠. 엄마가 당황하며 내가 언제 그랬냐고 하니까 데이지는 "할머니 집에 갈 때 차에서." 라고 딱 집어 말합니다. 그러자 엄마는 그건 코를 판 게 아니라 긁은 거라고 변명을 해요.

데이지가 소리를 내며 스프를 먹자 엄마가 그러지 말라고 타이릅니다. 데이지는 엄마도 그런다고 하네요. 또 당황한 엄마가 언제 그랬냐고 하자 데이지는 이번에도 정확하게 "토요일 치킨 국수를 먹을 때."라고 알려줘요. 데이지 엄마는 그날은 치과 치료를 받은 날이어서 그랬다고 변명합니다.

옷이 여기저기 바닥에 널브러져 있는 것을 보고 엄마가 그러지 말라고 하자 데이지는 엄마도 그런다고 해요. 언제 그랬냐고 물으니 "지난주에 파티에 가려고 할 때."라고 대답합니다. 엄마는 뭘 입고 갈지 못 정해서 그랬다고 설명합니다.

그밖에도 엄마는 데이지에게 꼼지락거리지 마라, TV를 너무 가까이서 보지 마라, 입에 음식이 있을 때 말하지 마라, 소파에 널브러져 있지 마라, 맛있는 것만 골라먹지 마라 등의 잔소리를 하지만 그때마다 데이지는 엄마도 그런다고 대답을 해요. 마지막에 엄마가 엄격한 표정으로 데이지를 혼낼 것 같았지만 오히려 데이지를 간지럽히며 이야기는 훈훈하게 마무리됩니다.

저는 이 책을 읽고 나서 스마트폰을 그만 들여다봐야겠다고 생각했어요. 여러분은 무슨 행동이 떠오르나요?

가족 및 친구에 대한 인성 그림책 07

친구가 질투 난다면?
Bob Goes Pop

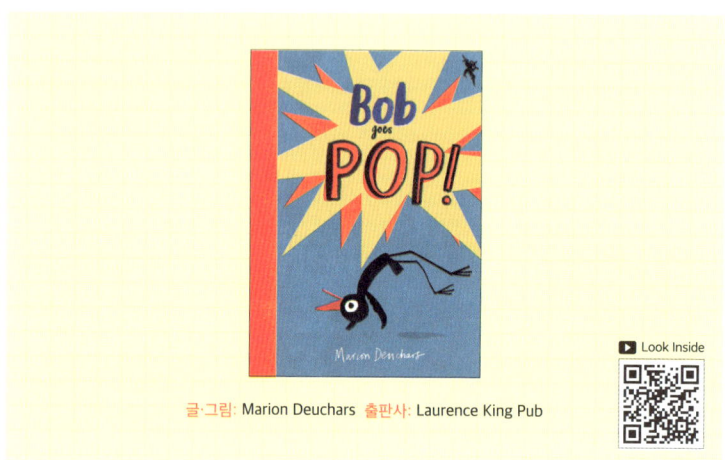

글·그림: Marion Deuchars 출판사: Laurence King Pub

▶ Look Inside

아이들은 크면서 재능이 많은 친구를 만나면 질투도 나고 경쟁심도 생기게 됩니다. 이런 감정이 생기는 것은 자연스러운 일이지만, 아직 감정을 다루는 데 서툰 아이들은 당황하거나 속상해할 수 있어요. 이럴 때는 아이와 함께 감정과 관련된 그림책을 읽으면서 자신의 감정에 대해 이야기할 기회를 주면 좋습니다.

매리언 듀사스Marion Deuchars의 〈Bob〉 시리즈는 독특한 그림체 속에 따뜻한 메시지가 담겨 있는 그림책입니다. 그중에서 『Bob Goes Pop!』은 '경쟁과 질투'라는 주제를 담고 있는 그림책입니다.

이 책의 주인공 밥Bob은 친구들 사이에서 멋진 화가로 통합니다.

그런데 밥의 마을에 조각가 로이Roy the Sculptor가 나타나고 친구들은 모두 로이의 작품에 열광합니다. 자신이 마을 최고의 아티스트라고 생각했던 밥은 로이를 만나러 갑니다. 로이는 자신의 작품들을 밥에게 하나하나 소개해주고 자신의 작품이 어떠냐고 물어봅니다. 그러자 밥은 크기만 할뿐 별다른 개성이 없다고 말해요. 그 말에 마음이 상한 로이는 밥은 조각품은 못 만들 거라고 하고, 결국 밥과 로이는 조각품을 만들어서 대결을 하게 됩니다. 그런데 친구들은 로이의 작품이 더 멋지다고 합니다. 제가 보기에는 밥의 조각품이 훨씬 개성 넘치고 멋진데, 친구들 눈에는 새로운 스타일인 로이의 작품이 멋져 보이나 봐요.

로이가 어떻게 작품을 만드는지 궁금해진 밥은 밤에 몰래 로이의 작업실을 엿보러 갑니다. 다음날 밥은 로이와 똑같은 조각품을 만들어 선보이고, 결국 둘이 싸우다가 작품이 망가지게 됩니다. 부서진 작품을 보고 속상해하는 로이에게 밥은 사과를 하고 함께 멋진 작품을 만들어보자고 제안합니다. 마침내 밥과 로이는 함께 멋진 작품을 완성하고 친구들은 모두 환호해요.

이 책은 내용도 좋지만 밥의 멋진 그림들과 로이의 선명한 색감의 작품들로 눈 호강을 할 수 있어 소장할 만한 가치가 있습니다. 〈Bob〉 시리즈의 다른 책인 『Bob the Artist』도 함께 읽어보길 추천합니다. 산책을 나갔던 밥은 동물 친구들에게 깡마른 다리가 비리비리해 보인다며 놀림을 받습니다. 밥은 다리를 굵게 만들려고 운동도 해보고, 음식을 잔뜩 먹어도 보고, 옷으로 감춰보기도 했지만 소용이 없었어요. 그러다 우연히 박물관에 갔다 영감을 얻은 밥은 자신의 부리에 그림을 그리게 되고 멋진 아티스트로 변신하여 자존감을 회복한다는 이야기입니다. 자존감에 대한 이야기를 아이들 눈높이에서 알기 쉽게 담고 있는 수작입니다.

샘 어셔의 판타지 동화
Free

가족 및 친구에 대한 인성 그림책 08

글·그림: Sam Usher   출판사: Templar Publishing

아이를 키울 때 엄마, 아빠는 마음의 여유가 없어서 아이에게 잔소리도 많이 하고 아이의 부족함에 더 눈이 가는 것 같아요. 반면 할아버지, 할머니는 아이들을 더 너그럽게 대해주시고 인생의 깊이가 있는 조언들을 따뜻하게 풀어주시지요. 이번 책『Free』는 할아버지와 손자의 관계가 따뜻하게 그려진 책입니다.

　아이가 아침에 깨어보니 아픈 새 한 마리가 창틀에 누워 있어요. 아이는 할아버지에게 새를 도와주자고 합니다. 아이는 할아버지와 함께 새가 쉴 수 있는 침대도 만들어주고 새에 관한 정보가 담긴 책도 찾아봅니다. 아이와 할아버지가 잘 돌봐주니 새는 기운을 되찾습니다. 아이는 헤어지기 아쉽지만 건강해진 새를 밖에 놓아주었어요. 그런데 웬일인지 새가 자꾸 다시 돌아옵니다. 아이가 그냥 함께 살면 안 되냐고 묻자, 할아버지는 새는 자유로워야 행복할 거라고 합니다.

I said, "Grandad, please can he stay forever?"
나는 "할아버지, 작은 새가 계속 우리랑 살면 안 돼요?" 하고 말했습니다.

But Grandad said, "I think he'll be happier if he's free.
하지만 할아버지는 "작은 새는 자유로워야 더 행복할 거야.

Look, we need to find a tree like this and help him find his way home."
보자, 우리가 이런 나무를 찾아 작은 새가 집에 가는 길을 찾도록 도와줘야겠구나." 하고 말했습니다.

아이와 할아버지는 함께 새의 집을 찾으러 길을 나서고, 드디어 산꼭대기에 있는 커다란 나무를 찾아냅니다. 그 나무에는 다양한 새들이 함께 모여 살고 있었어요. 아이는 작은 새와 헤어져 집으로 돌아옵니다. 아이는 작은 새가 친구들과 자유롭게 날아다니며 행복할 거라는 할아버지의 말에 동의하지만, 한편으로는 작은 새가 다시 찾아와주길 바랍니다.

이 책의 작가인 샘 어셔Sam Usher는 아름다운 그림과 환상적인 이야기로 제2의 존 버닝햄이라고 불리는 작가입니다. 샘 어셔의 판타지 동화 시리즈는 현실과 판타지가 이야기 속에 함께 들어가 있는 것이 특징입니다. 아이가 이 책을 좋아한다면 샘 어셔의 다른 책들도 함께 읽어보는 것을 추천합니다.

동생이 태어나길 기다리며
Hello in There!

가족 및 친구에 대한 인성 그림책 09

글: Jo Witek 그림: Christine Roussey
출판사: Abrams Books for Young Readers

첫아이를 낳아 온 정성을 다해 키우다 둘째를 가지게 되면 엄마는 아이가 동생을 어떻게 받아들일까 마음이 쓰입니다. 동생이 없을 때는 '나도 동생이 있었으면' 하고 노래를 부르던 아이도 막상 동생이 태어나면 '동생이 없어졌으면' 한다고 하잖아요. 아이가 동생의 존재를 잘 받아들이고 사랑할 수 있도록 미리 그림책을 통해 소통해 보세요.

A Big Sister's Book of Waiting(언니의 기다림 책)이라는 부제가 달린 이 책의 주인공은 이제 곧 언니가 돼요. 엄마의 뱃속에 아기가 있대요. 책은 언니가 될 아이의 시각에서 이야기가 진행됩니다. "너

는 엄마의 뱃속에 있겠지만 나는 엄마 배 밖에서 너를 기다리고 있어."라고 말이에요. 뱃속에 있는 동생이 너무 궁금한 아이는 엄마의 뱃속은 어둡겠지만 걱정하지 말라고 하며 자기가 불빛을 비춰서 그림자를 쫓아내겠다고 하네요. 또 태어나면 자신이 가장 좋아하는 딸기와 컵케이크를 줄 거라고 해요.

You're in there 너는 그 안에 있고
and I'm out here, 나는 여기 밖에 있지,
outside mama's belly. 엄마 배 밖에 말이야.
I'm waiting for you! 난 너를 기다리고 있어!

아이는 동생이 어떻게 생겼는지 상상하며 그림도 그리고, 뱃속의 동생이 들을 수 있게 노래도 크게 불러주며 빨리 나와서 같이 놀자고 말해요. 엄마의 배는 점점 커지고 이제 동생을 만날 시간이 되었어요. 엄마는 병원에 가고, 아이는 동생을 만나기 위해서 예쁜 옷으로 갈아입고 기다립니다. 드디어 동생과 만나게 된 아이는 언니가 되었다면서 너무 행복해해요.

저는 아들만 둘을 키우다가 늦둥이로 막내딸을 낳게 되었어요. 큰아이와 10살, 작은아이와 8살 차이인 동생이 생기는 것이어서 아이들 반응이 참 궁금했는데, 남자아이들이라서 그런지 큰 반응이 없었어요. 하지만 첫째는 좋은 것도 아니고 싫은 것도 아니고 별 관심이 없었던 반면, 그때까지 막내였던 둘째는 자신이 막내가 아니라 사이에 낀 둘째가 되는 것이 묘하게 싫은 것 같았어요. 그래서 임신

기간 동안 아이의 마음을 잘 다독여주려고 노력했어요. 셋째가 태어나고 나서 둘째는 처음에는 전혀 관심을 주지 않았지만 셋째가 "오빠, 오빠!" 하면서 쫓아다니니 어느 순간부터 예뻐하기 시작하더군요. 동생이 곧 태어날 가정이라면 아이와 함께 이 그림책을 읽으면서 아이의 마음을 잘 살펴주면 좋을 것 같아요.

아이를 혼냈을 때 보는 책
Harriet, You'll Drive Me Wild!

가족 및 친구에 대한 인성 그림책 10

글: Mem Fox 그림: Marla Frazee 출판사: Voyager Books

내 아이가 너무나 예쁘긴 하지만 육아를 하다 보면 항상 행복하고 아름다운 날들만 있는 건 아닙니다. 엄마도 사람인지라 가끔씩 폭발하는 날이 있어요. 하지만 화를 내고 나면 속이 후련한 게 아니라 아이한테 미안한 마음에 자책을 하게 됩니다. 이번에 소개해드릴 책 『Harriet, You'll Drive Me Wild!』는 아이에게 화내고 미안해하는 엄마의 모습이 진솔하게 담겨 있는 책입니다. 아이들도 재미있어하고, 엄마들도 그림책 속 현실적인 엄마의 모습에 위로를 받습니다.

이 책의 주인공 해리엇Harriet은 말썽쟁이 꼬마예요. 하지만 절대 일부러 말썽을 부리는 건 아니에요. 어느 날 아침 해리엇은 장난을 치다가 주스를 엎질렀어요. 하지만 엄마는 화내지 않고 "아이고, 우리 아가!" 하며 꼭 안아줍니다. 그러자 아이는 금세 미안하다고 합니다. 간식 시간에 해리엇은 바지에 온통 잼을 흘렸지만, 이번에도 엄마는 소리치는 대신 "아가야, 이러면 엄마가 화날 것 같아."라고 말합니다. 해리엇은 이때도 미안하다고 해요.

Her mother didn't like to yell, so instead she said,
엄마는 소리치고 싶지 않았어요. 그래서 대신 이렇게 말했어요.

"Harriet, my darling child. Harriet, you'll drive me wild."
"해리엇, 우리 아가. 이러면 엄마가 화가 날 것 같아."

"I'm sorry," said Harriet, and she was.
"죄송해요."라고 해리엇이 말했어요. 해리엇은 진심이었어요.

점심 먹기 전 해리엇이 엄마에게 그림을 보여주려고 하다가 카펫에 물감을 흘렸을 때도, 해리엇이 식탁보를 잡아당겨 점심 식사가 엉망이 되었을 때도 엄마는 잘 참았어요. 하지만 낮잠 시간에 해리엇이 강아지랑 장난치다 베개가 찢어져 깃털이 사방에 날리자 엄마는 더이상 화를 참지 못하고 해리엇에게 엄청나게 소리를 지르고 맙니다. 그러자 당황한 해리엇은 미안하다며 울기 시작합니다.

해리엇의 엄마는 깊게 심호흡을 하고 아이를 꼭 안아주며 엄마도 미안하다고 합니다. 그러지 말았어야 했는데 가끔씩 엄마도 모르게 그렇게 행동할 때가 있다면서 말이에요.

I'm sorry, too.
엄마도 미안해.

I shouldn't have yelled, and I wish I hadn't.
너한테 소리 지르면 안 됐는데 말이야. 진짜 그러는 게 아니었는데.

But sometimes it happens, just like that.
하지만 가끔씩 아까처럼 그럴 때가 있어.

해리엇과 엄마는 웃으며 함께 깃털을 주우면서 이야기는 마무리됩니다. 저는 마지막에 엄마의 모습이 참 멋지다고 생각했어요. 화를 안 내면 제일 좋겠지만, 만약 화를 냈다면 책에서처럼 아이에게 사과하고 엄마의 마음을 차분히 설명해주면 좋을 것 같아요. 아이에게도 미안할 때는 꼭 미안하다고 말해야 해요.

> **Bonus**

기초 튼튼 공통 주제 미션

기초 튼튼 공통 주제 미션

공통 주제 미션이란?

'공통 주제 미션'은 아이가 영어책을 즐기면서 자연스럽게 말하기와 읽기로 이어지도록 하는 과정에 필요한 미션들입니다. 다수의 영어 그림책에 반복해서 등장하는 표현들 중 회화에서도 사용 빈도가 높은 표현들을 익히기 위한 것입니다. 가령 '일어나다, 자다, 밥을 먹다'와 같은 일상 표현이나 '가다, 오다, 앉다, 서다'와 같은 기본 동작 표현, 그리고 숫자, 색깔, 날씨 표현 등이 이에 해당합니다.

공통 주제 미션은 꼭 해야 하는 필수 미션은 아닙니다. 이 표현들도 영어 그림책을 통해 자연스럽게 익혀도 됩니다. 다만 여러 책에서 워낙 자주 등장하는 표현들이므로 엄마표 영어의 초기 단계에서 함께 진행하면 큰 효과를 볼 수 있기에 추천하는 활동입니다.

공통 주제 미션은 각 미션마다 기간이 정해져 있는 것이 아닙니다. 아이가 미션을 잘 받아들였다면 다음 미션으로 넘어가도 되고, 아이가 싫어하는 미션이라면 건너뛰고 다른 걸 먼저 했다가 한참 후에 다시 시도해도 됩니다. 한 번에 한 미션만 할 필요도 없고 미션들을 섞어서 진행해도 됩니다. 미션의 본질만 이해했다면 똑같이 활동하지 않고 내 아이만을 위한 방법으로 노출해도 좋습니다. 정해진 방법이 없다는 것! 이것이 바로 엄마표의 매력이자 장점이잖아요. 내 아이가 잘 받아들이고 즐길 수 있는 방법을 찾아서 나만의 엄마표 영어 이야기들을 한 장 한 장 채워 나가면 그것이 바른 엄마표 영어 학습법입니다.

단, 여기서 주의할 점이 있습니다. '미션'이라는 말이 붙으면 해당 미션을 아이에게 강요하는 경우가 발생합니다. 하지만 다시 한 번 말씀드리지만 투투텐 프로젝트는 아이가 미션을 수행해야 하는 프로젝트가 아닙니다. 투투텐 프로젝트는 엄마가 혹은 부모님이 아이가 눈치채지 못하게 영어 듣기 환경을 만들어주고, 그 안에서 아이가 자연스럽게 영어에 적응하도록 하는 '부모님을 위한 미션'입니다. 그러므로 "단어 따라 말해봐!", "엄마 따라 해봐!" 이런 말은 금물입니다. 아이는 눈치채지 못하게 영어를 노출시켜줘야 합니다.

아이에게 문자를 일부러 가르치려고 하지 마세요. 충분히 들려주고, 듣고 이해하는 어휘들이 늘어나도록 환경을 제공하는 단계입니다. 공통 주제 미션은 아이가 원하는 순서대로 진행해도 괜찮습니다. 또한 각각의 공통 주제 미션에는 정해진 기간이 없습니다. 엄마가 만족하는 기간이 아니라 아이가 충분히 즐길 수 있는 기간 동안 진행해 주세요. 아이가 지루해하는 미션은 억지로 고집하지 말고 다음 미션으로 넘어갔다가 시간이 흐른 뒤에 다시 도전해보세요.

　마지막으로 영상 노출은 필수가 아닙니다. 영상 노출이 언어 습득에 도움이 되는 건 분명하지만, 이른 시기에 영상에 노출되는 것이 걱정되는 분들은 안 해도 괜찮습니다. 대신 더 많은 책을 읽어주고 들려주세요.

기초 튼튼 공통 주제 미션 01

일상 동작 단어

영어 문장을 제대로 이해하기 위해서는 기본 동사 숙지가 참 중요합니다. 기본 동사들을 이해하고 있으면 책도 영어 대화도 쉽게 받아들이고 의사 표현도 가능해집니다. 그래서 첫 번째 미션은 일상 동작 단어들을 반복해서 사용해 보는 미션입니다.

매일 반복되는 일상 동작들을 영어로 하나씩 말해주면 됩니다. 첫날부터 제시된 표현들을 다 사용할 필요는 없습니다. 하루에 2~3개씩 사용하면서 조금씩 늘려가면 됩니다. 일상 동작 단어들은 엄마가 하는 행동과 현재의 상황을 통해 아이는 그 의미를 자연스럽게 이해할 수 있습니다. 이렇게 일상생활을 통해 영어를 접하면 아이는 영어가 어렵고 두려운 공부가 아니라 일상적인 말이라는 것을 받아들이게 됩니다.

📖 일상 동작 단어

wake up 일어나다	make your bed 침대를 정리하다	take a shower 샤워하다	get dressed 옷을 입다
eat your breakfast 아침을 먹다	eat your lunch 점심을 먹다	eat your dinner 저녁을 먹다	brush your teeth 양치질하다
comb your hair 머리를 빗다	go to kindergarten 유치원에 가다	go to school 학교에 가다	have a snack 간식을 먹다
read a book 책을 읽다	play with friends 친구들과 놀다	watch TV TV를 보다	go to sleep 잠자리에 들다

📖 일상 동작 단어 추천 책

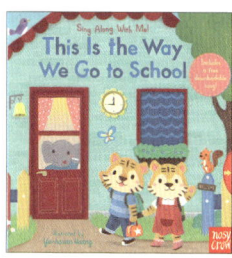

This Is the Way We Go to School: Sing Along With Me!

그림: Yu-hsuan Huang 출판사: Nosy Crow

▶ Look Inside

아침에 일어나서 아침식사를 하고 양치를 한 다음 학교에 가는 동작 단어가 나오는 조작 보드북입니다. 사운드북이 아니지만 책 속에 QR코드가 있어서 음원을 들을 수 있습니다. 이 책을 읽어줄 때 스토리북 읽듯이 줄줄 읽으면 아이들이 도망갑니다. 엄마의 목소리로 노래를 부르면서 책장을 넘기고, 아이들은 엄마의 노래에 맞춰 조작을 하면서 책을 보게 해주세요. 아이들은 처음에는 책 내용이 무엇인

지 알 수는 없지만, 엄마가 불러주는 소리에 맞춰 조작을 하다 보면 책 내용을 스스로 유추하게 됩니다.

Here We Go Round the Mulberry Bush

그림: Annie Kubler   출판사: Child's Play

Look Inside

이 책은 노부영 마더구스 시리즈 도서입니다. 노부영은 '노래로 부르는 영어동화'의 줄임말로, 영어권에서 널리 사랑받은 그림책과 자체 개발한 노래 음원을 함께 판매하는 시리즈입니다. 저는 처음에 노부영이 사람 이름인 줄 알았어요. 엄마표 영어의 시작은 노부영과 함께라고 해도 과언이 아니죠. 엄마표 영어에 있어서, 그리고 투투텐 프로젝트에 중요한 듣기 환경 조성을 위해서 좋은 음원은 필수입니다. 이 책은 아이들이 일어나서 등원·등교하기 전까지의 일과를 순서대로 그림과 반복적인 문장에 담아 놓았기 때문에 관련 표현들을 접할 수 있고, 아이 스스로 등원·등교를 준비하는 생활 습관에도 도움이 됩니다.

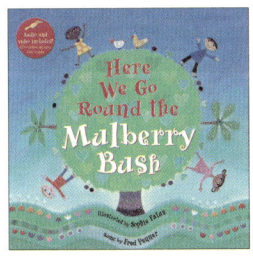

Here We Go Round the Mulberry Bush

그림: Sophie Fatus   출판사: Barefoot Books

Look Inside

『Here We Go Round the Mulberry Bush』는 영미권에서 유명한 마더구스이다 보니 여러 출판사에서 다양한 버전으로 출간되어 있습니다. 그중에서 <Barefoot

Books Sing Along> 시리즈로 나온 책은 출판사에서 제공하는 영상을 함께 활용할 수 있어 활용도가 만점입니다.

📖 일상 동작 단어 추천 영상

What Do You Do Every Day?

This Is the Way (Super Simple Songs)

This Is the Way (Juny Tony)

The Morning Routines Song

동물 동작 단어

기초 튼튼 공통 주제 미션 02

당연한 말이지만 그림책은 책의 내용이 그림으로 표현되어 있습니다. 영어 그림책이라면 영어 단어나 문장의 내용이 그림으로 그려져 있다는 말이지요. 영어 그림책을 읽어줄 때 문장에 나오는 단어의 그림을 손으로 짚어 주면 아이는 '아, 이 소리가 이 뜻이구나!' 하고 자연스럽게 이해하게 됩니다. 명사의 경우 이렇게 익힐 수 있는 것들이 참 많아요.

하지만 책 속의 단어를 그림으로는 정확하게 이해할 수 없는 부분들도 있어요. 대표적인 것이 바로 움직임을 나타내는 동사 표현이에요. 동작은 움직임을 나타내야 하기 때문에 정지된 그림으로 표현하기가 힘들지요. 그래서 문장에 동사가 있으면 동작을 흉내 내어 이해를 도와주면 좋아요.

어린아이들을 대상으로 한 영어 그림책에는 움직임을 나타내는 동작 단어가 많이 등장합니다. 또한 동물도 자주 등장하지요. 그래서 동물들의 기본적인 움직임을 나타내는 동사들을 미리 익혀 두면 스토리 이해에 많은 도움이 됩니다. 팁을 하나 드리자면 동작 동사들은 아이와 함께 몸을 움직이면서 습득하면 제일 재미있게 익힐 수 있습니다. '손뼉 치다'라는 뜻의 clap은 손뼉을 치며 익히는 식이지요.

📖 동물 동작 단어

clap 손뼉 치다	stomp 발을 쿵쿵대다	jump 폴짝 뛰다	crawl 기어가다
shake 흔들다	run 달리다	shout 소리치다	walk 걷다
waddle 뒤뚱대다	climb 오르다	stand 서 있다	fly 날다
kick 발로 차다	swim 수영하다	sing 노래 부르다	turn (고개 등을) 돌리다

📖 동물 동작 단어 추천 책

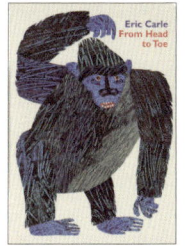

From Head to Toe

글·그림: Eric Carle 출판사: Harper Trophy

▶ Look Inside

이 책은 동물들이 어떤 동작을 하고 나서 Can you do it? 하고 물으면 아이들이 I can do it! 하고 대답하는 구성이에요. 가령 물개가 박수를 치고 나서 할 수 있냐고 물으면 아이가 그 동작을 따라 하며 할 수 있다고 대답합니다. 책을 읽어줄 때 아이가 동물의 동작을 흉내 내며 I can do it!이라고 말하도록 유도해 보세요. 단, 절대로 억지로 시키면 안 됩니다. 아이가 재미있어서 자꾸 하고 싶도록 만드는 게 포인트예요.

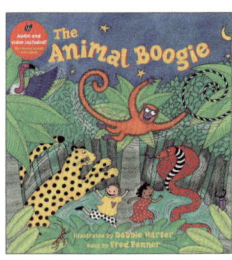

The Animal Boogie

그림: Debbie Harter 출판사: Barefoot Books

▶ Look Inside

Barefoot Books 출판사에서 나온 <Sing Along> 시리즈는 음악이 다 신나요. 이 책도 그 시리즈 중의 한 권인데, 다양한 동물들의 움직임을 신나는 음악과 함께 즐길 수 있어서 아이들이 너무도 좋아하는 책입니다. 단, 이 책을 읽어줄 때는 너무 얌전하게 줄줄 읽지 말고 한껏 오버해서 신나게 읽어주세요. 책이 재미있어서 웃고 엄마가 재미있어서 웃다 보면 어느새 아이들 머릿속에 영어 그림책이 재미있는 것으로 자리 잡게 됩니다.

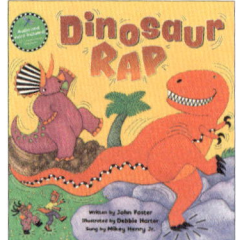

Dinosaur Rap

글: John Foster 그림: Debbie Harter 출판사: Barefoot Books

Look Inside

이 책 또한 Barefoot Books 출판사의 <Sing Along> 시리즈입니다. 주인공은 바로 아이들이 좋아하는 공룡들이에요. 공룡의 특징과 동작을 연결시켜 동작 단어들을 재미있게 익히고 즐길 수 있습니다. 노래가 워낙 신나서 몸이 저절로 둠칫둠칫 움직이게 됩니다. 제목이 '공룡 랩Dinosaur Rap'이니 할 말 다 했지요. 공룡 동작을 흉내 내면서 몸으로 다양한 동작 단어들을 배워보세요.

📖 동물 동작 단어 추천 영상

Wag Your Tail

Action Songs for Kids

Animals in Action

Animal Action (Pinkfong)

의성어와 의태어

기초 튼튼 공통 주제 미션 03

아이가 태어났을 때 한글 그림책은 어떤 것을 읽어줬나요? 단어 위주의 책, 의성어와 의태어가 가득한 그림책을 많이 읽어주지 않았나요? 영유아들의 롱타임 베스트셀러 『사과가 쿵』(다다 히로시 지음, 보림)의 내용을 한번 살펴볼게요.

  커다란 커어다란 사과가⋯ 쿵!
  사각 사각 사각 아, 싱싱해.
  야금 야금 야금 아, 맛있어.

유아들이 『사과가 쿵』을 좋아하는 건 의성어와 의태어를 읽어줄 때 그 소리가 너무 재미있어서입니다. 영어 그림책을 고를 때도 같은 기준에서 고르세요. 아이들의 첫 책은 스토리 구조가 탄탄하지 않아도 됩니다. 우선 책을 보는 게 재미있어야 해요. 아직 집중력이 짧은 영유아들에게는 스토리보다 눈과 귀를 쫑긋 사로잡을 무언가가 필요하지요. 바로 의성어·의태어가 가득한 책들 말이에요. 제가 이런 책들을 자주 추천하는 이유는 아이들이 재미있게 듣기 때문입니다. 재미있는 의성어·의태어들은 아이들이 말하기를 즐겁게 시작하도록 만들어주기도 합니다.

의성어·의태어가 영유아 책에만 나오는 것은 아닙니다. 스토리가 있는 리더스나 챕터북, 소설에서도 의성어·의태어는 장면이 머릿속에 좀 더 생생하게 그려지게 도와줍니다. 어른들은 의성어·의태어가 별거 아니라고 생각할 수도 있지만, 장면을 머릿속으로 생생하게 잘 그려내는 아이들이 나중에 영어책을 좋아하는 아이로 자라게 됩니다.

어때요? 의성어·의태어가 가득 들어 있는 책들을 막 읽어주고 싶어지죠? 단, 중요한 점이 있는데 바로 부모님이 읽어줄 때 의성어·의태어 부분을 아주 재미있게 읽어줘야 한다는 거예요. 그래야 아이들이 따라 하고 싶어지거든요.

📖 동물들의 울음 소리

moo moo 음매 음매 (소)	baa baa 매 매 (양)	meh meh 메 메 (염소)	quack quack 꽥꽥 (오리)
meow meow 야옹 야옹 (고양이)	woof woof 멍멍 (강아지)	cock-a-doodle-doo 꼬끼오 (수탉)	cluck cluck 꼬꼬댁 꼬꼬 (암탉)
chirp chirp 삐약 삐약 (병아리)	tweet tweet 짹짹 (새)	oink oink 꿀꿀 (돼지)	neigh neigh 히이잉 히이잉 (말)
squeak squeak 찍찍 (생쥐)	hoot hoot 부엉부엉 (부엉이)	roar roar 으르렁으르렁 (사자)	hiss hiss 쉬익 쉬익 (뱀)

📖 생활 속 의성어·의태어

splash 첨벙 (물장구 소리)	tick tock 똑딱똑딱 (시계 소리)	boom 쾅, 탕 (터지는 소리)	zoom 붕, 쌩 (로켓 날아가는 소리)
honk 빵빵 (자동차 경적 소리)	achoo 에취 (재채기 소리)	boing boing 통 통 (공 튀기는 소리)	crash 쾅 (차가 부딪히는 소리)
gulp 꿀꺽 (침 삼키는 소리)	toot toot 뚜 뚜 (나팔 부는 소리)	vroom 부릉 (엔진 소리)	hiccup 딸꾹 (딸꾹질하는 소리)
burp 꺼억 (트림하는 소리)	pop 팡 (풍선 터지는 소리)	splat 철퍼덕 (물기 있는 것이 세게 부딪히는 소리)	tip-toe tip-toe 살금살금 (까치발로 걷는 모습)

📙 의성어·의태어 추천 책

Old Macdonald Had a Farm

그림: Pam Adams 출판사: Child's Play

영미권의 전래동요인 마더구스를 살펴보면 의성어·의태어가 많이 등장해요. 그만큼 아이들에게 필요한 표현이라는 뜻이겠죠? 아이들에게 가장 친숙한 의성어는 동물 울음소리일 거예요. 『Old Macdonald Had a Farm』 노래 안에 대표적인 동물들의 울음소리가 모두 담겨 있습니다. 책을 읽을 때 동물 소리 부분은 아이가 맡아 흉내 내도록 하면 무척 좋아합니다. 책을 읽고 난 후에는 동물 그림카드를 보고 소리 흉내 내기 게임도 즐겨보세요. 마더구스는 같은 노래가 다양한 책들로 나와 있으니 여러 가지 버전으로 보여줘도 좋아요.

We're Going on a Bear Hunt

글: Michael Rosen 그림: Helen Oxenbury 출판사: Walker Books

『We're Going on a Bear Hunt』에는 곰 사냥을 떠난 가족이 다양한 장소를 지날 때마다 재미있는 의성어·의태어들이 등장합니다. 이 책은 작가가 읽어주는 영상이 굉장히 유명해요. 바람 부는 소리, 물장구치는 소리, 걸어가는 동작 등을 작가가 실감나게 동작을 하고 소리를 내주니 아이들의 몰입감이 최고입니다. 곰에게 쫓기는 후반부에서는 손에 땀을 쥐게 하는 스릴이 있어 아이들이 몇 번이고 다시 읽어달라고 외치는 대박책입니다.

We All Go Traveling By

글: Sheena Roberts 그림: Siobhan Bell 출판사: Barefoot Books

Look Inside

의성어·의태어 하면 동물 소리 다음으로 많이 떠오르는 것이 탈것 소리지요. 버스, 자동차, 오토바이, 자전거, 트럭, 비행기, 헬리콥터들이 내는 소리가 저마다 다르잖아요. 이 책에는 스쿨버스, 트럭, 기차 등 다양한 탈것들이 의성어·의태어와 함께 등장합니다. 이 책도 Barefoot Books 출판사의 <Sing Along> 시리즈 중의 하나로 신나는 노래와 함께 즐길 수 있습니다. (Barefoot Books Sing Along을 유튜브에서 검색해 보세요.) 아이들이 책을 읽고 난 뒤 장난감 자동차를 가지고 놀 때 자연스럽게 영어로 소리 내며 노는 모습을 발견하게 될 거예요.

 의성어·의태어 추천 영상

The Onomatopoeia Alphabet

The Animals on the Farm

Onomatopoeia Music

Vehicles Sound Song

기본 동작 동사

기초 튼튼 공통 주제 미션 04

영어 문장은 '주어+동사'로 이루어져 있기 때문에 기본적인 동사들의 의미만 알고 있어도 스토리를 이해하는 데 많은 도움이 됩니다. 이때 듣고 이해하는 단어가 되도록 해야지 아이가 단어를 보고 읽도록 접근하면 안 돼요! 듣고 이해할 수 있도록 놀아주고 해당 동사들이 들어 있는 책들을 찾아서 보여주는 거예요. 듣고 이해하는 어휘가 충분히 채워진 다음에 문자를 접하도록 해야 리딩이 수월하게 진행됩니다.

책 속에 등장하는 모든 단어들을 다 알지 못해도 아이들은 책 속의 그림과 그동안 누적된 어휘들을 통해서 모르는 단어의 뜻을 유추하기 시작합니다. 엄마표 영어에서 영어 그림책을 선호하는 이유도 그림을 통해서 단어의 의미를 유추하기가 쉽기 때문이에요. 처음에는 명확하지 않았던 단어의 의미가 다른 그림책을 통해 반복적으로 접하면서 점점 더 명확해지고, 그런 단어들이 계속 누적되어 이해할 수 있는 책의 수준도 조금씩 높아지는 것입니다. 그런데 엄마가 미리 책 속에 나오는 단어들의 뜻을 다 알려주면 아이들은 그림과 문맥을 통해 의미를 유추하는 훈련을 하지 못하게 되니 주의하세요.

📖 **기본 동작 동사**

open 열다	close 닫다	pull 당기다	push 밀다
sit 앉다	ride 타다	dance 춤을 추다	fall 떨어지다
play 놀다	draw 그리다	give 주다	take 받다
throw 던지다	catch 잡다	laugh 웃다	cry 울다
look 보다	listen 듣다	speak 말하다	write 쓰다

📖 기본 동작 동사 추천 책

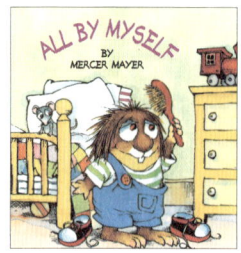

All By Myself

글·그림: Mercer Mayer 출판사: Random House Books for Young Readers

Look Inside

장난기 넘치는 리틀 크리터Little Critter가 주인공으로 나오는 <Little Critter> 시리즈는 아이들이 참 좋아하는 베스트셀러입니다. 이 책에서는 리틀 크리터가 아침에 혼자 일어나 옷을 갈아입고 머리도 빗고 동생도 돌봅니다. 혼자 해내려고 노력하는 모습을 보여주지만 어쩐지 엉망진창이 되는 상황에 절로 웃음이 나지요. 일어나서 잠들 때까지의 일상 생활 동작 단어를 재미있게 배울 수 있습니다.

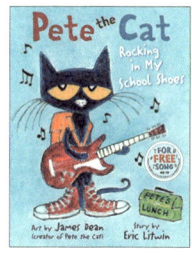

Pete the Cat : Rocking in My School Shoes

글: Eric Litwin 그림: James Dean 출판사: HarperCollins

Look Inside

아이들이 집 다음으로 시간을 많이 보내는 곳이 어린이집, 유치원, 학교이지요. 그래서 아이들 그림책에는 어린이집, 유치원, 학교에서 벌어지는 이야기를 그린 책들이 무척 많습니다. 아이들 입장에서도 익숙한 공간이나 상황이 등장하기 때문에 내용이 낯설지 않고 모르는 단어가 나오더라도 뜻을 유추하기가 쉽습니다. 학교의 다양한 공간에 대해서 알아보고 그 공간에서 어떤 동작을 하는지도 고양이 피터와 함께 노래로 즐겨보세요.

Goose

글·그림: Laura Wall 출판사: Harpercollins Childrens Books

Look Inside

놀이터도 아이들의 일상 공간이죠. 소피는 친구가 없어 놀이터에서 혼자 외롭게 놀고 있어요. 그런데 어디선가 거위 한 마리가 나타나요. 소피와 거위는 함께 시소도 타고, 미끄럼틀도 타고, 그네도 타며 신나게 놀아요. 로라 월Laura Wall 작가의 <Goose> 시리즈의 첫 책으로, 시리즈의 다른 책들과 함께 읽으면 더 재미있습니다.

📖 기본 동작 동사 추천 영상

Action Song

Jump, Run and Shout!

Move!

Actions 1 with ELF Learning

기초 튼튼 공통 주제 미션 05

색깔

아이들이 영어 그림책의 그림과 엄마가 읽어주는 소리를 통해 색깔, 모양, 숫자 표현들을 듣고 이해할 수 있게 되면, 이제 간단한 활동들을 통해서 아이 스스로 그 단어를 말해보게 해주세요. 어떤 색인지, 몇 개인지, 어떤 모양인지 질문에 대한 답을 간단하게 하는 것부터 시작하면 됩니다. 처음에는 단어로만 표현하다가 점점 문장이 되고 문단이 되어 갑니다. 처음부터 완벽한 문장으로 발화가 가능한 것은 아닙니다.

📖 색깔 단어

red 빨간색	yellow 노란색	blue 파란색	green 초록색
orange 주황색	purple 자주색	brown 갈색	black 검정색
white 흰색	gray 회색	pink 분홍색	violet 보라색

📖 색깔 추천 책

Mouse Paint

글·그림: Ellen Stoll Walsh 출판사: Voyager Books

Look Inside

하얀 생쥐들이 고양이가 잠자고 있는 틈을 타서 빨강, 파랑, 노랑 물감을 가지고 놀아요. 생쥐들은 이 물감, 저 물감 섞어보며 온몸에 물감을 묻히고 재미나게 놉니다. 생쥐들이 하얀 색일 때는 고양이 눈에 잘 띄지 않지만 알록달록한 색이 되면 고양이 눈에 잘 띌 텐데 무사히 물감놀이를 마칠 수 있을까요? 색이 섞이면서 여러 가지 색이 만들어지는 색의 혼합까지 두루두루 배울 수 있는 책입니다.

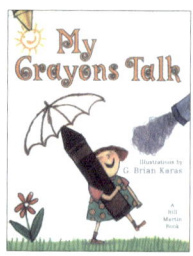

My Crayons Talk

글: Patricia Hubbard 그림: G. Brian Karas 출판사: Henry Holt

▶ Look Inside

알록달록 크레용들이 말을 한다고 해요. 어떤 말을 할까요? 보라는 "냠냠, 풍선 껌."이라고 외치고, 빨강은 "안 돼. 가면 안 돼."라고 소리친다고 해요. 라임이 가득한 문장들을 따라 읽으면 몸이 저절로 들썩들썩합니다. 책을 읽고 아이와 크레용 색깔 중 하나를 선택해서 집안에 있는 같은 색 물건을 외쳐보는 것도 재미있습니다. 집밖 풍경에서도 다양한 색깔들을 찾아보세요.

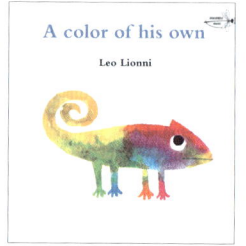

A Color of His Own

글·그림: Leo Lionni 출판사: Dragonfly Books

▶ Look Inside

대부분의 동물 친구들은 고유의 색을 가지고 있어요. 하지만 카멜레온은 주변 환경에 따라 몸의 색이 변해요. 레몬 위에 있으면 레몬색으로, 호랑이 위에 있으면 호랑이 줄무늬로 변하지요. 속상해하는 카멜레온 앞에 다른 카멜레온 친구가 나타나고, 그 둘은 함께 몸 색깔을 이리저리 바꿔가며 재미나게 놉니다. 책을 읽은 후에는 종이에 카멜레온 그림을 오려내어 구멍 사이로 여러 풍경과 물건을 비춰보는 활동을 하며 다양한 색깔을 가진 카멜레온으로 변신시켜 보세요.

📖 색깔 추천 영상

Colors Word Power

Rainbow Color Song

What's Your Favorite Color?

I See Something Blue.

기초 튼튼 공통 주제 미션 06

숫자

영어책을 읽어줄 때 아이가 재미없어하고 집중을 안 해서 고민이라면 엄마가 영어 그림책을 읽어줄 때 어떻게 읽어주는지도 한번 점검해보세요. 저의 경우 엄마표 영어를 시작할 때 영어를 그렇게 잘하는 엄마는 아니었어요. 하지만 누구보다 자신 있는 게 하나 있었는데, 저는 그림책을 정말 신나게 읽어주는 엄마였어요. 한글책이든 영어책이든 책을 읽어줄 때 저는 그냥 읽어주지 않았어요. 동작이 나오면 한껏 오버해서 동작을 흉내 내고, 신나는 음원이 있는 책이라면 엉덩이를 들썩이며 읽어줬어요. 그럼 아이들은 책이 재미있어서인지 엄마가 웃겨서인지 모르겠지만 엄청 재미있어했어요.

숫자처럼 단순한 표현들도 작가들은 기발한 아이디어를 담아 흥미진진하게 풀어 나갑니다. 여기에 엄마의 오버 연기까지 더해지면 아이들의 관심을 끌 수 있습니다. 영어 문장만 줄줄 읽어주면 아이들은 재미없어서 도망가요. 계단 오르며 숫자 세기, 물건 개수 세기 등 일상에서 자연스럽게 영어를 활용해 보면 좋습니다.

 숫자 단어

one 1, 하나	two 2, 둘	three 3, 셋	four 4, 넷
five 5, 다섯	six 6, 여섯	seven 7, 일곱	eight 8, 여덟
nine 9, 아홉	ten 10, 열	eleven 11, 열 하나	twelve 12, 열 둘

숫자 추천 책

1 Hunter

글·그림: Pat Hutchins 출판사: HarperTrophy

Look Inside

표지에 1명의 사냥꾼 hunter과 차츰차츰 수가 늘어나는 동물들이 그려져 있습니다. 책장을 넘길 때마다 다양한 동물들이 한 마리씩 늘어나는데, 어떤 동물들이 숨어 있는지 찾아보는 재미가 있어요. 마지막에 사냥꾼이 뒤를 돌아보니 숨어 있던 동물들이 사냥꾼을 노려보고 있고, 놀란 사냥꾼은 나 살려라 하며 도망갑니다. 숨은 그림찾기같은 느낌을 주어 아이들이 숫자를 재미있게 익힐 수 있는 책입니다.

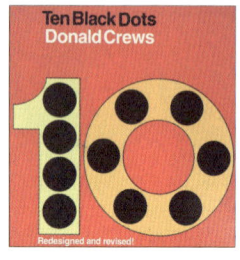

Ten Black Dots

글·그림: Donald Crews 출판사: Greenwillow Books

Look Inside

열 개의 검은 점들로 무엇을 할 수 있을까요? 점 한 개는 해가 되고, 점 두 개는 여우의 눈이 되고, 점 세 개는 눈사람의 얼굴이 됩니다. 점 네 개는 라디오 버튼이 되네요. 아홉 개의 점은 돼지 저금통에 들어 있는 동전이 됩니다. 아이들과 함께 점을 그리거나 오려서 그 점으로 무엇을 할 수 있는지 생각해보는 것도 재미있습니다.

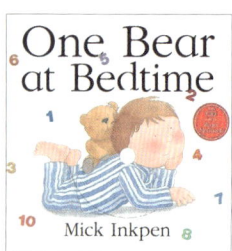

One Bear at Bedtime

글·그림: Mick Inkpen 출판사: Hodder Children's Books

Look Inside

잠자리 준비할 때 읽어주기 좋은 숫자 세기 그림책입니다. 잠자기 전에 씻기, 양치질하기, 옷 갈아입기, 책 읽기 등 아이들과 함께 해야 할 일들이 있지요. 안고 자는 곰 인형 하나, 내 옷을 입은 돼지 두 마리, 침대에서 폴짝폴짝 뛰며 노는 캥거루 세 마리에서 잘 자라고 인사하는 머리가 열 개 달린 괴물까지 떠들썩하게 잠자리 준비를 합니다. 하지만 잠잘 때는 곰인형 하나만 있으면 된다고 하네요.

📖 숫자 추천 영상

Counting 1-10 Song

Seven Steps

How Many Fingers?

Number Song 1-20 for Children

기초 튼튼 공통 주제 미션 07

모양

이번 미션은 세모, 네모, 동그라미 같은 모양을 나타내는 영어 표현을 익히는 미션입니다. 모양 표현은 조금만 신경 쓰면 쉽게 익힐 수 있어요. 우리가 생활하는 집안에 세모, 네모, 동그라미로 된 물건들이 많이 있기 때문이에요. 영어 그림책을 통해 모양에 관한 영어 표현들을 들려줬다면 일상생활에서도 자주 반복해서 들려주세요. 가령 간식 시간이라면 식탁이나 책상을 가리키며 square인지 rectangle 인지 이야기 나누고, 간식 접시를 가리키며 square인지 circle인지 말해보는 거예요.

'집안 물건 중 세모 모양 찾기'와 같은 놀이를 해볼 수도 있어요. 아이들은 게임을 좋아하기 때문에 신이 나서 도전할 거예요. 색종이로 여러 가지 도형 모양을 오려 그 도형들을 이용해 이런저런 것들을 만들어 보면 좋아요. Color Zoo에 나오는 것처럼 도형들을 이용해 여러 동물들을 만들어 보고, 아이만의 아이디어로 새로운 동물들도 만들어 보는 식이지요.

📖 모양 단어

circle 동그라미, 원	square 정사각형	triangle 세모, 삼각형	rectangle 직사각형
oval 타원	heart 하트	star 별	diamond 마름모

📖 모양 추천 책

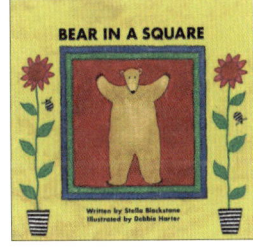

Bear in a Square

글: Stella Blackstone 그림: Debbie Harter 출판사: Barefoot Books

곰의 일상에서 다양한 도형들을 만날 수 있습니다. 곰의 집에서 네모는 어디에 있을까요? 교실에서 직사각형은 어디에 있을까요? 도형의 이름을 직접적으로 알려주기보다는 그림 속에서 도형들을 찾아내야 합니다. 아이와 일상 속에서 다양한 모양들을 찾아보는 활동도 꼭 함께 해보세요. <Bear> 시리즈는 아이들에게 필요한 기본적인 주제를 다루고 있는 책들이 많으니 시리즈의 다른 책들도 읽어보세요.

Color Zoo

글·그림: Lois Ehlert 출판사: Harperfestival

도형과 색깔, 동물 이름을 함께 배울 수 있는 책인데, 이 책을 안 좋아하는 아이는 못 본 것 같아요. 책 속에 세모, 네모, 동그라미, 하트 등 다양한 구멍이 뚫려 있는 구멍책인데, 앞뒤 페이지가 겹쳐지며 만들어지는 동물들의 모습이 너무 재미있습니다. 책을 읽고 난 후에는 색종이를 오려 여러 가지 도형을 만든 후 책 속에 나오는 동물들 외에 다양한 동물이나 사물을 만드는 시간을 꼭 가져보세요. 같은 저자의 책인 『Color Farm』도 도형을 통해서 농장 동물들을 만날 수 있는 책이므로 같이 연계해서 읽어주면 좋겠죠?

Go, Shapes, Go!

글·그림: Denise Fleming 출판사: Beach Lane Books

영어 그림책 중에 세모, 네모, 동그라미, 하트 등 기본적인 모양들을 다루고 있는 책은 아주 많아요. 하지만 실제로 모양에는 훨씬 더 다양한 것들이 있지요. 이 책에는 기본 모양 외에도 초승달이나 반원 등 다양한 모양이 등장합니다. 도형들이 합체될 때 의태어가 등장해 마치 도형들이 살아 움직이는 것 같아요. 이렇게 합체된 도형이 재미있는 스토리로 이어지는 즐거운 영어 그림책입니다.

📖 모양 추천 영상

Shapes Song for Kids

Shapes Are All Around

The Shape Song #1

Shapes Songs for Children

기초 튼튼 공통 주제 미션 08

반대말

영어 그림책에는 반대말을 소재로 한 책들도 많습니다. 책 전체가 반대말로 되어 있지 않더라도 반대말은 서로 대비되는 효과가 있어서 영어 그림책에서 자주 활용되는 요소입니다. 몸집이 큰 사자와 몸집이 작은 토끼, 빨리 뛰는 토끼와 느리게 기는 거북이처럼요. 반대말을 묶어서 함께 알려주면 아이들은 단어의 뜻을 더 빨리 이해하고 더 오래 기억합니다. 아이들과 함께 기본적인 반대말 표현들을 재미있게 익혀보세요.

📖 반대말 단어

hot 더운, 뜨거운	cold 추운, 차가운	slow 느린	fast 빠른
quiet 조용한	loud 시끄러운	short 짧은	long 긴
good 좋은	bad 나쁜	full 가득 찬	empty 텅 빈

📖 반대말 추천 책

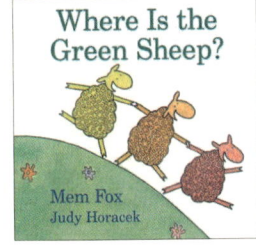

Where Is the Green Sheep?

글: Mem Fox 그림: Judy Horacek 출판사: Harcourt Children's Books

▶ Look Inside

제목만 보면 색깔에 대한 그림책일 것 같지만, 색깔 표현은 물론 다양한 반대말 표현도 배울 수 있는 책입니다. 많은 양들 중에 초록색 털을 가진 양은 어디에 있는 걸까요? 책을 펼치기 전에 제목과 함께 표지 그림을 유심히 보세요. 글보다는 그림으로 스토리를 즐기는 책이기에 꼭 모든 그림들을 아이랑 꼼꼼히 보면서 이야기를 나눴으면 합니다. 참고로 그림책은 항상 표지나 속표지도 꼼꼼히 살펴보세요. 본격적으로 이야기가 시작되기 전에 중요한 의미를 담고 있는 경우가 많거든요.

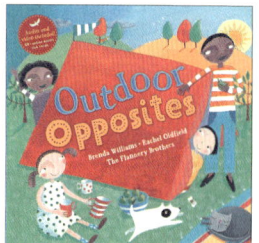

Outdoor Opposites

글: Brenda Williams 그림: Rachel Oldfield 출판사: Barefoot Books

Look Inside

아이들이 일상에서 자주 접하는 상황들을 통해서 반대말을 자연스럽게 익힐 수 있도록 만들어진 책입니다. 아마 가장 다양한 반대말이 등장하는 동화책이 아닐까 합니다. 책을 읽고 나서 실제 일상 속에서 반대말을 찾아보는 활동을 해보세요. 집 안에서 높고 낮은 것, 어둡고 밝은 것, 젖고 마른 것 등을 찾아보는 거예요. 또는 엄마가 책 속에 나왔던 단어를 하나 말하면 아이가 반대되는 말을 해보는 게임도 좋아요. 책놀이가 뭐 별건가요?

Inside Outside Upside Down

글·그림: Yasmeen Ismail 출판사: Laurence King

Look Inside

제목만 딱 봐도 반대말 책 같죠? 그런데 이 책은 그냥 평범한 책이 아니에요. 책에 직접 그림을 그리면서 완성해 나가는 책이거든요. 단어 설명을 위한 그림 그리기가 아니라 이야기 속에 자연스럽게 반대말 개념들을 담아두었어요. 아이가 이야기를 듣고 자신의 생각을 그림으로 표현하다 보면 세상에 하나뿐인 그림책이 되는 거예요. 스토리에 관련된 내용을 직접 그리다 보니 아이가 받아들이는 것도 다르답니다.

반대말 추천 영상

Opposites Word Power

Opposites Song for Preschoolers

Opposites Song

Open Shut Them

기초 튼튼 공통 주제 미션 09

위치 전치사

영어 문장에는 많은 전치사들이 등장해요. 그중에서 어린이용 영어 그림책에 자주 등장하는 것은 바로 어디에 무엇이 있는지를 나타내는 '위치 전치사'입니다. 제가 첫째, 둘째 아이와 엄마표 영어를 할 때는 아이들에게 위치 전치사를 알려줘야겠다는 개념 자체가 없었습니다. 그런데 영어 그림책을 읽다 보니 책 속에 위치 전치사가 정말 자주 등장하는 걸 자연스레 깨닫게 되었어요.

위치 전치사는 장난감이나 인형을 가지고 놀면서 개념을 잡아주면 좋아요. 조금 큰 상자가 있다면 아이가 직접 들어갔다 나왔다 하면서 익히면 정말 좋아해요. 아이는 엄마와 놀면서 자연스럽게 위치 전치사를 익힐 수 있게 됩니다.

📖 위치 전치사

| on
~ 위에 | under
~ 아래에 | in
~ 안에 | out
~ 밖에 |

| behind
~ 뒤에 | in front of
~ 앞에 | up
위로, 위에 | down
아래로, 아래에 |

| between
~ 사이에 | next to
~ 옆에 | beside
~ 옆에 | near
~ 주위에 |

📖 위치 전치사 추천 책

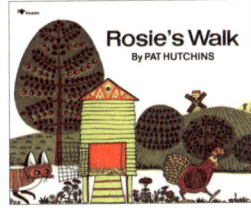

Rosie's Walk

글·그림: Pat Hutchins 출판사: Aladdin Paperbacks

Look Inside

『Rosie's Walk』는 산책을 나온 닭과 그 뒤를 쫓아가는 여우의 이야기입니다. 닭과 여우의 쫓고 쫓기는 추격전을 예상했을지 모르지만, 닭을 잡아먹기 위해 호시탐탐 기회를 노리다가 번번이 실패하고 사고만 치는 불쌍한 여우의 이야기입니다. 더 재미있는 건 닭은 여우가 자신을 잡으려고 한다는 것조차 모른다는 거지요. 그림으로 전개되는 스토리가 시트콤을 보는 것 같아서 아이들이 무척이나 좋아합니다. 닭과 여우의 행동들을 통해 다양한 위치 전치사를 배울 수 있어요. 책을 읽고 난 후에는 엄마와 아이가 닭과 여우가 되어서 집안 곳곳을 누비며 의자 위에도 올라가 보고 식탁 아래에도 숨어보면서 위치 전치사를 직접 몸으로 표현해 보세요.

Where's Spot?

글·그림: Eric Hill 출판사: Puffin Books

▶ Look Inside

『Where's Spot?』은 엄마 샐리Sally가 저녁밥을 먹지 않은 귀염둥이 스팟Spot을 찾아다니는 스토리인데, 플랩 덕분에 다양한 위치 전치사를 쉽게 이해할 수 있습니다. Is he behind the door?(문 뒤에 있나?) 하고 문 모양의 플랩을 열면 문 뒤에 있던 곰이 No. 하고 대답합니다. 숨바꼭질 하는 느낌이어서 아이들은 자기가 열어보려고 손을 바쁘게 움직입니다. 독후 활동으로 아이에게 집 안에 물건을 숨기라고 하고 엄마가 찾으면서 In the box?, Behind the door?, Under the bed? 등으로 말해주거나, 엄마가 물건을 미리 숨겨놓고 위치 전치사를 이용해 힌트를 줘도 재미있어요.

Inside Mouse, Outside Mouse

글·그림: Lindsay Barrett George 출판사: HarperCollins Children's Books

▶ Look Inside

이 책은 집안에 사는 쥐와 집밖에 사는 쥐의 이야기를 통해서 다양한 위치 전치사를 만날 수 있어요. 두 마리의 쥐는 벽과 나무 기둥을 타고 내려오고, 러그와 땅을 가로질러 가고, 의자와 담을 오르는 등 요리조리 바쁘게 움직입니다. 집안에 사는 쥐와 집밖에 사는 쥐는 만날 수 있을까요? 책을 읽고 난 후에는 아이와 장난감 자동차를 이리저리 움직이면서 위치 전치사를 활용해 표현해 보세요. 장난감 자동차를 테이블 위에 놓고 on의 개념을 알려주고 테이블 아래에 놓고 under를 알려주는 식이지요.

📖 위치 전치사 추천 영상

The Prepositions Song

Where Is It?

On In Under By Song

Preposition Song Above It

기초 튼튼 공통 주제 미션 10

주제 활동

언어 습득에 있어서는 무엇보다 반복이 중요합니다. 하지만 반복은 지겹고 재미가 없지요. 게다가 아이들은 재미가 없으면 절대 참지 못합니다. 그럼 어떻게 반복을 해주면 좋을까요? 저는 주제 활동을 추천드려요.

<u>주제 활동이란 같은 주제의 책과 영상, 활동을 묶어서 보거나 하는 것을 말합니다.</u> 가령 '날씨'라는 주제에 대해서 여러 권의 책을 읽고, 여러 개의 영상을 보고, 여러 가지 활동을 하는 식이지요. 책과 영상은 매체는 다르지만 주제가 같기 때문에 관련 어휘들이 반복적으로 등장하여 지루하지 않게 반복하는 효과를 얻을 수 있습니다.

또한 주제 활동은 하나의 주제에 대해서 '몰입'을 경험하는 장점이 있습니다. 뛰어난 재능을 타고난 아이라 하더라도 집중하는 법

을 배우지 못하면 성숙한 재능으로 발전하기 어렵습니다. 집중력을 키우는 데 있어 즐거움을 통한 몰입의 경험이 참 중요합니다. 몰입을 하려면 시간적으로 여유가 있어야 해서 중고등학교에 가면 몰입을 경험하기가 참 힘들어집니다. 그래서 아이가 어릴 때 이런 주제 활동들을 통해 좋아하는 것에 충분히 몰입하는 경험을 해보는 것이 중요합니다. 그러면 영어는 정말 덤으로 따라오게 됩니다.

1) 주제 정하기

저는 주제 활동을 투투텐 프로젝트의 꽃이라고 부릅니다. 지금까지의 공통 미션들은 제공된 틀과 정보를 이용한 활동이었다면, 주제 활동은 엄마가 내 아이만을 위해 스스로 관련 활동들을 준비하는 시간입니다.

지금까지 월간 노출 계획서 및 일일 진행 기록지를 작성하고 공통 미션들을 진행하면서 이제 내 아이의 성향과 취향이 어느 정도 파악되었을 겁니다. 그럼 이제부터는 내 아이만을 위한 계획이 필요합니다. 내 아이가 좋아하는 주제를 정해서 연계되는 영어 그림책을 읽고 영어 영상도 함께 보면서 활동하면 몰입을 경험하기 좋습니다.

그럼 어떤 주제를 선택해서 진행하면 좋을까요? 가장 좋은 것은 내 아이가 좋아할 만한 주제를 고르는 겁니다. 다만 처음에는 막연할 수도 있어 몇 가지 기본적인 주제를 제시해 드리고자 합니다. 어떤 주제를 먼저 하는지의 순서는 중요하지 않습니다. 리스트에 있는 주제들 중에서 내 아이가 가장 좋아할 만한 주제부터 선택해서 차근차근 리스트를 지워 나가세요.

주제 활동 리스트

아이들이 공통적으로 익혀야 할 기본적인 주제들만 골라보았습니다. 하나의 주제를 더 작은 소주제로 나누어 진행해도 좋습니다. 가령 '계절Season'을 '봄, 여름, 가을, 겨울'로 나누거나 '식물Plant'을 '나무, 꽃, 과일, 곡물' 등으로 나누어 접근해도 좋아요.

일반적인 주제	
Weather 날씨	Transportation 탈것
Feeling 감정	Job 직업
Family 가족	Plant 식물
Body 신체	Animal 동물
Season 계절	Bug 곤충
Food 음식	Ocean 바다
Clothes 옷	Space 우주
My town 우리 동네	Life Cycle 생명 주기

서양 문화를 경험할 수 있는 주제	
New Year's Day 새해 첫 날	Father's Day 아버지의 날
Valentine's Day 밸런타인데이	Mother's Day 어머니의 날
St. Patrick's Day 성 패트릭의 날	Halloween 핼러윈
Easter 부활절	Thanksgiving 추수감사절
Independence Day 독립 기념일	Christmas 크리스마스

2) 주제 관련 책과 영상 찾기

주제를 정하고 나면 관련 책과 영상, 액티비티 자료 등을 찾아야 하는데 어떻게 찾는지 궁금할 거예요. 내 아이만을 위한 엄마표 영어를 진행하려면 계속 남이 찾아다주는 자료에 의존해서는 안 됩니다. 왜냐하면 남의 아이가 좋아하는 책을 우리 아이가 똑같이 좋아하지는 않으니까요. 따라서 스스로 찾아보는 노력이 필요하고, 그런 노력의 시간들이 모여 내 아이만의 엄마표 영어가 가능해집니다. 하지만 너무 걱정하실 필요는 없어요. 우리에게는 엄마표 선배맘들이 집단 지성으로 만들어놓은 좋은 리스트들이 많이 있으니까요.

책 찾기 ▶ 구글, 핀터레스트, 유튜브 활용

집에 있는 책 중에서 주제와 관련된 책들을 찾아보세요. 또 구글Google이나 핀터레스트Pinterest 검색창에 '주제 + books for kids'라고 써넣고 검색해 보세요. 이미지로 확인해야 편하니 전체 검색이 아닌 이미지 검색으로 들어가세요. 재미있어 보이는 책들을 선택해서 아마존이나 국내 인터넷 서점에서 찾아서 '미리보기Look Inside'도 확인합니다. 예전에는 내지 미리보기가 제대로 되어 있지 않아서 책 고르기가 참 어려웠는데 지금은 너무 잘되어 있어요. 내지 미리보기보다 더 확인하기 좋은 건 유튜브예요. 유튜브 검색창에서 책 제목으로 검색하면 원어민들이 읽어주는 영상들을 확인할 수 있습니다. 들어보고 아이가 좋아할 것 같은 책들을 선택하면 됩니다.

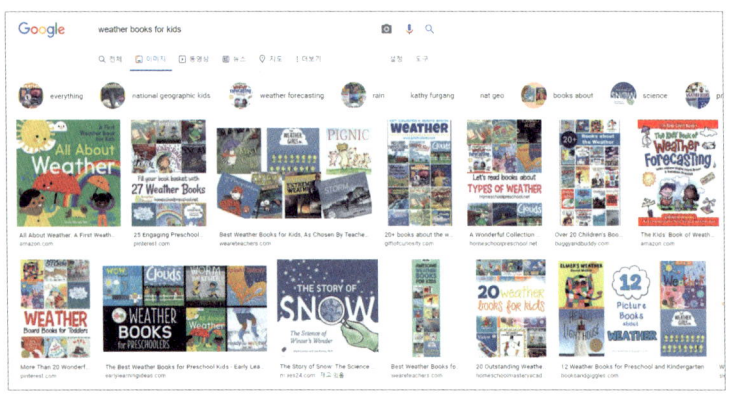

영상 및 노래 찾기 ▶ 유튜브 활용

주제 관련 영상은 유튜브 검색창에 '주제 + for kids'로 검색하고 노래는 '주제 + songs for kids'로 검색하면 됩니다. 검색된 영상이나 노래 중에서 아이가 좋아하는 것을 찾아 보여주고 들려줍니다.

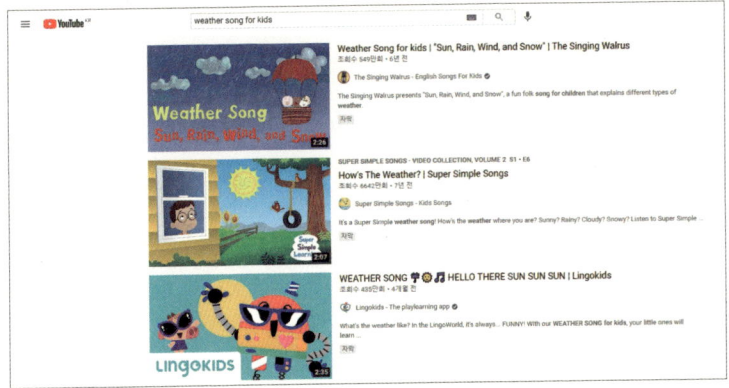

액티비티 및 워크지 찾기 ▶ 구글 활용

주제 관련 액티비티나 워크지도 구글 검색창에 '주제 + activities/craft for kids'라고 입력하고 이미지로 검색해 보세요. 검색된 활동 중 아이가 좋아할 만한 활동을 선택해 진행하면 됩니다.

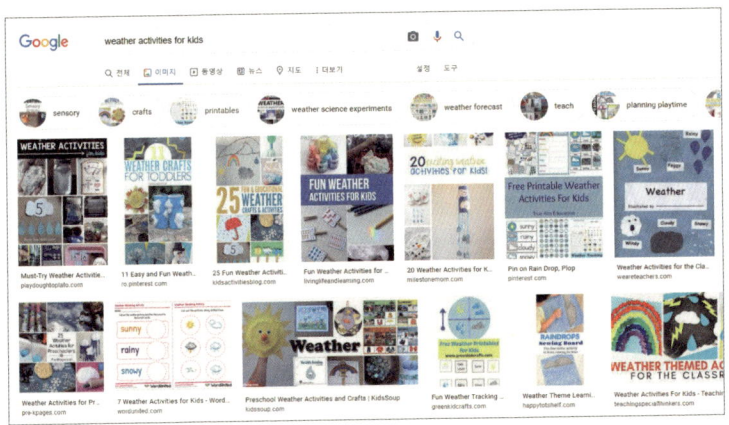

3) 주제 활동 진행표 만들기

주제를 마음속으로 선택한 후 편하게 진행해도 되지만, 어떤 책과 영상, 액티비티를 연계해서 진행할지를 주제 활동 진행표에 미리 정리해 두면 아무래도 더 잘 실천하게 됩니다. 기록의 위대함을 우리는 이미 경험을 통해 깨달았으니까요.

Weather 주제 활동 진행표 예시

Part 3

엄마표★영어
6단계 로드맵

 * 〈엄마표 영어 6단계 로드맵〉은 『세상에서 제일 쉬운 엄마표 생활 영어』의 저자 홍현주 박사님과 공동으로 정리한 내용입니다.

아이표 영어를 향한 엄마표 영어 6단계 로드맵

Intro

이 책은 엄마표 영어의 시작점에 서 있는 부모들을 위한 내용을 다루고 있습니다. 엄마표 영어 초기에는 '영어 듣기'가 제일 중요하기 때문에 차고 넘치게 들려주라고 강조해서 말씀드렸습니다. Part 1에서는 영어 듣기 환경의 중요성을 짚어 보고, Part 2를 통해 영어 듣기 환경을 만들어줄 책과 영상, 방법론에 대해 알려드렸습니다.

Part 3에서는 엄마표 영어의 큰 그림을 함께 살펴보고자 합니다. 우리는 지금 비록 시작점에 있지만, 목적지를 모르고 가는 것과 알고 가는 것은 천지차이입니다. 기왕이면 목적지에 가는 경로까지 파악하고 있다면 더 좋습니다. 알고 가면 마음이 편하고 조급해지지 않는 법이죠. 출발하기 전에 대강의 경로를 한번 살펴보는 것과 비슷합니다. 골목길까지 다 파악할 필요는 없습니다.

엄마표 영어는 학교의 교과과정처럼 정해진 형식은 없습니다. 그러나 엄마표 영어를 시도했던 수많은 엄마와 아이들이 시행착오를 거치며 쌓아온 결과들을 살펴보면 핵심 과정으로 여겨지는 것이 있습니다. 저의 멘토이자 테솔 스승님이신 홍현주 박사님과 수많은 엄마표 영어 사례들을 모아 영어교육 이론을 바탕으로 정리한 것이 '엄마표 영어 6단계 로드맵'입니다.

엄마표 영어 6단계 로드맵

단계	목표	영역
1단계	영어 소리와 친해져요 (English Sounds) 노래, 동시, 동화 듣기로 영어 음운 인지	듣기
2단계	소리로 단어 의미를 알아요 (Oral Vocabulary) 듣고 말할 수 있는 어휘 약 300~500개 습득	듣기 + 말하기 + 읽기 준비
3단계	영어 읽기를 준비해요 (Ready to Read) 영어 소리 구분, 사이트워드 인지	
4단계	단계별 영어책을 읽어요 (Phonics & Leveled Reading) 유창성과 독해력 도약	듣기 + 말하기 + 읽기 + 쓰기
5단계	다독과 정독을 해요 (Extensive & Intensive Reading) 쉬운 논픽션과 챕터북 독서	
6단계	스스로 읽고 써요 (Independent Reading & Writing) 원활한 독해와 글쓰기 기반 잡기	

엄마표이다 보니 아무래도 '듣기·읽기'가 '말하기·쓰기'보다 더 많이 제시되어 있습니다. 듣기·읽기가 차고 넘쳐야 말하기·쓰기가 수월해진다는 전제이기는 하지만, 그래도 무조건 듣기·읽기만 하는 것이 아니라 다양한 활동을 통해 말하기·쓰기를 할 수 있게 안내했습니다.

영어는 아이마다 시작 시기가 천차만별이어서 연령별로 로드맵을 나누기는 어렵습니다. 한글 독립이 되기 전 아이들과 한글 독립이 된 아이들로 구분해서 진행하는 것을 추천합니다. 위의 로드맵은 모국어 습득 방식에 의거해 만들어진 것이므로, 한글 독립이 되기 전인 유아 및 유치 단계의 아이들을 대상으로 합니다. 한글 독립이 된 유치 및 초등 아이들인 경우에는 이미 문자 읽기의 경험이 있기 때문에 1~3단계를 동시에 진행하면 됩니다.

엄마표 영어는 절대로 어려운 것이 아니에요. 초등 저학년까지 엄마와 아이가 손잡고 엄마표 영어를 진행하면 그 이후는 아이 혼자 선택하고 학습하는 '아이표 영어'가 됩니다. 목적지에 도착했을 때의 기쁨을 상상하며 아이와 즐거운 엄마표 영어 여행을 시작해 보세요.

Road Map

1단계: 영어 소리와 친해져요
English Sounds

1단계는 영어 소리와 친해지는 단계로 '듣기가 전부'라고 할 수 있는 시기입니다. 아이들은 태어나서 처음 접하는 영어의 소리가 이상하게 들려 거부감을 가지기도 합니다. 따라서 이 시기에는 우리나라 아이들에게도 익숙한 멜로디의 영어 동요를 들려주어 영어 소리와 친해지게 해주세요.

이 단계는 자칫 그 중요성을 인지하지 못해 소홀히 하거나 놓치고 지나가기 쉽습니다. 하지만 아이들은 이 단계에서 영어를 놀이처럼 접하면서 개별 음가의 차이와 영어 고유의 음운 특징에 익숙해지게 됩니다. 다양한 종류를 듣는 것보다 반복해서 듣는 것이 중요하며, 노래 가사나 그림책에 등장하는 단어들을 생활 속에서 사용하면서 몇 개의 단어라도 확실하게 알도록 도와주세요.

엄마표 영어 1단계

영역	방법
듣기	1. 마더구스, 너서리라임, 슈퍼 심플송 음원 듣기 - 아이가 따라 부르기를 기대하지 말고 춤을 추는 등 듣기를 즐기도록 유도하기 - 각종 듣기 자료를 반복적으로 들으면서 따라 부르기 - 자연스럽게 한두 소절이나 후렴구를 따라 부르게 유도하기 2. 읽으면 리듬이 생기는 동화를 엄마가 읽어주는 소리 듣기

마더구스 Mother Goose, 너서리라임 Nursery Rhymes

마더구스나 너서리라임은 영미권의 구전 동시와 동요를 일컫는 것으로 우리에게도 익숙한 것이 많습니다. 라임(운율)과 어휘가 반복되어 따라 부르면 영어 소리가 즐겁다고 느껴집니다. 아이들이 흥미롭게 춤을 추며 따라 부를 수 있어 영어와 친해지는 첫 단추로 안성맞춤입니다. 나아가 영어의 음절과 강세도 자연스럽게 습득할 수 있는 훌륭한 자료이니 그림책과 유튜브로 충분히 활용하세요.

Old Macdonald Had a Farm

The Wheels on the Bus

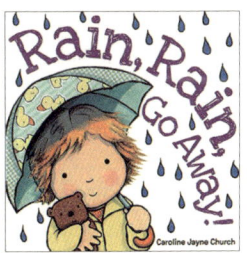
Rain Rain Go Away

슈퍼 심플송

'슈퍼 심플송 Super Simple Songs'은 유아용 학습 주제들을 노래로 다루는 유명한 유튜브 채널입니다. 주제에 따라 기본적인 명사, 형용사, 동사 어휘들을 재미난 노래를 통해 학습할 수 있게 제작되어 있습니다. 단어가 쉽고 반복적인 구조로 되어 있어 아이들이 따라 부르기 쉽습니다.

Walking Walking   Walking in the Jungle   Clean up

읽으면 리듬이 생기는 그림책

문장마다 운율, 즉 라임이 맞는 단어들이 있어서 읽다 보면 리듬감이 생기고 아이가 소리에 귀를 기울일 수 있도록 해주는 책입니다. 동시에 아이가 음가 구별을 좀더 쉽게 할 수 있도록 도와줍니다.

 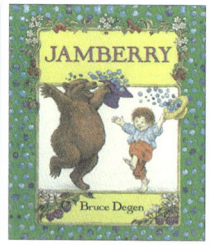 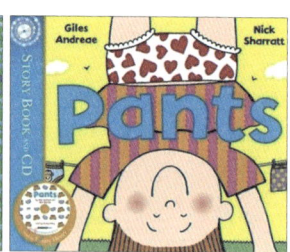

A Hunting We Will Go   Jamberry   Pants

2단계: 소리로 단어 의미를 알아요
Oral Vocabulary

Road Map

아직 영어를 읽지는 못하지만 '들어서 이해하고 말할 수 있는 영단어_{oral vocabulary}'를 익히는 단계입니다. 영어 그림책과 영상을 통해 어휘나 문장의 의미를 자연스럽게 이해하도록 돕는 것이 핵심입니다. 이 단계에서는 대략 300~500개의 어휘를 익히는 것을 목표로 삼습니다. 이 정도 수준의 어휘가 바탕이 되면 영어 문자를 접할 때 큰 도움이 됩니다.

아이들은 반복을 통해 어휘와 문장 패턴을 습득하므로 반복해도 재미있는 책과 영상을 선택하는 것이 중요합니다. 아이가 반복해서 본 책과 영상의 음원을 따로 저장하여 음원만 듣게 하는 것(리뷰듣기)은 아주 효과적인 복습 방법입니다.

엄마표 영어 2단계

영역	방법

듣기 말하기	1. 주제가 잘 드러나는 영어 그림책과 반복 패턴이 있어 이해하기 쉬운 영어 그림책을 통해 실생활 어휘를 이해시키기
	  - 동화에서 익힌 어휘로 반응하기
	2. 또래 주인공이 나오는 영상 시청하기
	  - 흔히 쓰는 사물 이름, 동작 어휘를 말하도록 질문을 통해 유도하기

주제가 잘 드러나는 영어 그림책

듣고 이해하는 어휘를 늘리기 위해서 아이들에게 익숙한 주제가 담겨 있는 책을 보는 것이 도움이 됩니다. 언어 습득에 있어서 반복 노출이 무척 효과적이지만 아이 입장에서 반복은 자칫 지루한 학습으로 여겨질 수 있어요. 하지만 주제별로 연관된 책을 읽히면 서로 다른 책이지만 같은 주제의 단어들이 반복하여 등장하기 때문에 지루하지 않게 반복하는 효과를 누릴 수 있습니다. 예를 들어 다음 책들은 모두 색깔을 주제로 하는 그림책이에요.

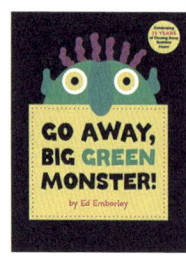
Go Away, Big Green Monster!

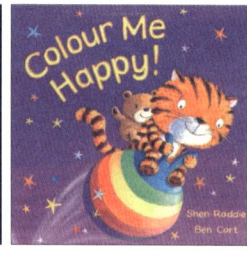
Colour Me Happy!

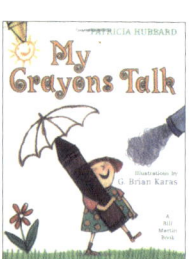
My Crayons Talk

반복 패턴이 있어 이해하기 쉬운 그림책

쉬운 문장 패턴이 반복되어 읽다 보면 패턴을 저절로 익히게 되고, 같은 패턴에 단어만 하나씩 바뀌므로 그림만 보고도 단어의 뜻을 예측할 수 있는 책입니다. 아이에게 우리말로 설명해주지 않아도 그림으로 충분히 의미를 이해할 수 있습니다.

From Head to Toe Can You Keep a Secret? Mary Wore Her Red Dress

또래 주인공이 나오는 영상

또래 아이들이 주인공으로 나오고 아이들이 공감할 수 있는 주제를 담은 영상물 시리즈를 추천합니다.

 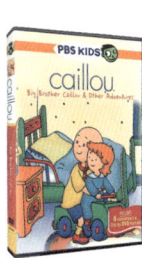 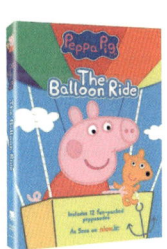 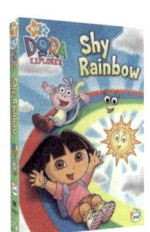

Max and Ruby　　Caillou　　Peppa Pig　　Dora the Explorer

3단계: 영어 읽기를 준비해요
Ready to Read

Road Map

아이가 영어의 개별 음가를 구분하면 알파벳, 파닉스, 사이트 워드를 익히게 도와주세요. 알파벳 철자가 한 개만 다른 두 단어를 보고 다른 뜻이라는 것을 안다면 음소를 인식하고 구분한다는 증거입니다. 아이가 한글을 깨우친 경우에는 영어 리딩 준비가 수월합니다.

　이 단계에서는 단어와 문장을 큰 소리로 읽는 음독이 제일 중요합니다. 쓰기 등 학습처럼 보이는 과제를 수행할 수도 있지만, 아직 동화책을 듣고 즐기는 것이 우선임을 잊지 마세요. 묵독보다는 음독이 우선이므로 소리 내어 읽을 때 재미있도록 노래와 라임이 많은 영어 그림책이 좋습니다. 아이가 파닉스를 한 번 익혔다고 해도 철자를 모두 정확하게 쓰지는 못합니다. 문자를 보고 읽는 것보다 소리를 듣고 쓰는 것이 더 어렵기 때문입니다.

엄마표 영어 3단계

영역	방법

듣기
말하기
읽기 준비
	1. 미술놀이 및 교구 등으로 알파벳 익히기
	  - 기초 파닉스 및 워드 패밀리를 이용한 음가 조합 연습하기
	  - 책 속 반복음 및 단어의 음소·음절을 구분하는 다양한 활동 하기
	2. 사이트 워드가 있는 쉬운 문장 따라 말하기
	  - 기초 리더스북 소리 내어 읽기
	* 음독 1권 (5분 내외) 습관 만들기

사이트 워드

사이트 워드Sight Words란 영어 문장 속에 자주 등장하는 단어들로, 영어 문장의 절반 이상을 차지합니다. I, have, come, big, that, a, the 등 자주 나오는 명사, 동사, 형용사, 부사와 전치사, 접속사, 대명사, 관사를 가리킵니다. 너무 자주 나오기 때문에 통째로 외워서 단어를 보면 자동으로 읽을 수 있도록 연습하면 좋습니다. 사이트 워드는 특정 책에서만 다루는 것이 아니라 대부분의 기초 리더스북에서 다루고 있습니다.

Oxford Reading Tree 1&2

Sight Word Readers

High Frequency Readers

파닉스 & 워드 패밀리

파닉스Phonics란 영어 글자를 보고 소리 내는 규칙을 배우는 것으로 읽기 전 단계에서 중요하게 여겨집니다. 파닉스 학습은 보통 '단자음 → 단모음 → 이중자음 → 이중모음'의 순서로 진행되며, 파닉스 학습서와 파닉스 리더스를 활용해 진행하면 좋습니다.

워드 패밀리Word Family란 같은 소리와 문자 패턴을 가진 단어들끼리의 모음입니다. 앞에서 언급한 라임은 철자가 달라도 소리만 비슷하면 되지만, 워드 패밀리는 소리와 철자가 모두 같은 패턴을 가지고 있습니다. 라임이 중요한 이유는 소리 구분을 통해 익숙한 단어의 묶음인 워드 패밀리를 문자로 연결하는 데 도움이 되기 때문입니다.

▶ 파닉스 & 워드 패밀리를 활용한 리더스북

BOB Books

Scholastic Decodable Readers

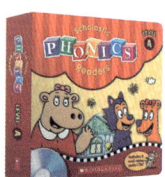
Scholastic Phonics Readers

▶ 파닉스 & 워드 패밀리 학습서

Word Family in Reading

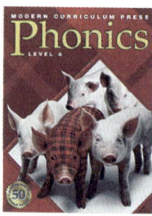
Modern Phonics

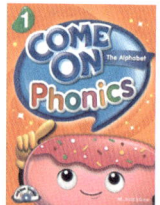
Come On Phonics

음독 (소리 내어 읽기)

영어 동화에 나오는 문장을 큰 소리로 읽으면 말하기에 도움이 되는 것뿐만 아니라 리딩의 유창성에도 도움이 됩니다. 무엇보다도 아이가 소리 내어 읽는 것을 보고 엄마는 아이가 책에 대해 얼마나 이해하는지 가늠할 수 있으며 다음 책을 선정할 때 참고할 수 있습니다.

그런데 음독이 좋다고 하면 모든 책을 음독하라고 강요하는 부모님들이 많습니다. 하루에 짧은 책 1~2권을 음독하는 것은 문제가 안 되지만, 긴 책을 음독하는 것은 대부분의 아이들에게 힘들 수밖에 없습니다. 그때는 아이가 선택한 페이지만 소리 내어 읽도록 해도 괜찮습니다. 엄마랑 같이 주고받으며 읽는 것도 좋은 방법입니다.

4단계: 단계별 영어책을 읽어요
Phonics & Leveled Reading

Road Map

진지한 학습이 가능한 단계이므로 일정 시간 규칙적으로 영어를 하는 습관을 들여 주세요. 이 단계에는 레벨을 나누어 놓은 시리즈를 활용하면 좋습니다. 단, 아이들이 쉽게 이해할 수 있는 수준으로 꾸준히 진행하는 것이 중요합니다. 파닉스를 강화하는 연습이 필요하며, 읽은 책에 나온 문장 가운데 간단한 문장을 쓰는 연습을 하면 큰 도움이 됩니다.

읽기 유창성을 키우기 위해서는 책을 소리 내어 읽는 연습을 많이 하는 것이 좋습니다. '소리 내어 읽기'는 유창성을 기르는 데 있어 매우 중요하고 효과적인 훈련입니다. 큰 소리로 읽기, 반복 읽기 등 소리 내어 읽는 음독을 통해 읽기 능력이 비약적으로 발전합니다. 큰 소리로 읽는 훈련은 말하기에도 큰 도움이 됩니다.

엄마표 영어 4단계

영역	방법

듣기
말하기
읽기
쓰기
	1. 단계별로 구분된 동화책&리더스를 통해 어휘 늘리기
	   - 그림 의존도를 줄여 텍스트만으로 스토리를 즐길 수 있도록 유도하기
	2. 영어 동화책 듣기&읽기 습관 만들기
	   - 쉬운 책 소리 내어 꾸준히 읽기
	   - 스토리 구조가 있는 쉬운 책부터 청독을 시작하여 리딩 이해도 높이기
	    (혼자 읽을 수 있는 레벨보다 약간 어려운 책 선정)
	3. 읽은 책과 관련된 만들기&게임 등으로 영어를 말할 기회 갖기
	4. 일기&미니북 등으로 그림을 설명하는 단어 쓰기
	5. 한두 줄짜리 리더스북의 문장을 가린 후 그림 보고 문장 말해 보기
	   - 그림만 보고 문장을 써 보는 쓰기 활동 진행하기
	* 음독 + 청독 습관 만들기

단계별로 구분된 동화책과 리더스

리더스readers series란 파닉스, 사이트 워드, 어휘, 문장 패턴 등을 익히게 할 목적으로 기획된 동화 시리즈로 반복되는 요소가 핵심입니다. 어휘와 문장 수준을 높여 가며 독서할 수 있게 레벨별로 분류된 동화 시리즈도 이에 속합니다. 리더스를 읽으면 자연스럽게 리딩 레벨이 향상되는 것을 알 수 있습니다. 이런 점이 아이들로 하여금 독서를 지속하는 동기 부여가 되므로 시리즈를 잘 활용하세요. 단계별로 전 권 구매가 부담스럽다면 라즈키즈(Raz-Kids)나 아이들이북 같은 온라인 도서관을 활용하는 것도 좋은 방법입니다.

Oxford Reading Tree

Arthur Starter

Henry and Mudge

www.raz-kids.com

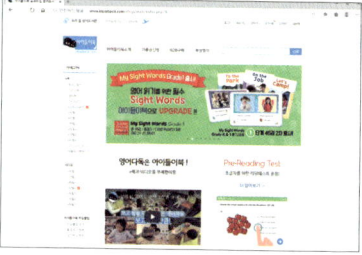
www.idolebook.com

청독 (음원 들으면 책 읽기)

'청독'이란 독해력을 높이는 훈련으로 음원을 들으면서 책을 보는 활동을 가리킵니다. 스토리 구조가 있는 짧은 책을 듣는 것에서 시작해서 차츰 늘려 가도록 합니다. 즉, 5~10분짜리 1권 듣기로 시작해서 책 수준을 점점 높여 초기 챕터북 1권을 들을 수 있는 수준까지 높여 갑니다. 청독은 아이가 기승전결 구조가 있는 이야기를 듣고 이해할 수 있을 때부터 시작하면 됩니다. 첫 청독책으로는 〈Oxford Reading Tree 5단계(매직키)〉, 〈Arthur Starter〉, 〈Froggy〉 시리즈 등이 좋습니다.

5단계: 다독과 정독을 해요
Extensive & Intensive Reading

Road Map

본격적으로 리딩에 매진하는 단계로 내용 이해의 유창성을 높이는 것을 목표로 합니다. 유창성fluency이란 텍스트를 정확하고 빨리 읽어낼 수 있는 능력, 즉 책의 문자를 재빨리 읽음과 동시에 내용을 잘 이해하는 능력을 말합니다. 유창성이 높아지면 독해 능력이 좋아져서 책 읽기의 즐거움을 알게 됩니다.

이 단계의 아이들은 챕터북까지 무난히 읽을 수 있도록 도와주는 것이 관건입니다. 읽기 능력이 향상되면 스토리가 있는 동화뿐 아니라 지식을 전달하는 논픽션 읽기도 꼭 필요합니다. 보통 이 시기에 엄마표 영어의 고비가 많이 오는데, 아이와 갈등이 잦으면 학원을 보내도 무방합니다.

엄마표 영어 5단계

영역	방법
듣기 말하기 읽기 쓰기	1. 다독: 혼자 무난히 읽을 수 있는 책 음독 또는 묵독하기 　- 질문이나 어휘 학습 없이 하루 여러 권 편하게 즐기기 　- 아주 쉬운 책으로 묵독할 수 있도록 유도하기 2. 정독: 꼼꼼히 깊게 읽기 　- 어휘를 학습하며 꼼꼼하게 하루 한 권 정도 진행하기 　- 동화책·소설책 정독을 싫어하면 학습서를 선택적으로 활용하기 　 (논픽션 권장) 3. 청독: 30분 이상 습관 만들기 4. DVD 시청: 청독을 싫어하는 아이에게 효과적임 5. 청낭독(들으며 따라 읽기)을 통한 읽기&말하기의 유창성 키우기 6. 이야기 줄거리를 순서에 맞게 정리해서 써보기 * 음독 + 청독 + 묵독 습관 만들기

청낭독 반복하기

　청낭독은 음원을 들으면서 따라 읽는 것을 말합니다. 유창성을 향상시키기 위해 같은 내용의 텍스트를 음원을 들으면서 큰 소리로 읽는 것을 4번 이상 반복합니다. 어린이 동화에는 여러 인물이 대화를 하고 다양한 상황을 설명하는 문장이 나오므로 이런 훈련은 말하기에 큰 도움이 됩니다. 지속적으로 진행하기에 지루하므로 횟수 표시하며 읽기, 스티커 상품 받기, 각종 인물 성대모사하며 읽기 등으로 아이들을 잘 독려하며 재미있게 진행하세요.

다독

많은 책을 편안하게 자율적으로 읽는 것입니다. 아주 쉬운 책도 무방하며 읽은 책을 또 읽어도 효과적입니다. 100권 읽기, 1000권 읽기 등의 목표를 세워 아이들이 동기를 갖게 해주세요. 다독하는 책은 질문 없이, 단어 등을 외울 필요 없이 진행하고 도중에 읽다가 말아도 됩니다. 그저 이해하는 만큼 보게 합니다. 즐겁게 독서하다 보면 배경지식이 쌓이므로 아주 중요한 읽기 방법입니다.

정독

어휘 및 문장을 꼼꼼하게 챙기면서 읽는 것입니다. 이전 단계에서는 그림으로 추측이 가능한 어휘들이 담긴 책들 위주로 진행했기 때문에 따로 어휘를 챙길 필요가 없었습니다. 하지만 5단계부터는 그림에 의존하지 않고 문맥을 통해 어휘의 뜻을 유추해야 하기 때문에 어휘 습득에 조금 더 신경을 써야 합니다. 책을 즐기는 아이의 경우 책을 통한 정독은 독서에 대한 즐거움을 빼앗을 수 있으니 그런 경우 어휘는 학습서를 통해서 진행하는 것도 좋은 방법입니다. 이때 아이가 즐겨 읽는 책으로는 접하기 힘든 논픽션 텍스트가 담긴 학습서를 활용하면 좋습니다.

묵독

리딩의 궁극적인 목표는 소리 없이 눈으로 읽고 이해하는 묵독으로 책을 즐기는 것입니다. 다독과 정독, 음독과 청독으로 묵독이 자연스럽게 이어지기도 하지만, 그렇지 않은 경우에는 아주 쉬운 책으로 혼자서 조용히 읽도록 환경을 만들어주는 것이 필요합니다. (그림만 보면서 책을 즐기는 것도 묵독의 시작을 도와주는 것입니다.)

DVD

어느 정도 듣기 및 읽기가 자유로워진 아이들은 짧은 에피소드로 이루어진 DVD로 시작해 극장용 애니메이션과 영화를 보게 해주세요.

▶ 짧은 에피소드로 이루어진 DVD

 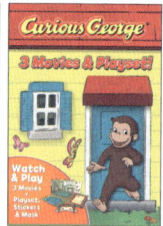  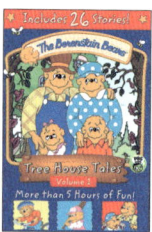

Charlie and Lola   Curious George   Horrid Henry   The Berenstain Bears

▶ 극장용 애니메이션 & 영화

디즈니 만화 영화 등 어린이를 위해 제작된 애니메이션과 영화를 말합니다.

   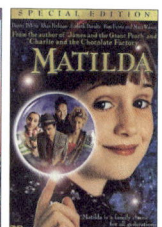

Kung Fu Panda   Frozen   Charlie and the Chocolate Factory   Matilda

논픽션

수학, 과학, 사회 등 학과목에서 다루는 내용을 영어로 접하는 기회를 주세요.

 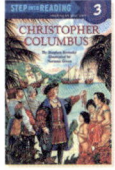 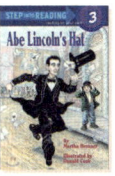 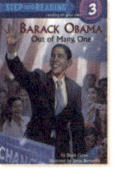

Step into Reading 3~4단계 위인편

Let's Read And Find Out

독해 학습서

Link   McGraw-Hill Science   Time for Kids   The Kids Times

6단계: 스스로 읽고 써요
Independent Reading & Writing

Road Map

엄마표 영어의 마지막 단계로 아이가 독립적으로 읽고 쓰는 단계입니다. 이 단계의 아이들은 스스로 원서를 읽는 것이 생활화되어 엄마는 이제 아이가 좋아할 만한 책을 공급해 주기만 하면 됩니다. 챕터북을 시작으로 어린이 소설 등을 꾸준히 읽고, 자기 생각을 글로 표현할 수 있는 기반을 닦게 해주세요. 어휘 학습을 통해 읽고 쓰는 어휘를 늘리고 '읽은 책 내용을 자기 말로 설명하기'라는 목표를 세우세요. 이 단계를 넘기면 엄마의 역할은 더 이상 크게 필요하지 않습니다. 독립적으로 읽고 쓰는 아이가 되니까요.

챕터북

'챕터북'이란 하나의 이야기가 여러 개의 챕터로 나누어진 책을

엄마표 영어 6단계

영역	방법

듣기
말하기
읽기
쓰기
	1. 묵독, 음독, 청독, DVD 시청: 지속적으로 하여 영어 습관 강화하기
	   - 챕터북 시리즈 읽기에서 시작해 레벨 높여 가기
	
	2. 어휘: 읽은 책 속 어휘 학습하고 어휘 교재 활용하기
	
	3. 문법: 쉬운 문법 교재 시도하기
	   - 어려워하면 고학년에 진행하기
	
	4. 음독: 꾸준히 하여 말하기 연습이 되도록 하기
	   - 화상영어를 겸하는 것도 좋음
	
	5. 쓰기: 간단한 그래픽 오거나이저 작성하기
	
	6. 향상도 점검을 위해 테스트 응시하기(선택적 추천)

말합니다. 그림책보다는 글자수가 많고 일반 소설책보다는 글자수가 적어서 본격적인 소설책을 읽기 전 단계에서 그림에 의존하지 않고 글을 읽는 실력을 키우는 데 효과적입니다.

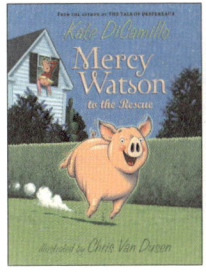

Mercy Watson

Dog Man

The 39-Storey Treehouse

Magic Tree House

문법

챕터북 이상의 독서를 충분히 한 후 기초 문법을 접하면 좋습니다. 아이가 어려워하면 영어를 더 접한 후 다시 해도 됩니다.

혼공 초등영문법　　　완전 정복 초등 영문법

레벨 테스트 및 인증 시험

리딩 레벨을 점검하는 차원에서 1년에 2회 정도 동일한 테스트를 치러 향상도를 체크해보면 좋습니다. 독서 레벨을 확인할 수 있는 것은 SRI나 STAR Reading 테스트이고, 그 외 영어학원 레벨 테스트 및 TOSEL, TOEFL Junior 등의 인증 시험이 있습니다. 단, 언어 능력은 단시일에 급격하게 향상되는 것이 아니므로 지나치게 자주 볼 필요는 없습니다.

 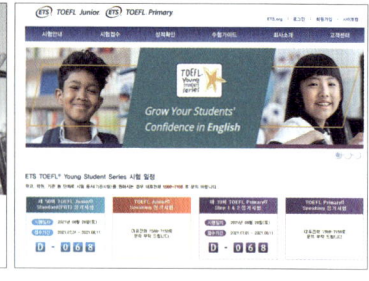

TOSEL　　　　　　　TOEFL Junior

그래픽 오거나이저

글쓰기를 지도할 때는 구글에서 그래픽 오거나이저graphic organizer를 찾아 활용하면 좋습니다. '그래픽 오거나이저'란 독서 후 읽은 내용을 시각적으로 구조화하여 정리할 수 있게 고안된 활동지를 말합니다. 빈칸을 채우다 보면 자신의 생각을 풀어내게 되어 있어서 추후 에세이를 쓰는 데 큰 도움이 됩니다. 구글에서 graphic organizers를 검색하면 다양한 종류가 수준별로 있으므로 무료로 다운받아 활용해 보세요.

부록
Appendix

월간 노출 계획서
Daily Reading Log
Daily Check

 * 부록의 양식들은 동양북스 홈페이지(www.dongyangbooks.com) 또는 동양북스 하루방 카페(cafe.naver.com/dymom)의 자료실에서 다운로드받으실 수 있습니다.

KIDS BOOKTORY 투투텐 (   )월 노출 계획서

★ BOOK ★

★ 영상 ★

★ 기타 영어활동 ★

Daily Reading Log

No.	☆ Title ☆	a	b	c	d
1					
2					
3					
4					
5					
6					
7					
8					
9					
10					
11					
12					
13					
14					
15					
16					
17					
누적 권수					

Daily Check

Date:			총 노출시간:	
	What to do		Check	노출시간
영어 동화	a. 오디오와 함께 책 읽기			
	b. 엄마가 읽어주기			
	c. 소리 내어 읽기			
	d. 눈으로 읽기			
영상 보기				
리뷰 듣기				
학습서				
사이트 활용				
독후활동